고려시대 사람들 이야기 2
경제-사회생활

◆ 지은이 소개(집필순서)

나종우(원광대학교 사학과 교수)
이진한(고려대학교 한국사학과 교수)
윤한택(기전문화연구소 연구원)
이형우(한경대학교 강사)
김갑동(대전대학교 인문학부 교수)
이창섭(고려대학교 석사수료)
이미지(고려대학교 석사과정)
윤용혁(공주대학교 역사교육학과 교수)
이정호(용인시사편찬위원회 상임위원)
박용운(고려대학교 한국사학과 교수)
이정란(서울시립대학교 강사)
김도연(고려대학교 박사과정)
김난옥(한남대학교 강사)
임경희(고려대학교 석사수료)
이상선(성신여자대학교 사학과 교수)
윤영인(고려대학교 BK21 한국학 교수)
김일우(제주문화재연구소 학예연구사)
이정신(한남대학교 사학과 교수)
박윤진(한경대학교 강사)
오현필(고려대학교 석사수료)
김철웅(단국대학교 강사)
김창현(순천향대학교 강사)
김보광(고려대학교 석사수료)
이예선(고려대학교 석사과정)

고려시대 사람들 이야기 2

경제-사회생활

◆ 신서원은 부모의 서가에서
자식의 책꽂이로
'대물림'할 수 있기를 바라며
책을 만들고 있습니다.
잘못된 책은 연락 주십시오.

지은이 : 박용운·이정신·이진한 외 공저

초판1쇄 발쇄일 2002년 2월 15일
재판2쇄 발행일 2006년 4월 30일

만든이 : 임성렬
만든곳 : 도서출판 신서원
　　　　 서울특별시 종로구 교남동 47-2
　　　　 (협신빌딩 209호)
등록 : 제1-1805(1994.11.9)
Tel : (02) 739-0222·3
Fax : (02) 739-0224

고려시대 사람들 이야기 2 경제-사회생활

박용운·이정신·이진한 외 21명 저

머리말

역사는 우리 인류가 걸어온 발자취에 대한 기록이다. 따라서 한국사는 우리의 선조들이 걸어온 발자취에 대한 기록이라 할 수 있으며, 그 가운데 고려시대사는 더 말할 필요도 없이 당시인들의 생활에 관한 기록이라 하겠다.

그렇다고 물론 고려시대 사람들의 발자취와 생활, 즉 그들과 관계된 모든 사실이 고려시대의 역사가 되는 것은 아니다. 수많은 사실 중 역사의 대상이 되는 것은 집단적·사회적 성격을 지니는 것들이며, 그리하여 우리 인류의 발전에 일정한 값어치와 의미를 가지는 것에 한정된다. 역사의 연구는 그러한 역사적 사실들을 탐구하여 참다운 역사상을 그려내고, 그리하여 그것이 오늘날의 우리에게 어떤 의미를 지니며, 나아가서는 앞으로 일어날 사실의 개연성까지도 생각해 보는 작업인 것이다.

이러한 작업은 상당히 어려운 일의 하나에 속한다. 그리고 사안에 따라서는 난해한 대목에 자주 접하게도 된다. 역사학을 공부하고 있는 우리들은 당연히 새로운 역사 사실의 천착에 많은 노력을 기울여야 하지만, 한편으로 보면 그것을 전문적으로 공부하여 보지 않은 일반인들이 좀더 쉽게 우리의 역사에 접근할 수 있도록 하는 일도 그렇게 무의미하지는 않을 것 같다는 생각이다.

이 책은 그 같은 취지에서 꾸며본 것이다. 첫째 권은 『고려시대 사람들 이야기 1-정치생활-』로 하였고, 이번 책은 『고려시대 사람들

이야기 2-경제·사회생활』로 하였는데, 우선 알기 쉽고 재미있게 쓰고자 노력하였으며, 그러면서도 고려시대의 역사상이 제대로 드러나도록 하는 데 유의하였다. 과연 결과가 그 같은 우리의 의지에 얼마만큼 부응하는 것일지에 대해 크게 염려가 되지만, 여러모로 노력을 했다는 점만은 양해하여 주시기 바란다. 이어서 가까운 시일 내에『고려시대 사람들 이야기 3-문화·사상·교육생활-』편도 마련하여 고려시대 역사에 관한 전반적인 이해가 가능하도록 할 예정이다.

나를 비롯한 몇몇 사람은 이미 학위과정을 마친 입장이다. 그러나 필자들 중에는 그렇지 못한 사람들도 다수 포함되어 있는데, 자신들의 개별적인 주제를 탐구하는 일에 쫓기면서도 이 글을 써주어 고맙게 생각한다. 특히 이정란 강사는 이 책을 만드는 여러 궂은 일을 맡아 수고가 많았다. 그리고 신서원의 임성렬 사장은 그다지 훌륭한 책이라고 생각되지 않는 본서를 기꺼이 맡아 출판하여 주셨다. 이 자리를 빌려 모든 분들께 감사의 뜻을 표하여 둔다.

2002년 2월
박 용 운

고려시대 사람들 이야기 - 경제·사회생활 -   목 차

제1장 토지제도와 재정운영
관리들에게 조(租)를 거둘 땅과 땔나무할 땅을 주다 …… 13
토지에서의 수입으로 국가의 여러 기관이 운영되다 …… 22
땅에도 신분이 있었다 …… 31
일반 백성들의 생계 터전, 민전(民田) …… 37
공전과 사전 …… 44
고려 후기의 토지탈점과 농장 …… 51
고려 후기 농장과 서양의 장원 …… 60
세곡(稅穀)을 나르는 일도 큰일이었다는데 …… 67
녹봉액으로 관리의 지위를 나타내다 …… 76

제2장 농업과 농민정책
고려사람들의 주식(主食)은 무엇이었을까 …… 87
해거리 농법의 극복 …… 96
고려 때 토지의 넓이는 어떻게 나타냈을까 …… 106
고려왕조를 지탱하는 뼈대는 농민 …… 113
농자천하지대본 …… 124

고려시대 사람들 이야기 - 경제·사회생활 -

제3장 상공업과 축산업·어업

고려시대의 상거래 수단은 무엇이었을까 …… 137
돈을 많이 벌면 출세할 수도 있다 …… 148
KOREA로 불리다 …… 155
절에서 술을 팔다 …… 164
몽골과의 문물교류 …… 179
고려 장인의 혼이 담긴 청자 …… 189
사람은 서울로, 말은 제주도로 …… 202
어부의 생활 …… 213

제4장 사회제도와 민란

귀족과 양반 …… 229
노(奴)와 비(婢)는 왜 가격 차이가 있었나 …… 238
사는 지역에 따라서도 신분에 차이가 있었다 …… 245
고려시대의 여러 의료시설 …… 255
공경장상의 씨는 따로 있다 …… 264
신라와 백제를 되살리자 …… 270

고려시대 사람들 이야기 -경제·사회생활-

제5장 가족과 여성
성이 달라도 내 조상, 내 후손 …… 283
고려시대 가족구성은 어떠했는가 …… 293
아름다운 부부 이야기 …… 304
고려시대의 삼년상 기간은 27일이었다 …… 312
누구에게는 더 주고 누구에게는 덜 주랴 … 321
성(姓)과 본관은 어떻게 해서 만들어졌는가 … 331
남성에 종속되지 않은 고려 여성 …… 341
근친혼이 가능했던 사회 …… 353
장가가는 남자들 …… 360

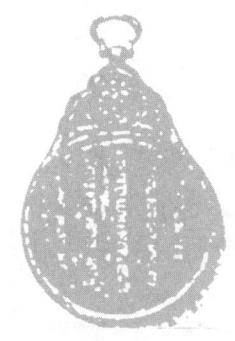

제1장
토지제도와 재정운영

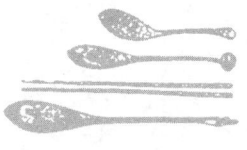

관리들에게 조(租)를 거둘 땅과 땔나무할 땅을 주다
토지에서의 수입으로 국가의 여러 기관이 운영되다
땅에도 신분이 있었다
일반 백성들의 생계 터전, 민전(民田)
공전과 사전
고려 후기의 토지탈점과 농장
고려 후기 농장과 서양의 장원
세곡(稅穀)을 나르는 일도 큰일이었다는데
녹봉액으로 관리의 지위를 나타내다

관리들에게 조를 거둘 땅과 땔나무할 땅을 주다

전시과 제도의 등장

　예나 지금이나 어느 시기를 막론하고 경제는 역사의 운동을 결정하는 가장 중요한 요인의 하나이다. 그러므로 어느 시대든지 그 사회를 이해하기 위해서는 경제구조를 검토하는 것은 꼭 필요한 작업일 수밖에 없다. 그런데 경제구조는 각 시대 인간의 경제생활과 밀접한 관계 속에서 이해할 수밖에 없는데, 시대를 거슬러 올라가면 올라갈수록 농업이 차지하는 비중은 더 커지게 마련이다. 왜냐하면 근대 이전 사회에서 인간의 경제생활은 농업으로부터 거의 모든 생활자료를 얻었기 때문이다. 따라서 농업의 기반이 되는 토지문제는 항상 관심의 대상이 될 수밖에 없었다. 새로운 왕조가 들어서는 등 사회변동기에는 그 사회에 적합한 물질적 기초로서 새로운 토지제도가 대두되게 마련이었다.
　이런 의미에서 볼 때 고려 전기의 기본적 토지제도는 전시과(田柴科) 제도였다. 전시과에 대한 『고려사』의 기록을 보면

　　고려시대의 양반관리는 국가로부터 전시과라는 토지를 지급받았다. 전시란 논밭과 함께 땔나무를 베어낼 땅인 시지였다. 논밭은 전국에 걸쳐 지급받은

데 비하여 시지는 개경에서 가까운 지역으로 하루나 이틀거리에 있는 야산
을 지급받았다. 시지는 후에 개간용도로 이용되기도 하였다.

[『고려사』 권78, 식화1 전제 전시과]

라고 하여 전시과라고 하는 것은 전지[1]와 시지[2]를 함께 지급한 데서
붙여진 이름이라는 것을 알 수 있다.

녹읍의 지급

고려가 후삼국을 통일한 뒤, 중앙
정부는 중앙집권적 국가체제를 정비
하여 지방호족들에 의한 정치적·군
사적·경제적 지배를 국가의 공권력
체제 내에 편입시키기 위하여 부단히
노력하였다. 이런 과정에서 지방호족
가운데 비교적 세력이 큰 자들을 중
앙의 귀족관료로 편입시키면서 그에
상응하는 경제적인 반대급부를 지급

전시과 서문

하였다. 즉, 정치-사회적인 면에서 전시과제도의 성립은 중앙집권적인
지배체제와 새로운 신분층의 성립과 연관되어 있었다고 말할 수 있다.

이 제도가 처음 마련된 것은 5대 임금인 경종 원년(976)의 일이다.
그 이전인 건국직후에는 공로가 탁월한 고관이나 호족에게 식읍(食邑)
이나 녹읍(祿邑)을 주었다. 이러한
식읍이나 녹읍은 건국 초기 호족
연합정권적인 형태를 띠고 있던

---

1) 전지(田地) :- 농사를 지을 수 있는 토지.
2) 시지(柴地) :- 땔감채취의 산판.

상황에서 그들을 회유·무마하기 위하여 주어졌다. 이 때 주어진 토지라는 것도 사실 따지고 보면 본래부터 호족들이 지배하고 있던 세력범위를 녹읍의 형식으로 다시 용인해 주는 절차를 밟은 것에 불과하였다. 이러한 식읍과 녹읍은 전왕조인 통일신라 때의 토지지배관계를 계승한 것이었다.

역분전의 설치

그러다가 고려가 새 왕조로서 처음으로 시행한 토지정책은 태조 23년(940)에 설정한 역분전(役分田)이라 할 수 있다. 역분전은 고려왕조 수립에 공훈을 세운 조정의 신하·군사들에 대한 토지의 지급이었다. 그렇기 때문에 이 역분전은 지위의 높고 낮음을 의미하는 관계(官階)보다 조신과 군사의 선악과 공로의 많고 적음이 지급기준이 되었다. 이는 역분전의 성격이 다분히 통일전쟁의 수행과 관련하여 논공행상(論功行賞)적 성격이었다는 것을 알 수 있다.

시정전시과의 설치

그 후 광종대에 왕권이 강화되고 관료들의 복장이 관직에 따라 통일되어 관료체계의 질서가 수립되는 등 중앙집권화의 기틀이 마련된 뒤, 경종 원년(976)에 전시과 제도가 처음 제정되었다. 이를 일반적으로 시정전시과(始定田柴科)라고 부른다. 그런데 이 시정전시과의 지급대상은 관직과 품계의 높고 낮음을 따지지 않고 인품(人品)에 따라 정한다는 것이 원칙이었다.

여기에서 한 가지 살펴볼 것은 당시에는 비교적 중앙집권체제도 어느 정도 정비된 상황에서 왜 인품이라는 관제와 무관한 모호한 요소가 고려되었는가 하는 점이다. 이에 대하여는 시정전시과가 성립하던 시대상황을 살펴볼 필요가 있다. 경종의 바로 전왕인 광종은 왕권강화책의 일환으로 노비안검법을 실시하여 기존의 호족 및 공신세력에게 타격을 가하고, 이들을 대체할 인물로 과거제도를 통하여 유교적 소양을 갖춘 신진인사들을 등장시켰다. 그러나 뒤이어 즉위한 경종이 이에 대한 반동정치를 폄으로써 양자의 형세가 뒤바뀌는 가운데 다시 야기된 혼란을 수습하는 과정에서 이와 같은 조처가 이루어졌던 것이다.

인품은 관복을 자삼(紫衫 : 자주색)·단삼(丹衫 : 붉은색)·비삼(緋衫 : 진홍색)·녹삼(綠衫 : 녹색)의 4단계로 구분하여 구분을 명확히 하였다. 여기에 문반(文班)·무반(武班)·잡업(雜業)으로 나누어 관품에 따른 구분도 동시에 반영하고 있다. 좀더 자세히 살펴보면 자삼층만이 18체계로 되어 있고, 나머지는 문반·무반·잡업별로 나누어지고 그 내부에서 다시 관복제에 의해 구분되었음을 알 수 있다. 이는 자삼층과 문반·무반·잡업의 구분이 다른 체계에 의해서 구분되고 있음을 보여주는 것이다.

이러한 사실은 자삼은 원윤(元尹)이라는 관계(官階)를 기준으로 한데 대해 단삼은 중단경(中壇卿), 비삼은 도항경(都航卿), 녹삼은 소주부(小主簿)와 같이 관직을 가지고 구분한 사실과도 관련이 많다고 볼 수 있다. 즉, 자삼의 기준인 원윤과 다른 직과는 성격을 달리하는 실체로 파악되고 있다.

원윤은 국초 이래 사용된 16등급의 관계 가운데 10위에 속하는 관계(官階 : 관직의 등급)명이었음에 비해 중단경 이하는 관직명이었던 것이다. 이 원윤을 비롯한 관계는 당시 중앙의 관료뿐만 아니라 지방호족들에게도 수여되고 있는데 이는 자삼층에 대한 토지지급이 중앙의 관료집단과 지방호족층까지를 포함하는 것이라고 볼 수 있다. 따라서 전시과의 지급대상으로 표현된 '직·산관(職散官)'도 이를 지칭한 것이라 할 수 있다.

직관은 직사[1]가 있는 실직을 말하고, 산관은 관계만 있고 관직이 없는 산계를 의미하였다. 그러므로 당시 높은 관계를 가진 인물은 관직의 유무에 관계없이 전시를 지급받았다고도 생각할 수 있다.

개정전시과의 설치

이 시정전시과는 성종대를 거쳐 목종 원년(998) 12월에 이르러 크게 개편되는데 이를 일반적으로 개정전시과라고 부른다. 시정전시과가 개정되는 배경에는 성종대에 중앙과 지방의 관제가 개편되고, 지방세력에 대한 강한 통제가 실질적으로 이루어짐으로써 중앙집권적 관료체제의 정비가 상당히 진척되었다는 점이다. 따라서 개정전시과는 이러한 지배질서의 성장과 그에 따르는 관인체제의 발전에 호응하여 이룩된 토지제도의 재정비라 할 수 있다. 그 내용의 특징을 시정전시과와 비교해 보면

첫째, 관직과 위계의 높고 낮음을 표준으로 18과(科)로 나누어 지급하고 있다는 점이다. 이는 종래의 전시지급에 중요한 기준이 되었던 관복·관계를 고려치 않을 뿐더러 인품이라는 막연한 요소도 배제되었음을 의미한다.

둘째, 군인전시과가 나타나고 있다는 점이다. 군인층이 마군(馬軍)과 보군(步軍)으로 구분되어 제17과와 제18과에 배속되어 있는바 이는 성종연간에 거란과 항쟁을 겪으면서 군인의 중요성이 커지고,

1) 직사(職事) :- 관직과 관련된 일.

6위제의 성립으로 병제가 정비되어 반영된 것이라 할 수 있다.

셋째, 문·무반의 관직 사이에 차등이 두어져 무반직이 문반직에 비해서 상대적으로 열세라는 점이다. 시정전시과에서는 자삼층을 제외하고 문무반은 품등에 따라 같은 대우를 받았으나 개정전시과에서는 무반의 최고관직인 정3품 상장군이 제5과의 전시를 받고, 같은 정3품이라도 문반은 한 등급 높은 제4과의 대우를 받고 있어서 무관은 문관보다 1과 내지 2과 강등된 토지를 받았다.

넷째, 실직(實職)을 중심으로 하여 전시를 지급하였다. 산직은 실직에 비하여 1과 내지 4과까지 인하된 전시를 받았다.

다섯째, 전체적으로 지급액수가 줄어들고 있다. 시정전시과에서는 품등마다 전지와 시지가 함께 지급되었으나 개정전시과에서는 제16과부터는 전토만 지급하고 시지는 급여하지 않고 있다.

경정전시과의 설치

개정전시과(更定田柴科) 이후 현종 5년(1014)에 이르러 문무양반 등에게 전시를 더하여 주는 조처가 내려졌다. 그러나 이 조처는 전시과의 개편이라기보다는 단순히 후생적인 시책의 하나로 보여진다. 그 뒤 현종대 직후인 덕종 3년(1034)에 다시 한 차례 변동을 보고 있는데, 이때 6품 이하의 양반 자제로서 관직을 얻지 못한 자로 알려진 한인(閑人)이 토지분급 대상이 되고 있는 것이 주목된다.

이렇게 전시과는 제정된 이후 개편을 거듭하다가 문종 30년(1076)에 이르러 다시 개정되었으니 이에 대하여 『고려사』에는 "양반의 전시과를 경정하였다"고 기술하고 있으므로 이 때 개정된 전시과를 흔히 '경정전시과'라 부르고 있다. 이 경정전시과의 배경에는 각종 관아의 증치 및 개폐가 일단락되고, 각 관직의 품계가 일차 확정되고, 문무양반의 녹을 비롯한 각종 녹봉의 규정 등이 모두 이 해에 이루어졌음을 생각할 때 경정전시과는 같은 해에 단행된 행정관제의 개편을 토대로 나왔다고 할 수 있다. 경정전시과의 특징을 살펴보면 다음과 같다.

첫째, 지급대상에서 산직자가 완전히 배제되고 있다는 점이다. 즉, 개정전시과에서는 비록 실직보다 낮은 과등(科等)을 받기는 하였지만 중요한 위치를 차지하고 있던 산직이 여기서는 완전히 사라진 것이다. 이는 곧 전시과의 지급이 철저하게 실직을 바탕으로 하여 이루어졌음을 뜻하는 것이다.

둘째, 무반에 대한 지위가 상승했다는 점이다. 개정전시과에서는 무반 최고직위인 상장군이 제5과에 위치했었으나 제3과로 올라가 정3품 문관인 6상서(尙書)보다도 오히려 1과가 높은 대우를 받고 있다. 이와 함께 대장군 이하 여러 무신들도 과등이 크게 상승되었다. 문반 우위의 고려사회에서 이러한 현상이 나타나게 된 까닭은 당시 거란과의 긴 전쟁을 치르는 사이에 국방에 관한 인식이 높아지고, 이에 따라 무반의 지위가 상대적으로 오른 결과라고 볼 수 있다.

셋째, 전시의 지급액수가 감소되었다. 시지의 감소폭은 전지에 비해 더욱 클 뿐만 아니라 제15과부터는 아예 지급되지 않고 있다.

경정전시과는 개정전시과에 비하여 정비된 측면이 있기는 하지만 아직 미비점도 눈에 띈다. 하지만 고려의 전시과는 이로써 대략 일단락되었다고 볼 수 있다.

관리의 실제수입은 얼마나 되었을까

전시과 제도가 시정 · 개정 · 경정을 거치면서 정비되어 초기에는 인품과 공로에 따라 지급하던 것이, 목종 때부터는 관직의 등급으로 분급하는 제도로 바뀌어갔는데 관직별로 18과로 나누어 지급하였다. 오늘날도 공무원 보수규정이 9급으로 나뉘어 차등있게 지급하는 것이나 비슷하다고 할 수 있다.

그렇다면 관리의 실제수입은 과연 얼마나 되었을까. 마지막에 완성된 경정전시과를 보면 제1과에 속하는 중서령·상서령·문하시중 등의 최고위에 있는 재상들은 전지 100결(結)과 시지 50결을 받았으며, 제2과는 문하시랑·중서시랑 등으로 전지 90결에 시지 45결을 받았다. 제3과부터는, 전지는 대개 과(科)가 한 단계 내려올수록 5결씩 감소하고 시지는 3과부터 대개 3결씩 감소하다가 15과부터는 아예 지급되지 않았다. 결국 꼴찌인 18과는 전지만 17결을 받았다.

여기에서 살펴볼 때 전지만 하더라도 18과의 17결은 1과의 100결에 비하면 상당한 차이가 있으나 당시의 호구당 실제 경작지가 상당히 적었던 실정을 감안하면 결코 적지 않은 규모였음을 알 수 있다.

그런데 당시 '토지를 지급받는다'는 것은 토지 자체가 아니라 계권(契券) 또는 문계(文契)라는 증빙문서를 통하여 지급되는 면적의 토지에서 나오는 수확량의 일부를 '받을 수 있는 권리'를 의미하는 것이다. 다시 말하면 토지 자체가 아니라 거기에서 나오는 조(租)를 받을 수 있는 수조권(收租權)을 가지는 것을 의미하였던 것이다. 대체로 제1과의 경우 토지의 비옥도에 따라 달랐지만 상당한 정도의 수입을 얻을 수 있었다.

한편 시지에서는 주로 땔감을 채취하였지만 개간하여 경작지로 이용할 수도 있었기 때문에 이 또한 중요한 수입원이 되었다. 그리고 이러한 지급받은 토지는 원칙적으로는 본인이 죽고 나면 국가에 반환하게 되어 있는 일대에 국한하는 것이었지만 실제로는 유족의 생계유지라는 명목으로 세습되는 경우도 있었다.

전시과와 녹봉의 차이

고려왕조의 관리들에 대한 공식적인 대우·보수는 토지와 함께 현물을 급여하는 이중체제로 되어 있었는데 이것이 바로 녹봉이었다. 이 녹봉제가 완비된 것은 경정전시과가 실시되는 문종 30년(1076)의 일이다. 이에 따르면 녹봉은 1과 400석을 받는 중서령·상서령·문하시중에서부터 제47과 10석을 받는 국학학정·국학학록·도염승 등에 이르기까지 47과 등을 이루고 있다. 녹봉은 정월 7일과 7월 7일, 일년에 두 번 받았다. 이러한 정기적인 녹봉 이외에 월봉(月俸)이 지급된 예도 있었다.

관료들이 녹봉을 받기 위해서는 녹패(祿牌)라는 증서가 있어야만 했는데 경제적으로 어려운 관료들은 때에 따라 녹패를 매매하기도 하였다. 녹봉으로 지급되는 중심품목은 주로 쌀·보리 등이었으나 베나 비단 등도 미곡과 환산되어 지급되기도 하였다. 이와 같은 고려 녹봉제의 성격은 현직·실직주의에 입각하고 있다는 점에서 관료적 성격을 보이고 있다. 그러나 다른 한편에서는 실직이 아닌 종실록(宗室祿)·봉군록(封君祿) 등이 제정되어 귀족들의 특권을 보장하는 고려사회의 귀족적 성격도 보여주고 있다.

관료들의 입장에서는 전시과와 녹봉에서 얻어지는 수입은 대체적으로 비슷했을 거라고 추정되지만, 차이가 있다면 전시과는 원칙적으로 평생이 보장된다면 녹봉은 현직자에게만 보장되었다는 점이다.

나종우

토지에서의 수입으로
국가의 여러 기관이 운영되다

재정의 원천은 농민과 토지

전근대국가의 재정제도는 국가의 민에 대한 지배와 그 지배구조의 재생산을 경제적으로 실현하는 것으로, 생산력 수준, 토지소유관계 및 사회신분구조 등의 사회-경제적 조건에 따라 함께 변화한다. 고려의 수취 및 재정의 운영도 당시의 사회-경제적 조건과 관련되었으며, 이 시기에는 농업이 주된 산업이었기 때문에 재화생산의 원천이 되는 토지와 농민이 주요한 수취대상이 되었다.

그러므로 토지에 부과되는 조세, 16세 이상 60세 미만의 남정(男丁)에게 부과되는 요역(徭役), 호(戶)에 부과되는 상공(常貢) 등 대표적 세 가지 세목(稅目)이 하나같이 토지 또는 농민과 관련된 것이었다. 물론 고려시대에도 밤나무와 잣나무에 부과된 세가 있었고, 물고기를 잡는 어장을 소유한 자에게 어량세(魚梁稅), 수공업 기술자에게 공장세(工匠稅) 등이 부과되기도 했지만 재정수입에서 그다지 큰 비중을 차지하지 않아 말 그대로 잡세(雜稅)에 불과하였다.

조세는 민전의 수확물에 대해 일정비율의 현물을 거두는 것이고, 요역은 농민의 노동력을 직접적으로 수취하는 것이며, 상공은 호단위로 특산물 등을 현물로 바치거나 그것을 얻기 위해 인민을 동원하는 것으로 그 방식이나 형태는 달랐지만 농민의 잉여노동력을 수취하려는

데 목적이 있었다. 그런데 생산의 주체인 농민은 객체적 조건인 토지를 떠나서 존재할 수 없으므로 재정은 농민과 토지에 중심을 두고 계획하였으며 그 가운데에서도 기본을 이루는 것은 토지에 부과되는 조세였다. 때문에 고려시기 재정수입은 조세가 큰 비중을 차지하였다.

고려시기 재정지출의 주요항목은 공상(供上)·국용(國用)·녹봉(祿俸)·군자(軍資)·구휼(救恤) 등이었다. 공상은 왕실을 위해 지원되는 공적인 재정이다. 국용은 넓은 의미로 사용할 때는 국가재정 전체를 의미하지만 일반적인 범주는 국가재정 전체에서 공상·녹봉·군자·구휼을 제외한 부분을 뜻하며. 정도전은 『조선경국전』에서 제사비용·빈객접대비용·사냥비용[田役]·상장례(喪葬禮 : 喪荒) 등에 사용된다고 하였다.

녹봉은 관직에 종사하는 자들에게 지급하는 쌀 등의 현물로써 국용과 더불어 재정의 가장 많은 부분을 차지한다. 군자는 외적의 방어에 지출되는 것이다. 구휼은 빈민구호를 위해 지출되는 것이며, 이와 같은 각종 명목의 지출재원이 바로 일반백성들이 소유한 민전에서 거두어들이는 조세였다.

재정지출의 항목별로 토지가 설정되다

고려시대의 재정지출은 그 용도에 따라 구분되며 그것을 운영하는 기관들도 다양하였다. 왕실재정은 왕의 사적 재산을 관리하는 내장택(內莊宅)과 왕실에 각종 물품을 제공하는 상의국(尙衣局)·상식국(尙食局) 등이 담당하였다. 국용은 풍저창(豐儲倉 : 우창)에서 미곡을 맡고 대부시(大府寺)에서 포화(布貨)와 유밀(油蜜)을 관리했다. 녹봉은 광흥창에서 지출되었고, 군자는 용문창(龍門倉)과 군기감(軍器監)에서 사용하였으며, 구휼은 의창(義倉)·상평창(常平倉)·동서대비원(東西大悲院)·제위보(濟危寶)·혜민국(惠民局) 등에서 시행되었다.

　이러한 여러 재정관서들이 사용하는 데 필요한 재원은 호부에서 배정하였다. 국가의 기본세원인 호구와 토지를 파악하고 관리하는 호부는 양전(量田)을 통해서 토지소유자와 면적, 토지의 등급, 경작여부 등을 파악하고 재정운영에 맞게 나누었다. 그리고 삼사(三司)는 호부가 파악한 세원을 바탕으로 하여 조세를 거두고 쓰는 일, 즉 전곡의 출납과 회계업무를 주관하였으며 좌창·우창·용문창·운흥창·대창 등은 각 창고에 할당된 토지의 조세를 징수하여 목적에 맞게 지출하였다.

　그런데 고려시대 재정제도의 특징은 운영기관별로 필요한 만큼의 토지를 배정하였다는 점이다. 특정한 조세 징수기관이 전국 각지에서 거두어들인 민전의 조세를 취합하여 각 기관에 나누어주는 것이 아니라, 호부에서 해당 재정기관의 수요를 예측한 뒤 직접 토지를 배정하면 각 관서는 자기 관서에 설정된 민전에서 수취된 조세로써 재정지출을 하게 된다. 예를 들어 국용은 그것을 위해 설정된 국용전의 조세수입으로, 녹봉은 녹전전(祿轉田)에서의 수입으로 지출된다.

　또한 국용·녹봉 등 재정의 큰 항목을 수취하는 토지도 촌락의 필지별로 정하였던 것 같다. 한 촌락의 민전이라 하더라도 필지에 따라 갑의 민전은 국용의 재원이 되고 을의 민전은 녹봉의 재원이 될 수 있다. 이 경우 정부의 입장에서는 갑의 토지와 을의 토지를 각각 국용전과 녹전전으로 파악하는데, 국용전의 조세는 창정(倉正) 등에 의해 수취되어 풍저창으로 이송되고, 녹전전의 조세는 식록정(食祿正) 등의 주관하에 광흥창으로 보내진다.

　그러나 의문은 전라도의 조세 전체를 국용으로 하고 경상도의 그것은 녹봉의 재원으로 사용하거나, 각 군현별로 구분하여 설정하면 중앙정부에서 세원을 일목요연하게 알 수 있고 수취도 간편할 텐데 왜 그렇게 하지 않았냐는 점이다.

그 이유는 고려시대 조세 수취방식에서 연유한 것으로 생각된다. 당시 토지에 대한 조세는 지금과 같이 재산을 소유한 데 대해 부과하는 '재산세적'인 것이 아니라 그 토지를 이용하여 수확을 얻은 것에 대해 일정액을 부과하는 '소득세적'인 것이었다. 따라서 아무리 많은 토지를 소유한 사람이라고 해도 그 토지가 전혀 경작되지 않는다면 부과되는 조세는 없다. 그리고 농사를 짓다가 재해를 당했을 때는 그 손실비율에 따라 전체의 4할 이상이면 조(租)를, 6할 이상이면 조와 포(布 : 공물)를, 7할 이상이면 조·포·역(役 : 요역)을 완전히 면제하였다. 결국 농사의 풍흉에 따라 조세수취의 양도 크게 달라지고 지출에도 영향을 끼쳤다.

이런 점에서 특정지역 전체를 광흥창에 배정했을 경우 그 곳에 큰 재해가 들면 조세를 수취할 수 없어, 그로 인해 정상적으로 녹봉을 지급하는 데 어려움을 겪게 되는 일이 발생하게 된다. 전근대 사회에서는 기후나 병충해에 의한 국지적인 재해는 일상적이므로 그러한 위험을 분산시키는 방법의 하나가 각 군현의 촌락에 필지별로 세분하여 설정하는 것이다. 일정한 조세의 수입을 위한 최소한의 안전장치인 셈이다. 복잡함 속에는 그 당시의 여건에 맞는 합리성이 있었던 것이다.

중앙과 지방의 관청에 토지가 지급되다.

한편 국가의 수취대상이 되는 토지 가운데 일부는 양반·군인 등이나 국가의 여러 기관에 분급하였는데, 이를 전시과라고 한다. 전시과는 본래의 성격상 재정제도의 일부에 불과하였지만 직역과 토지가 함께 연관되어 정치제도·경제제도·사회제도 등에 영향을 주면서 국가운영의 핵심적인 체계를 이루었으므로 오히려 고려시대에는 재정제도보다 더 중요하게 다루어지고 있다.

　전시의 분급대상에는 사람들뿐만 아니라 중앙과 지방의 관청도 포함되었는데, 이와 같이 공적 기관에 대해 지급된 토지를 공해전시(公廨田柴)라 한다. 이 토지는 각급 관청에서 해마다 반복적으로 동일하게 사용되는 경비의 마련을 위해 설정한 것이다. 국가에서는 각 관청별로 필요한 소요예산에 따라 한번 토지를 지급하면, 각 관청에서는 그 토지를 경영하여 자체 수입을 확보하게 되므로 중앙집중적인 재정운영보다는 간편하다. 특히 지방관청의 경우는 서울로 조세를 거두어들였다가 다시 지방에 내려보내는 것보다는 훨씬 효과적이었다.

　고려시대 공해전의 비중이 적지 않았다는 사실은 『고려사』 「식화지」 전제(田制)에 공해전시조가 따로 있는 것을 통해서도 알 수 있다. 그러나 여기에는 중앙공해전에 관한 내용이 보이지 않고, 다만 명종 8년에 경정된 서경의 공해전 조항에 '유수관에는 공해전 50결, 지위전[1] 272결 37부 4속, 6조(曹)에 공해전 20결, 지위전 15결, 법조사(法曹司) 공해전 15결, 제학원(諸學院) 공해전 15결, 서적위전(書籍位田) 50결, 문선왕(文宣王 : 공자)에 대한 유향전[2] 15결, 선성(先聖 : 箕子)에 대한 유향전 50결, 약점(藥店)의 공해전 7결, 승록사(僧錄司)의 공해전 15결, 지위전 15결 등을 지급하였다고 하는데, 서경의 분사(分司)는 개경의 중앙관제와 유사한 조직이라는 점에서 중앙공해전의 내용을 유추할 수 있다.

　또한 「식화지」 전제 서문(田制序文)에 의하면 공해전은 장택(庄宅)과 궁원에도 지급된 것으로 설명되어 있다. 넓은 의미로 보아 장택과 궁원을 일종의 공적인 국가기관처럼 관념하여 여기에 지급된 토지도 공해전으로 인정되고 있었다. 왕실의 재정을 담당하던 기관인 내장택에는 사(使)·부사(副使)·판관(判官) 등이 있었고, 후비·

---

1) 지위전(紙位田) :- 관청에서 사용되는 종이의 마련을 위해 설정된 토지.
2) 유향전(油香田) :- 제사비용을 위하여 설정된 토지.

왕녀·왕자 등의 처소인 궁원에도 권무관이 파견되었다. 내장택과 궁원의 주인은 사인(私人)이고 세대에 따라 바뀌지만, 그들의 처소는 주인의 변화와 관계없이 계속해서 있어야 할 공적 기관이므로 공해전이 있어야 한다. 서경공해전이나 궁원공해전에 대한 언급을 볼 때, 개경의 여러 기관에 공해전이 분급되었다는 점은 분명하다.

지방공해전(地方公廨田)은 주·현 등 일반 행정관청과 향(鄕)·부곡(部曲) 등 특수한 행정관청 및 관(館)·역(驛)과 같은 교통의 요지에 설치된 기관에 고루 지급되고 있다. 지방공해전의 분급에 있어 그 수급대상인 주·현·향·부곡은 그 곳에 거주하는 정(丁)의 수에 따라 액수가 달라지고 있다. 이 때의 정은 인정(人丁)으로 해석되거니와, 이들의 숫자가 많은 고을은 사무가 번잡했을 뿐더러 일을 보는 관리들도 많았을 것이므로 자연히 공해전은 많은 액수가 할당되고, 그 반대의 경우는 적은 액수가 할당되었다.

지방의 공해전에는 공수전(公須田)과 지전(紙田)·장전(長田) 등의 세 종류가 있었다. 이 가운데 공수전은 관청의 운영비와 외관녹봉의 재원을 위해 지급된 토지며, 지전은 사무용 종이를 조달하는 비용으로 마련된 토지였다. 이들에 비해 장전은 역의 경우 역장에게, 향·부곡의 경우 향장·부곡장에게 지급된 것이 어느 정도 확실시되며, 일반 군현의 경우 이견이 있으나 분급된 토지를 다시 재분급한다는 것은 불가하므로 역시 호장에 대한 직무수당의 재원으로 이해하는 것이 옳을 것 같다.

공해전은 국가의 공유지(公有地)로 설정되어 있다. 그것이 소재한 촌락의 농민을 동원해 경작하는 직영제 경영의 형태를 취한 듯싶으나 뒤에는 전호제(佃戶制) 경영도 택했던 것 같다. 후자와 같이 공해전을 전호에게 소작을 주어 경작시켰을 때 그들로부터 4분의 1조(租)를 수취하였는지, 아니면 2분의 1조를 거두어 들였는지 분명하지 않다.

공해전과 유사한 성격의 토지

학전(學田)·적전(籍田)·둔전(屯田) 등은 공해전이라는 명칭은 사용하지 않았지만 공공의 목적을 위해서 설정되었으며 분급받은 곳에서 자체로 운영하여 그 수익을 사용한다는 점에서 공해전과 유사한 성격의 토지였다.

학전은 통일신라시대의 학생 녹읍(祿邑)에 기원을 둔 것으로서 각급 학교의 운영경비를 조달하기 위하여 지급한 토지였다. 고려시대에는 개경의 국자감(國子監 : 국학)을 비롯하여 서경과 지방 주현에 여러 종류의 학교가 있었으므로 상당량의 학전이 지급되었으리라 짐작된다. 본래 학전도 엄연히 공공기관에 분급된 토지이므로 공해전에 속하는 것이지만, 국자감이나 학교가 교육기관이라는 점을 고려하여 학문을 권장한다는 뜻으로 특별히 '학전'이라고 한 것 같다. 학전은 주로 국가 공유지 위에 설정되어 그 주변 농민의 요역노동(徭役勞動)이나 학교에 예속된 노비의 노동력에 의해 경작되었다고 생각된다.

적전(籍田)은 권농책(勸農策)의 하나로 국왕이 농경의 시범을 보이기 위한 의례용으로 설정된 토지이다. 왕이 직접 농사를 짓는 모범을 보임으로써 백성에게 농업의 중요성을 인식시키고 널리 농업을 권장하기 위하여 행하는 의식을 친경(親耕)이라고 한다. 적전에서는 매년 봄에 왕을 필두로 왕세자·재신·백관들과 농부들이 쟁기질을 하는 적전례가 행해지며, 983년(성종 2)에 시작되었다. 이 토지의 수확으로 신농[1]·후직[2]에게 제사지내는데, 풍년농사를 기원하는 뜻이 담겨 있다.

전체 토지에서 적전이 차지하는 비중은 매우 작지만 국왕이 친경하는 토지라는 상징성으

---

1) 신농(神農) :- 농사의 신.
2) 후직(后稷) :- 토지의 신과 곡식의 신.

로 인하여 매우 중요하게 여겨졌다. 한편 왕의 친경은 형식적인 의례였을 뿐 실제 농경에 종사한 사람은 적전에 붙어 있는 공노비와 그 주변의 농민들이었다. 적전 역시 국가 공유지 위에 설정되어 있었다.

둔전(屯田)은 변경지대나 군사상의 요지에 설치하여 거기서 나오는 수확으로 군수에 충당하던 토지를 일컫는데, 초기에는 국경지방인 양계(兩界)에 두었으며 뒤에는 남방에도 설치되었다. 양계지역은 유사시에 대비하여 항상 일정량의 군량을 준비해야 하지만 남방의 농업지대와 상당히 멀리 떨어진 관계로 운송의 어려움이 있었다. 이를 해소하기 위해 주둔지 부근에 토지를 분급하고 각 부대가 자체로 경영하여 그 수확을 군량으로 이용하였다. 둔전의 지급은 변경지역의 황무지를 개발하여 농업을 진흥시켰을 뿐만 아니라 군수를 안정적으로 확보할 수 있는 효과가 있었다.

이처럼 학전·적전·둔전 등은 공공의 목적을 위해 지급되었다는 점에서 공해전과 비슷하지만 교육진흥·농업권장·외적방어라는 특수한 목적에서 설치되었기 때문에 공해전과 구분하였던 것으로 생각된다.

항구적인 재정제도를 계획하다

농업사회에서는 재정의 원천을 토지에 두었기 때문에 토지의 수입으로 국가가 운영되었다고 할 수 있는데, 고려시대의 특징은 지출의 용도별로 조세의 대상토지를 설정하였다는 점이다. 즉, 전국 토지의 조세를 일괄해서 거두어 필요한 곳에 배정하는 것이 아니라, 촌락의 필지별로 국용은 국용전, 녹봉은 녹전전, 군수는 군자전으로 각각 설정한 뒤에 그 조세로써 충당하였다.

이러한 방식은 처음 양전을 실시하여 전국의 토지면적과 등급을 파악하고 각 항목별로 소요되는 정도의 토지를 설정해 주면 매년 동일한 수취를 할 수 있다. 공해전시 역시 토지를 배정하는 방식은 유사하다. 처음에 공적 기관별로 반복적으로 소요되는 재정수요를 감안해 토지를 분급하면 그것을 재원으로 삼아 영구히 운영해 나갈 수 있는 것이다.

이후 재정수입은 새로운 토지의 개간 또는 경작지의 진전화(陳田化) 등과 같이 토지면적의 변화가 있거나 농사의 풍흉에 따라 증감이 있게 마련인데, 아마 후자의 영향이 훨씬 컸으리라 생각된다. 이러한 점 때문에 수입과 지출의 변동이 컸겠지만 그것은 당시의 농업 여건상 불가피한 일이었다. 고려시대 재정 및 토지제도가 복잡하고 불편했던 것처럼 보이지만 제도를 실시한 배경을 이해하면 합리적인 면도 적지 않음을 알 수 있다.

이진한

땅에도
신분이 있었다

신분을 따라 다니는 토지

 고려 전기에는 관리·군인 등 그 구성원의 사회적 등급에 따라 토지와 시지(柴地)를 지급하는 '전시과'라는 토지제도가 있었다. 또 일반 농민인 백정도 그 사회적 신분에 해당하는 공민의 토지인 민전을 소유하고 있었다. 그리하여 전국의 모든 토지를 이렇게 특정 토지의 수급자격자와 한 묶음으로 엮는 '수립·교대·계승·상속' 등의 절차가 엄격하게 법제화되어 있었다.
 인종 때 호부상서(戶部尙書 : 정3품)에까지 오른 김함(金諴)의 장남 신원(伸沅)의 외아들은 할아버지로부터 가문의 음덕을 입고 그의 토지를 이어 후임이 됨으로써 관료세계로 들어가고 있다. 또 김함의 둘째아들인 대령(大齡)은 그의 할아버지·아버지와 같이 명경과에 응시하여 급제하고 국학학유가 되었으니, 당연히 그 관직에 해당하는 전시과가 배정되었을 것이다. 한편 학생이었던 전기(田起)는 예종 12년(1117)에 남성시(南省試)에 합격하여 진사에 오르고, 이어 인종 원년(1123) 3월에 그의 처인 고씨(高氏)의 양아버지에게서 토지를 이어받고 있다.
 모든 법제의 운영이 그러하듯이 신분과 토지를 일치시키려는 이러한 법제의 시행과정에서도 그 운영상 문제가 발생하고 있었다. 즉 전시과의 수급자격과 어울리지 않게 불법적으로 토지를 지급한다거나, 합법적으로 지급된 토지를 권력을 이용하여 빼앗는다거나, 수급대상자가 그 자격을 잃고도 제대로 반납하지 않는 등의 일이 생겨나고 있었던 것이다. 더구나 근원적으로 토지가 점차 소수의 손에 집중되는 현상이 진행되었고, 늘어나는 수급대상자를 충족시킬 만한 토지의 개간, 공급도 제대로 이루어지지 못하여 전시과 제도는 몇 번의 개정을 거치면서 서서히 무너져가고 있었다.

충렬왕 21년(1295) 가을에 최득평(崔得枰)은 선군도감사(選軍都監使)가 되어 '군인을 선발하고 토지를 지급하는' 과정에서 분분하던 소송을 진정시켜 칭송을 받았다. 즉 이러한 법제가 오래되었다는 것, 자손이 있으면 그에게 전하고 없으면 타인이 대신 받는다는 것, 죄를 지으면 환수하는데 이를 서로 얻으려 하니 번잡해진다는 것을 지적하고 이들을 제자리로 돌려놓았다는 것이다.

또 충선왕 원년(1309)의 하교에서도 이와 관련된 개혁조치의 일단을 엿볼 수 있다. 먼저 군인·한인(閑人)신분에 해당하는 토지가 이어지는 사실, 이렇게 이어진 토지가 권력에 의해 빼앗기거나 원칙에 맞지 않게 불법적으로 이어지고 있는 현실을 지적하고 있다. 그리고 해당 군인신분에 이어지는 토지의 크기가 17결=1족정이라는 사실을 들고, 이것이 예부터 전해 오는 토지와 관련된 권리·의무를 규정한 제도라며 개혁의 근거로 삼도록 가르치고 있다. 이들 사실을 통해 그 운영과 역사적 추세를 다시 읽어볼 수 있다.

전정의 의미

전정연립(田丁連立)을 언급한 기록을 쭉 살펴보면, 전정이 단순한 토지가 아니라 신분과 관련된 토지라는 사실을 짐작할 수 있게 된다. 바로 이 때문에 용어 그 자체도 단지 '전(田)'이 아니라 '정(丁)'을 덧붙여 표현하고 있을 것이란 생각에 도달하게 되는 것이다. 신분과의 관련이 '정'으로 나타나고 있다는 점에 착안하면, 신분의 주체인 인간이 인정(人丁)으로, 이 토지와 인간을 포함하는 '호'가 호정(戶丁)이나 정호(丁戶)로, 또 이러한 호 편성의 단위가 족정(足丁)과 반정(半丁)으로, 일반 농민이 백정(白丁)으로 표현되고 있는 점도 바로 눈에 들어오는데, 다음은 대표적인 사례이다.

- 나라의 제도로는 민이 나이 16에 정이 되어 비로소 국역(國役)에 복무하고, 60에 노(老)가 되어 역이 면제된다. 주군(州郡)은 매년 구(口)를 계산하고 민을 등록하여 호부에 알린다. 무릇 병(兵)을 징발하고 역을 조달하는 데는 호적을 추려 베껴 정한다.
- 편호(編戶)는 인정의 다과에 따라 9등으로 나누어서 부역을 정한다.
- 효행 사실이 널리 확인되는 자 가운데 백정인 자에게는 공전을 지급하여 정호로 삼으라.
- 국가가 전(田) 17결을 1족정으로 삼아 군 1정에게 지급하는 것은 옛 토지부세의 유법이다.

이 점을 염두에 두고 '정'의 의미를 추적해 가면, '강성한'·'복무=징발=조달=부과대상 혹은 단위'라는 포괄적인 정의를 끌어낼 수 있다. 이에 근거하여 전정의 의미를 찾아보면, 경작과 수확대상이 될 정도로 지력이 '강성한'·'세금 납부대상 혹은 단위'로 정의된다.

이 당시는 사람·토지, 그리고 사람과 토지를 묶은 호가 일정한 비율로 결합되어 있었으므로 당연히 이 토지를 매개로 한 전정은 혈연을 매개로 한 인정, 사회적 신분을 매개로 한 호정과의 제도적 연관 속에서 이해되어야 한다. 그 주체로는 부병(府兵)·진인(鎭人)·근장(近仗) 및 제위(諸衛)의 정군방정인(正軍訪丁人)·망군정인(望軍丁人)·북로변성(北路邊城) 장사(將士)·경외별초(京外別抄)·동정군(東征軍) 등 군인계통, 이리간(伊里干), 향직(鄕職)과 정직자(正職者), 백성·한인계통·양반계통·불보(佛寶)의 주전자(主典者), 불사(佛寺) 등 사원계통 등 거의 모든 사회 신분자격 개인 및 단체가 보이는데 그 가운데는 일반 농민의 백정토지인 민전도 포함되어 있다.

이렇게 토지에 신분을 부여하는 용어였던 '정(丁)'은 대략 희종 때부터 초·먹·금·토지 등을 세는 단순한 계량단위로 전화하면서 제도적인 변화를 겪게 되고, '전정'도 점차 옛 제도의 잔재로서의 의미로만 남게 되어 결국에는 그 자취를 감추고 마는 길을 걸어갔다.

신분의 교대와 전정연립

토지가 신분을 갖는 과정인 전정연립 절차를 신분의 변화에 초점을 맞추어 보면, 공적 신분[일반 공민]으로부터 사적 신분[군인·양반 등]으로의 2대 범주 사이의 전화과정으로 이루어져 있음을 알 수 있다. 그러므로 전정연립의 핵심은 이러한 공·사의 상호 전화과정이다.

그런데 이렇게 공·사가 서로 전화한다는 것은 이 공과 사가 서로 공통된 점을 가지고 있으면서 서로 구별되는 데서 오는 것이다. 이렇게 서로 명확히 구별되면서도 동시에 공통성을 가지고 있기에 이루어질 수 있는 공·사 신분의 전화·교대 과정은 인간·자연물·사회적 산물을 통해서 관철되고 있었다.

바로 이러했기 때문에 공적 신분과 사적 신분은 그 교대절차에 있어서는 엄격한 법률적 적용을 받고 있었지만, 원칙적으로 토지를 비롯한 물권을 동반하는 자유로운 교대가 가능했던 것이다.

이러한 토대 위에서 전정연립의 수립과 환수가 이루어지고 있었는데, 그 일반적인 절차는 대략 다음과 같았다. 먼저 음서·과거 등으로 연립 주체의 자격을 확인하고, 입후(立後)·승업(承業) 등으로 연립 객체의 범위와 규모를 설정하여, 소유 주체인 인정과 객체인 전정을 연관시키는 과정으로 이어졌다. 또 사망·퇴직·무후(無後) 등으로 주체의 자격이 상실되면, 속공(屬公)형식으로 그 객체도 당연히 공전으로 전화된다. 경우에 따라서는 공전으로 전화하는 과정을 생략하고 바로 소유주체 사이에서 연립되기도 하였다.

공·사 범주의 이러한 통일은 고정 불변하지 않았다. 역사의 진행과정에 따라 끊임없이 대립하면서 분리되어 가고 있었다. 고려에서는 예종 때 이미 그 변화사실이 광범하게 나타나고 있었고, 이후 확대·조정되면서 고려 말 파국을 맞이하고 있었다.

전정연립의 순서

전시과 체제에서 이렇게 상호수립·교대·계승·상속되는 물질적 토대를 바탕으로 그 공적 신분과 사적 신분 사이의 전화를 실현시키는 데는 일정한 조건이 필요하였다. 그 공적 신분으로부터 사적 신분으로 편입되는 기준과 조건으로서는 '과(科)'와 '연령'이, 사적 신분에서 공적 신분으로 되돌아오는 데는 '사망·퇴직'이, 그 신분의 연립대상과 범위로서는 '자손·친척'이 고려되고 있었던 것이다.

공·사 신분 사이의 상호 전화에서 그 편입과 해제조건은 입사·연령·사망·퇴직 등 비교적 분명한 자연적이고 사회적 기준이 있으므로 그 구체적인 모습을 추적해 가기만 하면 된다. 그런데 연립의 대상과 범위에 대해서는 추가적인 설명이 필요하다. 일반적인 범위인 자손·친척 가운데 다른 조건이 동일하다면, 어떤 순서에 따라 이 신분의 계승이 이루어지는가 하는 문제가 발생하는 것이다.

이것은 일반적인 농업생산에 종사하는 농민신분으로부터 국가의 기능인 회계와 관리를 내용으로 하는 사회적 신분으로의 전화의 문제이므로 당연히 그 혈연계승상에서 우선적 서열이 적용될 수밖에 없다. 실제로 정종 12년(1046)의 판례를 보면, 여러 전정의 연립은 그 우선 순위가 적자(嫡子)·적손(嫡孫)·동모제(同母弟)·서손(庶孫)·여손(女孫: 외손)으로 부여되도록 규정되었다.

또 문종 27년(1073) 정월의 판례에 의하면, 공음전은 아들이 없는 경우에 한해서 사위·조카·양자 등에게 전급(傳給)할 수 있도록 하고 있다. 이 두 판례는 전정연립 일반과 그 한 지목인 공음전에서의 차이, 다른 시기의 운영상의 차이에서 기인하는 것으로 볼 수 있다. 그런 점을 고려하더라도 혈연계승상에서 우선적 서열의 적용이란 원칙에는 변함이 없다.

전정연립의 범위와 순서를 논의할 때, 그 절차중의 하나인 상속과 관련하여 구성원들 사이의 혈연계승상에서 우선적 서열이 적용되는 것이 아니라, 평균적 원리가 적용되는 사례가 보여 혼란을 일으키기 쉽다. 이른바 토지의 자녀 균분상속인데, 이 경우의 상속은 공적 신분으로부터 사적 신분으로의 전화가 아니라 공적 신분인 일반 농민신분 상호간의 혈연적 계승과 관련된 물권의 상속에 해당하는 것으로 볼 수 있다.

윤한택

일반 백성들의
생계 터전, 민전

민전이란 무엇일까?

현대인들은 자신 그리고 가족들과 함께 생활해 나가기 위하여 대부분 직업을 가지고 있다. 오늘날 그런 직업의 종류는 너무나 다양하여 정확한 수를 파악하기도 힘든 것이 현실이다. 그렇다면 고려시대의 사람들은 먹고 살아가기 위하여 어떤 직업을 가지고 있었을까?

국가의 관료를 직업으로 가지는 사람들도 있었지만 그들은 선택된 극히 소수에 불과하였고, 대부분의 고려시대 사람들은, 물론 직업이라는 개념을 가지고 있지는 않았겠지만, 농업에 종사하였다. 즉 농사를 통하여 그들은 가족들과 함께 살아갔던 것이다. 바로 그들 농민들이 삶을 살아가기 위한 수단으로 가지고 있으면서 농사를 지었던 땅이 대표적인 민전(民田)이라고 할 수 있다. 농민들 이외에 양반들, 그리고 소수의 천민들도 그들 소유의 땅, 민전을 가지고 있었는데, 그 가운데 가장 높은 비중을 차지한 것은 물론 일반농민들의 민전이었다.

민전은 어떤 사람들이 가지고 있던 땅이었을까?

고려시대에 관료는 전시과라는 토지를 지급받았고, 관료 이외에도 국가를 위하여 일을 하였던 사람들은 정호(丁戶)라 하여 국가에서 토지지급 등과 같은 대가를 받았다. 그러나 국가를 위하여 일을 하지 않았던 사람들은 토지지급을 받을 수가 없었다.

고려시대에는 이렇게 국가를 위하여 특별한 일을 하지 않았던 사람들을 백정(白丁)이라고 불렀다. 이들은 조선시대에 도살 등의 일을 주로 담당하였던 백정과는 완전히 별개의 존재이다. 이들 고려시대의 백정은 국가에서 토지지급을 받지는 못하였지만, 대체로 조상에게서 물려받은 토지를 가지고 생활해 나갔다. 그 토지가 바로 민전이었고, 고려시대 백정들은 민전의 주소유계층이었다.

한편 관직을 갖고 있던 사람들이나 국가를 위해 특정한 일을 하고 있던 계층, 즉 양반이나 향리들도 그들 자신의 사유지를 가지고 있었다. 귀주대첩으로 유명한 강감찬이 자신의 토지를 군호(軍戶)들에게 지급한 기록, 『동국이상국집(東國李相國集)』의 저자 이규보가 아버지에게서 물려받은 별업(別業)에 관한 기록, 『제왕운기(帝王韻紀)』의 저자인 이승휴가 외가로부터 토지를 상속받았던 기록, 고성의 삼일포라는 곳에서 발견된 매향비(埋香碑)에 양반이 토지를 시주한 기록 등에서 양반들이 소유하고 있던 민전의 실체를 확인할 수가 있다.

그리고 지방의 향리가 자신의 국가에 대한 의무를 피하기 위하여 권력자에게 자신의 토지를 뇌물로 바친 기록 등에서 향리들도 자신들의 사유지인 민전을 소유하고 있었음을 알 수 있다. 조금 특이한 예이기는 하지만 고려 명종 때의 사노비 평량(平亮)이라는 사람은 농경에 힘써 많은 토지를 소유하고 있었던 것으로 기록되고 있어서, 노비를 비롯한 천민들도 민전을 소유할 수 있었다는 사실을 확인시켜 주고 있다.

이렇게 민전의 소유층은 위로는 양반에서부터 아래로는 노비에 이르기까지 광범위하였다.

매매가 자유로웠던 개인 재산으로서의 민전

전근대 시대인 고려에서 국가의 모든 땅은 왕의 소유였고, 일반 백성들은 그들 소유의 땅을 갖고 있지 못하였을 것이라는 인식을 하기가 쉽다. 실제로 일제강점기의 일본인 학자들은 고려 때 국가의 모든 토지가 국유지였다고 주장하기도 하였었다. 그러나 그런 주장이 잘못된 사실이라는 것이 곧 우리 학자들에 의하여 밝혀졌다.

신라시대에 이미 토지매매는 이루어지고 있었다. 먼저 경상북도에 있는 숭복사비(崇福寺碑)에 "신라 원성왕릉을 조성하기 위하여 그 곳의 땅이 비록 왕토(王土)이지만 실상 공전(公田)이 아니므로 부근 일대를 후한 대가를 주고 구하였다"라는 내용에서 토지의 사유권과 매매 사실을 확인할 수 있다. 또한 현재 전라남도 담양에 있는 신라 말에 만들어진 개선사석등기(開仙寺石燈記)에 "승려 입운(入雲)이 경조(京租) 100석으로 오호비소리(烏乎比所里)의 공서(公書)·준휴(俊休) 등 2명으로부터 14결의 토지를 사들였다"는 내용에서도 같은 사실을 알 수 있는 것이다.

고려시대에도 토지매매 관련기록은 발견된다. 무신란 때 간신히 살아남은 임춘(林椿)이 단천(湍川)에서 누적된 조세와 사채에 시달리고 있던 농민의 땅 즉 민전을 사려고 하였던 기록, 고려 말에 한산군(閑散軍)에 뽑힌 농민이 마필(馬匹)을 구하기 위하여 경작중이던 땅까지 팔아야 하였던 기록 등에서 그런 사실은 확인된다.

이렇게 매매가 자유롭게 이루어졌던 민전은 당연히 증여와 상속에서도 제약을 받지 않았다. 사찰에 증여하는 것은 물론 권력가에게 뇌물로 바쳐진 경우도 있고, 상속에서도 아버지로부터의 상속은 물론 앞서 살펴본 이승휴의 경우처럼 외가에서 상속받은 경우도 확인되고 있다.

요컨대 고려 때 민전은 매매와 증여·상속이 자유롭게 이루어질 수 있는 개인의 사유지였던 것이다.

그런 까닭에 국가 즉 정부가 혼란에 빠졌을 때는 탐욕스러운 권력가들이 비교적 자유롭게 합법적·비합법적 방법을 동원하여 다른 사람의 민전을 모아서 대규모의 농장을 만들어서 국가경제를 위협할 수 있었던 것이다.

국가의 주 조세수입원이었던 민전

민전은 사유지였던만큼 국가로부터 법적으로 그 소유권을 보호받고 있었다. 그것은 토지대장인 양안(量案)의 작성을 통하여 구현되었다. 이러한 양안의 작성은 신라시대 이래로 계속 이루어졌는데, 거기에는 민전뿐만 아니라 전국의 각종 토지에 대한 조사내용이 포함되어 있었다. 즉 토지의 비옥도, 넓이·경계 등등의 자세한 내용이 모두 기록되어 있었다. 본래 이렇게 양안을 작성한 일차적인 목적은 조세수취의 대상이 되는 토지와 인물을 정확히 파악하기 위함이었다. 그렇지만 그와 함께 민전 주인에 대한 소유권도 아울러 보호될 수 있었다. 권력가들이 힘없는 다른 사람의 토지를 강탈하여 자신의 것이라고 주장할 경우에 양안에 바탕하여 그 원주인을 밝혀낼 수 있었기 때문이다.

이렇게 개인의 사유지로서 국가로부터 그 소유권을 보호받고 있던 민전은 한편으로는 국가의 주 세금수입원이었다. 왜냐하면 그 소유권이라는 것이 근대적-로마법적인 배타적 소유권이 아니고, 민전에는 "넓은 하늘 아래 왕의 토지가 아닌 것이 없다"라는 동양적 왕토사상(王土思想)에 바탕하여 국가에서 수조권[1]을 행사하고 있었기 때문

---

1) 수조권(收租權) :- 세금을 받을 권리.

이다. 즉 고려시대에는 국가의 모든 땅은 본래 왕의 토지였고 그것을 백성들에게 빌려준 것이라는 관념이 지배적이었기 때문에 민전을 포함한 모든 사유지에서 국가는 세금을 거두어들이고 있었던 것이다.

국가는 두 가지 방식을 통하여 조세를 거두어들였다. 하나는 국가재정에 필요한 세원확보를 위하여 국가에서 직접 국고로 받아들인 것이고, 또 다른 하나는 세금을 받을 권리를 국가를 위하여 일을 한 양반 관료나 실무담당자들에게 양도한 것이다. 그렇게 민전에서 거두어들인 조세가 어느 곳에, 얼마나 사용되는가를 살펴보면 민전이 국가재정에 미치는 영향도 아울러 알 수 있는데, 먼저 왕실운영과 관련된 공상(供上)비용으로 약 3만 결 정도가 필요하였고, 둘째 관리들에게 주는 녹봉(祿俸)으로 약 10만 결, 셋째 국가제사·외국사신 접대·빈민구제 및 국가적 공사 등의 국용(國用)으로 약 10만 결, 그리고 정확한 규모는 알 수 없지만 녹봉용이나 국용용과 비슷한 규모의 북방의 군수비용이 필요한 것이 고려의 상황이었다. 이렇게 민전은 사유지로서 개인들의 주요 생활수단이 되기도 하면서 아울러 국가운영에 필요한 각종 재원을 조달하기도 하는 개인과 국가에 모두 중요한 것이었다.

그렇다면 국가는 민전에서 얼마나 조세를 거두어들였을까도 궁금한 문제이다. 이에 대해서는 한때 전체수확량의 4분의 1을 수취하였을 것이라는 견해도 있었지만, 현재는 대부분의 학자들이 10분의 1만을 수취하였다고 보고 있다. 고려 태조는 즉위하면서 궁예가 세금을 너무 가혹하게 징수하였다고 하면서 10분의 1의 조세만을 거둘 것을 명령하였다는 기록이 있는데, 이런 원칙은 고려시대에 줄곧 지켜졌다고 보는 것이다.

민전에서 내는 세금이 전체의 4분의 1인지, 아니면 10의 1인지의 차이는 매우 큰 것이다. 그러나 그 차이보다는 그것 이외에 다른 잡세를 포함하여 백성 1인당 국가에 납부하는 세금의 비중이 얼마였는지가 당시 백성들에게는 더 중요한 문제였을 것이다. 만약 고려시대에 국가에서 한 명의 백성에게서 거두어들이는 세금의 총액이 백성들이 1년 농사로 수확한 양의 10분의 1만이었다면 고려시대의 백성들은 행복하지 않았을까?

민전은 어떻게 경작되었나

고려시대 민전의 소유자들은 자신들의 사유지인 민전을 어떻게 운용하였을까? 그것은 오늘날의 현실과 거의 유사하여 두 가지 형태가 있었다. 소유자가 파종에서 수확까지의 전 과정을 직접 주도하는 직영제와 자기 토지를 다른 사람에게 빌려주어 경작시키고 그 대가를 받는 전호제[1]의 두 종류이다.

한편 직영제에는 민전 소유자와 그 가족만의 노동력으로 민전을 경작하는 형태와 소유노비나 고공[2]을 이용하여 경작하는 형태로 세분할 수 있다. 이와 같이 구분하고 보면 대체로 세 가지 형태로 민전은 경작되었는데, 그 가운데 민전 소유자가 자신과 그의 가족만의 노동력으로 민전을 경작하는 경우가 가장 보편적이었다. 그만큼 땅을 많이 가진 사람들보다는 적게 가진 사람들이 많았던 것이 고려시대의 현실이었다고 할 수 있겠다. 이런 사정은 물론 오늘날도 마찬가지이지만.

자기 땅을 자기가 직접 경영하는 경우는 더 말할 필요가 없지만, 다른 사람에게 땅을 빌려주어 경작시키는 전호제의 경우는 땅을 빌려준 사람에게 그 대가를 얼마나 받았는지가 궁금한 문제이다. 앞에서 일반 민전의 경우에는 국가에서 10분의 1의 조세를 거두었다고 하였지만, 전호제의 경우에는 땅

1) 전호제(佃戶制) :- 소작제라 부르기도 한다.
2) 고공(雇工) :- 고용인과 같은 존재.

을 빌려준 사람에게 민전소유자가 소작료로 전체수확량의 2분의 1을 받았다고 한다. 상당히 비싼 대가이다.

 이렇게 비싼 대가를 치르고라도 다른 사람에게 토지를 빌리려는 사람들이 많았기 때문에 이런 소작료체계가 정해졌을 것이다. 즉 그렇게라도 남의 토지를 빌려 경작하지 않고서는 먹고살기 힘든 사람들이 많았고, 반대로 남에게 토지를 빌려줄 만큼 대토지를 소유한 사람들이 적지 않게 존재하였음이 그 때의 현실인 것으로 보인다. 이런 대토지 소유자들은 이미 신라 말부터 널리 확산되어, 고려에 들어와서도 그 수는 줄지 않았고, 오히려 고려 말이 되면 더욱 그 수가 늘어났다고 한다.

 고려시대에는 양반관료로부터 농민, 아래로 노비에 이르기까지 대부분의 사람들이 자신들의 사유지인 민전을 소유하고 있었는데, 그것의 주소유층은 백정농민이었다. 민전은 매매·증여·상속이 자유로운 사유재산으로서 백정농민들을 포함한 소유자들의 주요 생계수단이었으며, 나아가 국가의 주요재원이기도 하였다.

이형우

공전과 사전

공전과 사전의 지목

고려시대 전시과체제에서 토지는 크게 나뉘어 공전(公田)과 사전(私田)으로 구분되어 있었다. 공전과 사전이 구체적으로 어떤 토지를 가리키는 것인지는 『고려사』 식화지 상평의창조 현종 14년(1023) 기사에서 살펴볼 수 있다.

이 기사에 따르면, 의창(義倉)에서 조(租)를 거둘 때 1과공전(一科公田)은 1결당 조 3두(斗)를, 2과공전 및 궁원전(宮院田)·사원전(寺院田)·양반전(兩班田)은 조 2두를, 3과공전 및 군인호정(軍人戶丁)·기인호정(其人戶丁)은 조 1두씩을 내도록 정하고 있었다.

이러한 기사내용을 살펴볼 때, 고려시대에 공전은 1과·2과·3과로 나뉘어 있었고, 이에 대응되는 궁원전·사원전·양반전·군인호정·기인호정 등의 토지가 사전이었음을 알 수 있게 된다. 그리고 사전이라 불린 토지와 관련된 여러 사실을 아울러 살펴보면, 1과·2과·3과로 나뉘어졌던 것은 토지소유의 양, 소유자의 사회적 영향력, 소유토지의 지품(地品) 즉 토지등급 등의 차이에 따라 구분되어진 것이었음을 알 수 있게 된다.

대체로 지금까지의 연구결과, 1과공전은 왕실어료지[1]인 내장

---

1) 왕실어료지(王室御料地) :- 왕실이 소유하여 경영하는 토지.

전(內庄田), 2과공전은 공해전(公廨田)을 비롯한 둔전(屯田)·학전(學田)·적전(籍田) 등 국가 공유지, 3과공전은 일반백성이 소유한 민전(民田)과 이러한 민유지에 설정된 왕실 및 궁원·사원의 수조지[주로 莊·處田]였던 것으로 밝혀지고 있다.

수조권과 소유권

고려시대 때 토지가 크게 나뉘어 공전과 사전으로 구분되고, 그 각각에 해당하는 지목(地目)으로 내장전·공해전·둔전·학전·적전·민전·장·처전·궁원전·사원전·양반전·군인호정·기인호정 등이 있음을 알 수 있게 되었다. 그러면 이러한 공전과 사전의 소유형태와 경영형태는 어떠했으며, 또 그것과 관련해 공전과 사전이란 과연 무엇을 의미하고 그 성격은 어떠했을까?

가장 먼저, 공전과 사전으로 불린 토지는 누구의 것이었는가부터 살펴보도록 하자. 이것은 곧 토지를 의미하는 전(田)이라는 용어 앞에 붙은 '공·사'는 누구를 가리키는 것일까 하는 문제이기도 하다. 이 문제는 공전과 사전에 해당하는 지목을 살펴볼 때, 그 주체가 궁원·사원·양반 등이라는 점에서 잘 살펴볼 수 있듯이, 공은 공적 주체, 사는 사적 주체를 가리키는 것이었다고 정리하면 쉽게 해결될 것으로 보인다.

그러나 '공·사'가 무엇을 의미하는지 그 개념 자체도 문제지만, 이 주체의 성격이 더 큰 문제였다. 더군다나 이 문제와 관련해서는 일제시대 때 식민사관(植民史觀)에 입각해 한국사를 왜곡하는 과정에서, 이 문제에 대한 해명이 토지약탈을 바탕으로 제국주의적 소유 주체로 등장했던 조선총독부에 의해서 이루어진 데서 혼란이 발생하기 시작하였던 것이다. 그들은 이 '공·사'를 소유의 주체로 인정하지 않았다. 전국의 모든 토지를 소유한 주체는 국가였으며, 이 '공·사'는 국가가 일정한 조건 아래서 위임한 수조권(收租權)을 가지고 있었을 뿐이라고 해석하였다.

이후 연구가 진행되면서 사전은 사적 소유지로서의 성격을 지닌 토지였음이 밝혀지고, 국유지와 관유지 역시 공적 소유지로서의 성격을 지니고 있었음이 확인되면서, 소유권을 바탕으로 한 공·사전 구분도 자리를 잡아갔다.

그 결과 현재 학계에서는 고려시대의 경우 소유권을 기준으로 구분하는 공·사전 개념과, 수조권의 귀속을 기준으로 구분하는 공·사전 개념이 함께 사용되고 있었던 것으로 이해하고 있다. 즉 공전에는 국유지와 국가수조지가 있었고, 사전에는 사유지와 사인수조지가 있었다고 보는 것이다.

그리고 이렇게 공전과 사전 개념이 이중적일 수밖에 없는 이유는, 전근대적 소유권으로서의 사유는 근대적인 것과는 다른 성격을 지니고 있기 때문이라고 설명하고 있기도 하다. 즉 근대적 소유권으로서의 소유가 배타적이고 독점적인 성격을 지니고 있었던 것과 달리, 전근대적 소유권으로서의 소유는 국가에 의해 많은 제약을 받고 있었고, 따라서 그것은 보다 다원적이고 폭 넓은 것이었기 때문이라고 설명되고 있는 것이다. 또한 이러한 사정과 관련하여 고려시대 때 국가의 중앙집권체제가 강화되고 공전의식(公田意識)이 강화되어 나갔던 것으로 이해하고 있기도 하다.

공전조율과 사전조율

이렇게 고려시대 공전과 사전의 소유형태는 수조권과 소유권이라는 두 가지 범주가 혼용되어 이루어지고 있었던 것으로 이해되고 있다. 그 경영형태 역시 이러한 소유형태를 반영하고 있었던 것으로 이해되고 있는데, 그 대표적인 예가 수조율[1]과 관련한 차율수조(差率收租)의 문제였다.

먼저 고려 때 수조율과 관련된 기록을 살펴보면, 10분의 1조, 4분의 1조, 2분의 1조의 세 종류가 있었음이 확인된다. 이 가운데 10분의 1조는 고려 말 조준의 상소문 가운데 나오는 것인데, 태조가 즉위한 직후 태봉 때의 과다한 조세징수를 바로 잡기 위해 10분의 1조를 시행하였다고 설명하고 있다. 4분의 1조는 성종 11년(992)에 규정한 공전에 대한 조율인 것으로 나타난다. 2분의 1조는 광종 24년(973)과 예종 6년(1111)의 기사에서 나오는데, 진전[2]을 개간하고 난 뒤 일정기간이 경과한 후 사전에서 이루어지는 전주와 전호 사이의 분배비율로 규정되고 있다.

먼저 2분의 1조는 사전에서 이루어지는 전주와 전호 사이의 분배비율로서 지대(地代)였다는 점에 대해서는 이견이 있을 수 없다. 그러나 한편 이 지대의 존재를 얼마나 지배적인 것으로 보느냐에 대해서는 연구자에 따라 커다란 의견의 차이가 있다. 즉 그 소유론에 대한 이해 차이와 관련하여, 사유론에서는 지배적이었던 것으로 보지만, 국유론에서는 극단적인 경우 기록 자체를 무시하는 경향을 보이고 있다.

4분의 1조에 대해서는 공전에서의 지세(地稅)로 보는 견해와 국유지를 소작하는 경우의 지대로 보는 견해가 대립되어 있다.

10분의 1조는 3과공전인 민전에서 거둬들이는 지세이며, 이 민전은 조의 귀속에 따라 공전이 될 수도 있고 사전이 될 수도 있는 것으로 이해한다. 물론 이 기사를 전시과에서 적용된 것이 아니고 고려말 사전개혁 단계의 인식이 반영된 것이라고 보는 견해도 있다.

1) 수조율(收租率) :- 토지로부터 거둬들이는 조(租)의 비율.
2) 진전(陳田) :- 예전에는 경작하는 토지였으나, 현재 묵혀두고 경작하지 않는 토지.

공전에서의 부세(조·포·역)와 사전의 지대

　공전과 사전의 실체를 해명하는 문제를 둘러싸고, 소유형태에서의 수조권과 소유권, 경영형태에서의 10분의 1조, 4분의 1조, 2분의 1조 조율이 서로 밀접한 관련을 지닌 것으로 이해되고 있다. 그러면서 그것은 독점적이고 배타적인 근대성과 국가에 의해 상당한 제약을 받는 다양한 전근대성이란 그럴듯한 해석에 의해 뒷받침되면서 서로 배치된 채로 지속되고 있다.
　공전·사전을 비롯한 제반사물은 이중적이고 다양한 형태로 존재하지만, 다른 한편 그것은 토지라는 점에서는 동일한 성격을 가지고 있으므로 이를 통일적으로 이해하지 않으면 안된다.
　고려에서 토지는 제도적으로 볼 때 그 자체로서 독립적으로 취급되지 않고 반드시 인간과 연관되어 파악되고 있었다. 또한 그것은 인간과 토지의 결합체로서 호(戶)와 관련되어서만 이해되고 있었다. 이러한 체제는 고려후기에 가면서 변질·해체되어 갔기 때문에 오늘날 원래 모습을 제대로 이해하기 어렵게 되어 있는 것이다.
　특히 공전에서 거두는 부세(賦稅)와 관련하여 이러한 점을 잘 살펴볼 수 있는 사례를 발견할 수 있다. 성종 7년(988) 12월의 기사를 보면, 홍수·가뭄·병충해·서리 등 재난으로 손해를 입은 토지의 경우 그 손해가 40% 이상이면 조(租)를 면제하고, 60% 이상이면 조와 포(布)를 면제하며, 70% 이상이면 조·포·역(役)을 모두 면제하도록 규정하고 있다.
　당나라 조선왕조의 사례를 통하여 일반적으로 알려져 있듯이, 조는 토지, 포는 호, 역은 인간에게 부과되는 것처럼 이해되고 있다. 그러나 상식적으로 생각해 보면 토지와 호가 무엇을 만들어내기 때문에 그러한 부담이 주어지는 것은 아닌 것이다. 생산물의 성과는 사람만이 낼 수 있는 것인데, 다만 그 성과를 생산하는 객체인 토지, 인간과 토지를 포함하는 호가 참여하기 때문에 이를 매개로 부담을 매겼다는 것을 이 기사가 잘 보여주고 있다고 이해해야 할 것이다.

한편 이 기사를 토대로 조·포·역 등 공전에서의 부세가 총수확량 가운데 어느 정도의 비중을 차지하고 있었는지를 추정해 볼 수 있다. 우선 이 기사에 나타난 그대로 총수확량 대비 손실액 최고비율인 70%를 조·포·역의 총수확량 대비 비율로 잡을 수는 없다. 이 기록을 토대로 공전에서의 전체 부담을 합리적으로 추정해 보면, 공전에서의 조율이 25%이므로, 이를 포함하여 포 20%[60%-40%=20%], 역 10% [70%-60%=10%]를 합하여 총 55%에 해당한다. 이 조율은 사전에서의 50%지대와 다를 바 없다. 이 때문에 공전과 사전이 서로 교대될 수 있기도 했던 것이다.

문제는 50%를 넘는 부담을 지세로 내는 토지를 농민의 사유지라고 볼 수 있는가 하는 데 있다. 그러나 여기도 소유의 문제를 법률적인 것으로만 보려는 편견이 가로놓여 있다. 민전에서의 조율이 10분의 1조, 즉 총수확물의 10%였다는 견해가 설득력을 얻는 것도 이 때문이다. 그러나 직접생산자가 그 생존수단인 한 뼘의 토지를 사적으로 소유하고 있다고 해서 거기서 생산된 생산물의 10%만을 국가에 바치고 나머지 90%를 자기의 소득으로 삼는다는 것은 상식적으로도 이해되지 않는다.

생존수단인 한 뼘의 토지를 소유한 사람은 이른바 '전주(田主)'가 아니다. 이들이 전주로 되기 위해서는 일정한 특권적 사회신분을 가져야 하며, 그에 상응하는 어느 정도 규모 이상의 토지를 가져야 하고, 이를 경작하는 '전호(佃戶)'를 확보해야만 한다.

사적 소유가 가장 발달한 자본주의 사회에서조차도 직접생산자인 노동자나 중소자본가가 그의 생존수단으로서 확보하고 있는 재산·영업소득·근로소득의 10%만을 국가에 내기 때문에 사적 소유자로 되는 것이 아니다. 이들 직접생산자들은 자기 몸뚱어리가 생산수단으로 분리되어 자기 노동의 산물만으로 생활할 수밖에 없다는 사실 그 자체 때문에 사적 소유자로 되는 것이다. 그리고 바로 이러한 의미의 사적 소유자이기 때문에 그들 생산물의 절반을 잉여가치형태로 수탈당하게 되는 것이다.

이렇게 보면, 공전에서의 부세와 사전에서의 지대는 그 부담비율에서 거의 같은 것이라는 것을 알 수 있다.

윤한택

고려 후기의
토지탈점과 농장

　땅. 그것은 인간에게 많은 생명의 자양분을 가져다 주었다. 살아가는 데 필요한 모든 것을 제공해 주었다. 따라서 인간에게 땅은 무한한 감사를 드려야 할 대상이었다. 그러나 인간은 언제부터인가 땅에 대해 욕심을 내기 시작하였다. 이를 소유의 대상으로 생각하게 되었다. 생명의 은인을 배신하게 되었던 것이다. 인류의 비극은 실로 여기에서 비롯되었다 해도 과언이 아니다. 땅에 대한 욕심이 증가할수록 인간의 생활은 황폐해 갔다. 민족이나 국가도 멸망해 갔다.

전시과체제의 붕괴와 녹과전

　고려시대에도 이 같은 현상은 예외가 아니었다. 고려 전기만 하더라도 백성들은 조상대대로 물려받은 민전(民田)을 가지고 있었다. 관료들은 국가로부터 토지를 받았다. 관직복무의 대가로 받은 토지였다. 이를 전시과라 하였다. 이 전시과는 원래 관직에서 물러나면 국가에 반납해야 하는 토지였다. 그러나 욕심이 많은 관리는 그 직위와 권력을 이용하여 원칙을 지키지 않고 퇴직 후에도 전시를 계속 갖고 있는 경우가 발생하였다.
　고려 중기 이후 몇몇 권세있는 가문이 권력을 독점하면서 이러한 현상은 더욱 두드러졌다. 특히 왕실의 외척가문들이 그러했다. 고려 인종의 외척이었던 인주이씨 이자겸의 경우가 대표적인 경우였다. 그는 힘없는 백성들의 토지를 빼앗아 자신의 배를 채웠다. 즉,

> 그는 자기 족속을 요직에 배치시키고 관작(官爵)을 팔아 자신의 무리를 조정에 많이 심어놓았다. 스스로 국공(國公)이 되고 예우를 왕태자와 같게 하여 그 생일을 인수절(仁壽節)이라 하고 내외(內外)가 축하문을 보낼 때 이를 전(箋)이라 칭하였다. 여러 아들이 다투어 저택을 지으니 길에 연이어 있어 세력이 더욱 강성해 보였다. 뇌물을 공공연하게 받아 사방에서 선물이 모여들어 썩는 고기가 항상 수만 근이요, 남의 민전을 강탈하고 그 종을 놓아 수레와 말을 노략질하여 자기의 물건을 실어들였다. 이에 백성들이 다 수레를 부수어 버리고 우마(牛馬)를 팔아 도로가 시끄러웠다.
> [『고려사』권127, 반역 이자겸전]

는 것이다. 이처럼 토지제도의 문란은 고려 중기부터 시작되고 있었다.

의종 24년(1170) 무신들이 집권하고부터 이러한 현상은 심화되었다. 명종 26년(1196) 최충헌이 올린 '봉사10조(封事十條)'에는 당시의 상황이 잘 표현되어 있다. 즉 "관리들이 탐욕을 부려 공전(公田)과 사전(私田)을 빼앗아 겸병하여 한집에서 소유한 기름진 땅이 몇 고을에 걸쳐 있었다"라고 되어 있는 것이다.

최우정권 때 몽골의 침입은 이를 더욱 부채질하였다. 본토를 버리고 강화도로 천도한 최우정권의 관료들은 전시과를 제대로 받지 못하는 상황이 되었다. 전시과와 동시에 녹봉을 받는 것이 상례였지만 이도 여의치 않았다. 여기에서 마련된 것이 녹과전제(祿科田制)였다.

녹과전제는 부족한 녹봉을 보충해 주기 위해 설정한 토지제도였다. 이것이 본격적으로 실시된 것은 원종 12년(1271)이다. 그러나 그 논의와 준비는 훨씬 이전부터 진행되었다. 고종 44년(1257) 중서문하성의 재상들과 추밀원의 추밀(樞密)들이 녹봉을 대신할 토지를 분급할 것을 논의

하고 급전도감(給田都監)이란 관청을 설치하였다.

이러한 준비를 거쳐 원종 12년 녹과전제가 마련되어 경기 8현의 땅을 관료들에게 지급하였던 것이다. 경기 8현이란 장단현(長湍縣)·송림현(松林縣)·임진현(臨津縣)·토산현(兎山縣)·임강현(臨江縣)·적성현(積城縣)·파평현(坡平縣)·마전현(麻田縣)을 말하는 것이었다.

그렇다고 하여 경기 8현의 땅 모두를 지급한 것은 아니었다. 그 가운데 새롭게 개간하여 경작할 수 있는 간지(墾地)를 지급하였다. 가장 가까운 땅은 말단 하급장교인 교위(校尉)와 대정(隊正)에게 지급되었다. 이들은 대개 힘든 일을 직접 담당하는 자들이었기 때문이었다.

농장의 성립방식

그러나 대토지 소유가 확대되어 본격적인 농장이 성립되는 것은 개경환도(1270) 이후의 일이었다. 특히 사패전(賜牌田)의 확대가 이를 더욱 촉진시켰다. 사패전은 원래 황폐화된 농경지에 대한 개간을 장려하기 위한 목적에서 실시된 것이었다. 당시 고려는 몽골과의 오랜 전란과 일본원정, 삼별초의 항쟁 등으로 인하여 황무지가 많이 발생하였다. 농민들이 농토에서 유리되어 떠도는 경우도 많았다. 국가재정도 말이 아니었다. 이러한 상황 속에서 사패전의 지급으로 이들 사회·경제 문제를 해결해 보고자 하였던 것이다.

그러나 이 제도는 긍정적인 측면보다 부정적인 측면이 더 많았다. 우선 사패전을 받는 계층이 문제였다. 이들은 주로 왕실 측근의 권력층이었다. 왕의 친척인 제왕(諸王)이나 재추(宰樞)·호종했던 신료들, 그리고 여기에 궁원(宮院)이나 사원도 끼어들어 사패전을 받았다. 이들은 합법적인 황무지를 개간하는 경우도 있었지만 주인이 있는 토지도 황무지라 신고하여 빼앗는 경우가 허다하였다. 따라서 사패전의 지급은 농민들의 생활기반을 위협하는 것이 되고 말았다. 또 원의 간섭으로 권력이 약화된 왕실에서는 사패전의 지급을 통해 자신의 지지기반을 확보하려 하였다. 그 규모에서도 제한이 없어 1인의 사패전이 2천·3천 결에 달하는 경우도 있었다.

사패전의 지급은 그래도 합법적인 것이었다. 불법적인 토지탈점이 훨씬 더 많았다. 또 탈점의 방식도 여러 가지였다. 권세가가 해당관청의 관리와 공모하여 문서를 위조, 민전을 빼앗는 경우가 많았다. 해당관청의 관리란 중앙의 토지관련 부서일 수도 있고 지방의 향리들이기도 하였다. 물론 이들에게는 일정한 대가가 지불되었다. 이리하여 본인도 모르게 토지의 주인이 바뀌는 경우가 허다했다. 힘없는 백성들은 이에 대해 항의도 할 수 없었다. 항의해 봤자 이를 들어줄 리도 만무하였다.

심지어는 남의 토지를 물푸레나무(水精木)로 만든 채찍을 휘둘러 강제로 뺏는 경우까지 있었다. 우왕(禑王)의 옹립에 공헌을 한 이인임(李仁任)과 임견미(林堅味)·염흥방(廉興邦) 등이 그 주인공들이었다. 이 소식을 들은 우왕은 이들을 어찌할 수 없었으나 은근히 빗대어 비난하기도 하였다. 당시의 상황을 기록은,

신우(辛禑:우왕)가 말을 화원(花園)에서 조련할 때 좌우에 일러 말하기를, "수정목공문(水精木公文)을 가져 오라. 내가 장차 이 말을 길들여 놓겠다"하였다. 또 임치[임견미의 아들]를 보고 희롱하여 이르기를 "너희 아비가 수정목공문(水精木公文)을 사용하는 것을 좋아한다" 하였다. 그 때에 임견미(林堅味)·이인임(李仁任)·염흥방(廉興邦)이 흉악한 종을 풀어놓아 양전(良田)을 가진 자는 모두 수정목(水精木)으로 매를 치고 이를 빼앗았다. 그 주인이 비록 관청에 문서가 있더라도 감히 더불어 항변(抗辯)치 못하므로 당시 사람들이 이것을 수정목공문이라 하였다. 신우(辛禑)가 듣고 이를 미워하기 때문에 매양 이를 언급하였다.

[『고려사』 권126 간신 임견미전]

고 전하고 있다. 일반 백성들이 얼마나 무서웠으면 그것을 '수정목공문'이라 하였다는 것이다.

또 다른 방법은 고리대(高利貸)를 통한 것이었다. 부강한 양반들이나 세력가들은 가난한 농민들에게 쌀이나 재화를 빌려주고 이를 갚지 못하면 그들의 토지를 건네 받았다. 사채에 못이긴 농민들은 오히려 자신의 토지를 사달라고 애원하는 사태까지 벌어졌다. 이를 이용하여 부호가들은 값을 더 깎아 헐값으로 이를 사들였던 것이다. 심지어는 사채를 견디다 못해 집과 땅을 버리고 도망하는 지경에까지 이르렀다.

농장경영의 주체

농장의 확대는 농민보호에 앞장서야 할 왕과 왕실에 의해서도 진행되었다. 충렬왕은 내방고(內房庫)를 설치하여 환관으로 하여금 이를 관장하게 하는 한편 공전(公田)이나 사전(私田)을 가리지 않고 좋은 땅을 차지하여 백성들로 하여금 경작케 하였다. 이는 물론 충렬왕이 원나라에 왔다 갔다 하면서 쓰는 여비가 막대하였기에 취한 조치였다. 충혜왕도 백성들의 민전을 탈취하여 보흥고(寶興庫)에 소속시켰는가 하면 선대의 공신전(功臣田)을 빼앗아 내고(內庫)에 소속시키는 조치도 취하였다.

왕의 인척인 제왕(諸王)들도 경기지방의 기름진 토지를 많이 차지하고 있었으며 충렬왕비 제국대장공주의 궁인 원성전(元成殿)과 정화궁주의 궁전인 정화원(貞和院)을 비롯하여 장군방[1]·순군(巡軍)·응방[2] 등이 전국 각처의 촌락과 토지를 탈점하고 있었다. 이 가운데 원(元) 관련기관은 소요경비를 조

| 1) 장군방(將軍房) :- 장군들의 회의체.
| 2) 응방(鷹房) :- 원나라에 매를 잡아다 바치던 관청.

달하기 위한 목적도 있었지만 개인적인 농장의 확대를 꾀하려는 경우도 많았다.

'권귀(權貴)'·'권호(權豪)'·'권세지가(權勢之家)' 등으로 불리던 권문세가들과 부원세력(附元勢力)들도 토지탈점의 주요한 주체였다. 이들은 권력을 이용하여 농장을 확대하였다. 특히 왕으로부터 사패전을 받는 방법이 주로 동원되었다. 이들은 국가에 조세를 내지 않아 국가경제를 파탄의 지경에 이르게 하였다. 그들의 농장이 얼마나 컸는지 "산천(山川)으로 표를 하였다"라는 기록까지 보이고 있는 것이다.

이밖에도 은퇴한 관인이나 지방의 부호들과 향리·사심관(事審官)등도 농장형성의 대열에 참가하였다. 충혜왕대에 벼슬을 하다가 나주로 내려간 김횡(金鉉)의 경우가 대표적인 예다. 그는 나주에 있으면서 많은 토지와 백성을 탈점하여 부유한 생활을 하였다.

그런데 이들이 토지를 탈점할 때는 지방의 향리들과 결탁하는 것이 보통이었다. 향리들은 그 대가로 일부의 토지를 받아 농장을 경영하였다. 또 지방호족 출신으로 중앙에 올라와 고위관직에 오른 사심관은 자신의 연고지역에 대한 통제권을 가지고 있었다. 이러한 권력을 이용하여 공전이나 민전을 점유하였던 것이다. 이러한 이유 때문에 충숙왕 5년(1318)에는 사심관제가 폐지되기에 이르렀다.

농장의 폐해를 개혁하다

이처럼 전시과 체제가 붕괴되고 국가재정이 고갈되자 지배층 일부에서는 이에 대한 개혁의 논의가 이루어졌다. 원종 10년(1269) 전민변정사업(田民辨整事業)이 일시적으로 취해졌다. 즉 변정도감(辨整都監)을 설치하여 그 책임자로 사(使)와 부사(副使)를 두었던 것이다. 이 사업은 권세가들이 탈점한 토지나 백성을 원래의 상태로 되돌리는 사업이었다. 그러나 권세가들의 반대로 제대로 이루어질 수가 없었다.

그리하여 충렬왕대까지는 그 효과가 미미하다가 충선왕(忠宣王)이 복위하면서 사업은 다시 시작되었다. 그는 즉위하자마자 교서를 반포하여 변정사업의 의지를 불태웠다. 즉 권세가들이 종실의 땅까지 겸병하고 있음을 지적하면서 각 지방의 안렴사와 수령은 끝까지 이를 추쇄하여 본래대로 돌리도록 하였다. 수조권의 주인이 명기되지 않은 사패전은 내외의 군인과 한인(閑人)에게 주도록 하였다. 문서의 조작을 통해 탈점한 권세가들은 처벌할 것이라 하였다.

그런 한편으로 토지와 백성의 숫자를 점검하는 사업이 병행되었다. 그리고 현재 토지가 전국적으로 얼마나 되는지 파악하도록 하였다. 이를 양전사업(量田事業)이라 하였다. 그러나 이 또한 쉽지 않았다. 이 사업으로 피해를 보는 반대세력의 책동이 심하였기 때문이다.

전민변정사업은 충선왕 이후에도 간헐적으로 실시되었다. 충목왕(忠穆王)대 정치도감(整治都監)의 설치도 그러한 사업의 일환이었다. 왕후(王煦: 본명은 權載)와 김영돈(金永旽)이 중심이 되어 정치도감을 중심으로 개혁사업을 추진하였다. 억울하게 빼앗긴 토지를 본주인에게 돌려주었는가 하면 억울하게 노비가 된 사람들도 양인으로 환원해 주었다. 그러나 원에서 세력을 떨치던 기황후의 일족인 기삼만(奇三萬)의 죽음으로 사업은 중단되었다. 불법적으로 토지를 탈점한 사실을 적발하고 그를 잡아들여 심문하였는데 감옥에서 그가 죽고 말았다. 그러자 그의 처가 원에 고소하였고 원의 강압으로 사업은 중단되었던 것이다.

이후 본격적인 사업은 공민왕대에 실시되었다. 공민왕 15년(1366) 신돈(辛旽)에 의해 전민변정도감이 설치되면서 개혁안이 제시되었다. 사료는 다음과 같이 전한다.

신돈(辛旽)이 전민변정도감(田民辨正都監) 두기를 청하여서 스스로 판사(判事)가 되었다. 중외에 방을 내려 유시하기를, "근자에 기강이 크게 무너져 탐묵(貪墨)함이 풍속으로 되어 종묘(宗廟)·학교(學校)·창고(倉庫)·사사(寺社)·녹전(祿轉)·군수전(軍須田) 및 백성들의 대대로 내려온 토지와 인민을 호강(豪强)의 집이 탈점하기를 거의 다하여 혹은 이미 전주(田主)에게 돌려주라고 판결한 것도 그대로 가지며 혹은 양민을 노예로 삼았다. 이에 주현의 역리·관노와 백성 가운데 역을 도피한 자들이 모두 다 빠져 숨어들어 크게 농장(農莊)을 두니 백성을 병들게 하고 나라를 여위게 하여 그 감응으로 수재와 한재를 부르고 질병이 그치지 않았다. 이제 도감(都監)을 두어 이를 추정(推整)케 하되 경중(京中)은 15일, 지방의 제도(諸道)는 14일을 기한하여 그 잘못을 알고 스스로 고치는 자는 묻지 않을 것이며 기한을 지나 일이 발각되는 자는 규찰하여 다스리되 망령되이 고소하는 자는 도리어 죄줄 것이다" 하였다. 영(令)이 나오매 권호(權豪)가 많이 빼앗은 전민(田民)을 그 주인에게 돌리므로 중외가 기뻐하였다.

[『고려사』 권132, 신돈전]

여기서 보는 바와 같이 권세가들이 종묘의 땅이나 군대의 땅을 가리지 않고 마구 탈점하였음을 알 수 있다. 또 이미 이전에 이러한 사업이 진행되어 판결이 내려졌음에도 불구하고 원주인에게 돌려주지 않고 그대로 땅을 차지하고 있었음도 알 수 있다.

땅뿐만 아니고 일반 양인들도 강제로 노예로 삼았다. 그리하여 역리나 관노·백성들 가운데 역을 피해 도망해 온 자들을 초치하여 막대한 농장을 경영하였음을 지적하고 있다. 따라서 이를 철저히 조사하여 처벌할 것이니 스스로 신고할 것을 당부하였다. 이 조치가 어느 정도 실효를 거둔 것은 사실이었다. 그리하여 많은 사람들이 기뻐하였다.

그러나 측근세력이 미미했던 신돈의 개혁은 종국에는 실패로 돌아갈 수밖에 없었다. 신흥 유신들의 폭넓은 지지를 얻지 못했을 뿐만 아니라 공민왕의 신임도 점차 떨어졌기 때문이었다. 무엇보다 이 조치로 손해를 본 권문세가들이 신돈을 모함하고 헐뜯었던 데 그 요인이 있었다.

본격적인 토지제도의 개혁은 우왕 14년(1388) 위화도회군 이후 이성계 세력의 등장과 신흥유학자들의 결합이 이루어지면서였다. 우왕과 창왕을 신돈의 자식이라 하여 내쫓고 공양왕을 옹립한 이들 세력은 사전 즉 농장의 개혁에 대한 논의를 시작하였다. 여기에 찬동하는 세력이 있었는가 하면 반대하는 세력도 있었다. 이 개혁을 적극적으로 추진한 사람은 조준(趙浚)이었다. 조준은 3차례나 이에 대한 상소를 올려 자신의 의지를 관철하려 하였다. 이에 힘입은 개혁론자들은 공양왕 2년(1390) 9월 종래의 토지문서를 불사름으로써 농장은 혁파되기에 이르렀다. 이에 땅에 대한 새로운 체제가 마련되었으니 이것이 바로 공양왕 3년(1391) 공포된 과전법(科田法)이었다.

요컨대 고려 후기 농장의 확대는 고려왕조를 멸망의 길로 재촉하는 커다란 요인이 되었다. 국가재정은 파탄에 이르고 농민들은 농토에서 유리되어 갔다. 여기에 홍건적과 왜구의 침입과 같은 전란으로 그 위기는 더해갔다. 그리하여 결국은 멸망의 길로 접어들었던 것이다.

김갑동

고려 후기 농장과
서양의 장원

농장과 장원을 비교하는 까닭

고려 후기에 농장(農莊)이 두드러지게 나타나는 것은 고려 토지제도의 전형인 전시과 제도가 후기로 갈수록 문란해지는 모습과 맞물려 있던 현상이다. 이것은 토지제도 그 자체로도 그렇지만 이에 따르는 농업 경영의 측면에서도 이전과는 다른 특수성을 드러낸다는 점에서 매우 중요하다.

그런 까닭에 고려의 사회경제를 이해하는 데 있어 농장은 매우 중요한 위치를 차지한다. 우리 역사를 이른바 '세계사의 보편성' 속에서 파악하려고 한 몇몇 역사학자는 이 시기에 농장이 출현한 것을 한국사의 시대구분에서 중요한 하나의 계기로 받아들이기도 했다.

이들은 고려 후기에 농장이 등장한 것을 서양에서 봉건제 생산양식이 나타났던 것과 견주어 이해하였다. 더 구체적으로는 농장에서 드러났던 여러 가지 모습을 서양에서 봉건제 생산관계가 구현되었던 기본 단위인 장원(莊園)의 모습에 비겼던 것이다. 이러한 입장에 대한 비판과 그에 대한 반비판이 이어지면서 우리 역사를 바라보는 안목은 매우 넓어졌다.

사실 고려 후기의 농장과 서양의 장원은 존재했던 시기나 형태에서 유사한 부분이 드러나기도 한다. 이 둘을 비교하여 비슷한 부분과 그렇지 않은 부분을 분명히 하려는 시도는 고려 후기 농장의 모습을 복원하고, 그 성격을 규정하는 데에 있어 많은 시사점을 제공해 왔다.

가장 중요한 생산수단은 토지

고려 후기에 농장이 등장하게 된 계기는 12세기 이후 수리사업의 발달에 따라 경작지를 넓혀갈 수 있는 개발기술이 축적되었고, 새로운 종자가 보급되었으며, 농업기술이 발달함에 따라 생산력이 향상되었던 점에서 찾을 수 있다. 생산력이 향상됨에 따라 수탈관계에서 인간의 노동력에 대한 지배의욕보다 토지에 대한 지배의욕이 점차 큰 비중과 의미를 갖기 시작한 것이다.

게다가 무신정변(武臣政變)에 뒤이은 무신들의 집권과 사회질서의 변화, 몽골과의 오랜 항쟁 결과 버려졌거나 버려진 것처럼 보이는 토지가 늘어났던 것에 힘입어 토지를 집적할 수 있는 세력가들은 자기 소유의 경작지 확보에 많은 힘을 기울였다.

서양 중세에 토지에 대한 관심이 늘어난 것은 프랑크 왕국의 내분, 그리고 이슬람 세력의 확장으로 대표되는 외침으로 인해 생산과 교역 활동이 저해되어 자연경제로의 후퇴가 일어났다. 이에 따라 토지가 가장 중요한 생산수단이 되었고, 세력가들의 토지지배 의욕을 부추겼다.

고려 후기의 농장은 특정한 개인이 다른 사람의 토지를 강탈하거나 혹은 국왕의 사패(賜牌)를 받는 등의 방법으로 많은 토지를 집적함으로써 형성되기 시작하였다. 서양의 장원은 봉건 주종제도가 성립하면서 봉신(封臣 : vassal)이 주군(主君 : lord)에게 충성과 군사 봉사를 제공하는 대가로 받은 봉토(封土)를 경영하는 방법으로 등장한 것이다.

고려와 서양의 두 경우 모두 낮은 토지생산성 때문에 소유 토지의 규모가 커질 수밖에 없었던 점에서 일치한다. 고려에서는 심한 경우 '주(州)에 차고 군(郡)에 걸치는', 또는 '산천(山川)으로 표지를 삼을' 정도로 커다란 농장이 존재하기도 하였다.

농장에서 생산을 담당한 것은 주로 처간(處干)으로 불렸던 양인전호(良人佃戶), 그리고 노비였다. 이들은 농민층 몰락에 의해 반강제로 지위격하를 감수해야 하는 경우도 있었지만, 국가의 공민으로 남아 있을 때보다 경제적 부담이 적었기 때문에 농민 스스로가 농장주인 세력가들에게 토지와 몸을 의탁하는 경우도 있었다.

어쨌든 이들은 농장주에게 직접 신분적으로 예속되는 경우가 많았다. 농장주에게 공납·요역을 포함한 지대를 바치고, 농장주로부터 '경제외적 강제'를 당하는 고려후기의 수조지 경작농민이나 병작반수(並作半收)의 소작인·노비 등은 그 성격이 서양 중세의 '농노'와 본질적으로 유사하다.

토지에 묶여 있으면서 자신의 잉여노동을 영주에게 바쳤던 서양 중세의 농노는 인두세·결혼세·통행세·상속세 등 각종 세금도 함께 바치면서 인격적으로 영주에게 예속되어 있었다. 영주권(領主權)의 사용에 의해 가해진 이 같은 경제외적 강제는 공동체의 규제에 본원적인 기반을 두고 있으면서 생산도구를 상당히 소유하고, 자율적 소농경영을 하는 토지 보유농민의 잉여노동을 착취하기 위해 반드시 필요했던 것이다.

또한 고려시대 농장의 양인전호와 노비, 그리고 서양 중세의 농노는 당시 가장 중요한 생산수단인 토지를 경작하면서 생산의 중심이 되고, 생산력을 확장시켰으며 잉여노동을 농장주와 영주에게 제공했다는 점에서도 같은 성격을 가졌다고 볼 수 있다.

농장 안에서 양인전호와 노비는 신분 차이가 있었지만 사회적·경제적 처지는 심하게 차이나는 편이 아니었다. 이는 서양 중세의 농노와 일부 자유농민들이 적어도 장원의 테두리 안에서는 별로 구별되지 않았던 것과 비슷하다.

이들은 농장주나 영주의 직영지를 경작함으로써 그들의 잉여노동을 제공하였고, 그밖에 각종 부역과 상당량의 현물을 지대로 바쳐야 했다. 고려와 서양 중세의 토지경작자들과 고려의 농장주, 서양 중세의 영주는 생산관계 속에서 서로 대립되는 존재였다. 농장주나 영주는 자신들의 욕구를 충족시킬 만큼 생산성이 높지 못한 현실을 가혹한 수탈로 타개하였다.

그밖에 서양 중세의 장원에 장원청(莊園廳)과 같은 지배거점에서 집사(執事)·대관(代官) 등의 관리인이 있었던 것처럼 고려에도 지배거점으로 장사(莊舍)가 설치되어 있고, 여기에 장주(莊主)·장두(莊頭)·간사(幹事)가 상주하면서 농장 경영·관리에 관한 일을 맡아보던 유형의 농장이 있었다. 이 때 농장을 관리하던 자들은 대개가 노복(奴僕)으로서 중앙에서 정치의 권좌에 앉아 있는 농장주의 대리인 구실을 하였다.

국가권력으로부터 독립적이었는가? 아니었는가?

고려후기의 농장은 서양 중세의 장원과 비교해 볼 때 대개 불안정한 조건에 놓여 있었다. 서양 중세의 장원은 주군에게 봉신이 충성과 군사봉사를 서약하는 대가로 여기에 필요한 각종 경비를 충당하도록 합법적으로 수여하는 봉토에 설치되는 것이었다. 그런데 고려후기의 농장은 농장의 설치와 경영이 개인적이고 자의적인 수준에서 이루어졌다. 이는 대부분 정치권력과 밀접하게 연결되어 있었다.

고려후기에 농장이 형성되는 데 있어 가장 중요한 요인으로 손꼽히는 것은 불법적인 탈점과 개간이었다. 권력의 뒷받침 없이 이런 식으로 토지를 집적한다는 것은 불가능하다. 농장이 발전해 나아가는 과정에는 단순히 토지 지배관계의 차원에 머물러서는 풀이할 수 없는 부정비리 따위가 따라붙는 경우가 아주 많았다.

실제로 농장주들은 대부분 중앙의 권력자들이었고, 농장주가 정치적 권력의 자리에서 밀려나면 농장도 몰수되었다. 그렇기 때문에 이들은 농장의 경영주로서 자기를 의식했다기보다는 그 이상으로 권력자로서의 자기를 의식하고 그 지위를 유지하는 데에 더 큰 관심을 보였다.

농장주들이 대부분 중앙의 권력자들이다 보니 고려후기 농장은 부재지주의 소유가 대부분이었다. 이들은 지방에 재지세력의 뿌리가 별로 없었을 뿐 아니라 재지세력들과 손잡은 흔적도 별로 보이지 않는다. 시기가 훨씬 지나서는 지방의 향호(鄕豪) 등 재지세력의 농장도 설치되어 농장주가 직접 경영을 담당하기도 했지만, 고려시대에는 그러한 농장의 숫자가 그다지 많은 비율을 차지하고 있지 못하였다.

고려 후기의 농장이 서양 중세의 봉토 또는 장원과 구별되는 점 가운데 대표적인 것은 국가로부터 불수불입권(不輸不入權)을 인정받고 있지 못하였다는 점이다. 서양 중세에 봉토보유자에게 주어졌던 불입권(immunity)은 봉토보유자에게 영지에 대한 면세의 권리를 부여한다는 첫번째 의미에 덧붙여 재판권·행정권·군사권 등 공권을 부여하는 것을 의미했다.

이러한 권리에 의해 봉토를 보유한 귀족은 자신이 보유한 봉토 속에서 독립된 지배자로 행세할 수 있었다. 통치권이 봉토보유자인 개인에게 수여됨으로써 국가공권은 봉건 지배계급에게 광범위하게 분산되고, 그리하여 지방분권적인 정치체제가 성립하였다. 이는 더 나아가 농노의 잉여노동을 착취하는 경제외적 강제의 바탕이 되었다.

그런데 고려에서는 국가가 농장주들이 토지와 그에 묶여 있는 각종 경제적 산물을 수취하고도 면세받을 수 있는 권리를 인정하지 않았다. 국가공권의 광범위한 분산 따위가 이루어지지 않았음은 더 말할 필요도 없다.

물론 그렇다고 국가경제력의 가장 기본이 되는 토지제도가 흔들리고 있는 와중에 위와 같은 원칙이 철저하게 준수되었을 리 만무하다. 농장주들은 실제로는 경작농민들이 바친 지대를 포탈하며 불수불입의 특혜를 누리고 있었다. 하지만 그것은 어디까지나 불법적인 것으로서 끝내 인정되지 않았다. 이와 같은 상황이었으니 주종관계에 입각한 가신제나 그에 따른 지방분권적 정치체제는 나타날 수 없었다.

마지막으로 고려후기의 농장이 가지는 특징적인 모습으로는 대토지 지배가 실제로 토지를 소유하는 대신에 수조권을 가지는 것만으로도 이루어지고 있었다는 점이다. 권력자들은 전시과체제의 붕괴와 더불어 자기에게 주어진 수조지(收租地)를 국가에 반납하지 않고 후손에게 물려주었을 뿐 아니라 국가나 타인의 수조지까지도 탈점·점유하여 지배지역을 확대시켜 나아갔다.

수조지를 규모있게 점유한다면 이것만으로도 농장으로서의 경영은 가능했다. 수조권자들은 자기 수조지에 대한 국가권력의 간여를 배제하고 지배력을 강화하여 경작농민들로부터 법정수조율을 훨씬 넘는 지대를 수취하고, 또 그들을 사적인 예속관계로 묶어두었다.

이런 경우에 수조권자들은 탈점·점유한 토지를 합법적으로 만들기 위한 절차를 밟았고, 그에 따라 하나의 토지에 여러 명의 수조권자가 있게 되고, 그런 토지를 경작하는 자는 각각의 수조권자에 의해 1년에 몇 차례씩 지대를 수탈당하여 곤궁한 처지에 빠지기도 하였다.

토지분급과 '수조권'이 강하게 얽혀 있었던 고려의 상황에서 수조권에 기반하는 농장이 출현한 것은 고려사회의 특수성이 반영된 결과라 할 수 있겠다.

농장과 장원의 소멸, 그 후

　고려의 농장은 광대한 면적으로 집적된 대토지 지배의 한 특수형태이다. 여기에서는 농장주와 경작자 사이에 사적인 지배·예속 관계가 이루어졌으며 농장주는 지대로서 최고 2분의 1의 수확물을 받았다. 농장이 전국적으로 급속히 확대되어 감에 따라 조세·부역 등의 국고수입이 격감하고 국가재정이 파탄에 빠졌으며, 몰락농민층이 농장에 들어가 노비가 되면서 신분질서가 문란해지는 것까지 겹쳐 얼마 후 고려왕조는 멸망하였다.

　고려왕조가 멸망하고 새 왕조가 개창될 즈음 고려경제를 파탄으로 몰아넣었던 농장은 '사전개혁'의 이름으로 혁파된다. 고려의 농장은 국가권력과 아주 밀접하게 연결되어 있었던 탓에 기존 권력층의 몰락이라는 외부조건의 변화만으로도 붕괴되었고, 붕괴 이후 획기적인 변화를 가져오지는 못하였다.

　반면 서유럽의 장원제는 생산력의 발달과 뒤이은 도시와 상업의 발달, 촌락공동체를 통한 농민들의 단결, 국왕과 영주의 세력다툼에 따른 영주권의 약화 등 내외의 조건이 합쳐져서 붕괴되었다. 이로써 봉건제 생산양식은 극복되고 자본주의로 이행하기 시작하였다.

이창섭

세곡을 나르는 일도
큰일이었다는데

1천 년 전의 세금?

　매달 말일쯤 되면 은행은 각종 세금을 납부하려는 사람들로 붐비게 된다. 사람들은 지폐 몇 장과 동전으로 세금을 내고, 전국 각지에서 수합된 세금은 은행의 전산망을 통해 중앙으로 모여져 국고에 들어간다. 이렇게 모아진 세금은 나라를 운영해 나가는 밑바탕이 된다.
　시간을 거슬러, 약 1천 년 전 고려시대에는 세금을 어떻게 거두어들였을까? 현재 우리가 쓰는 화폐는 종이처럼 얇은 천과 가벼운 금속으로 만들어져 있는데, 이런 화폐를 은행에 가지고 가서 세금을 내는 것에 불편을 느끼는 사람은 거의 없을 것이다.
　그러나 지금의 화폐가 '쌀'의 역할을 완전히 대신하게 된 것은 조선 후기쯤에나 가능한 일이었다. 고려시대에는 쌀이 화폐처럼 이용되었는데, 하늘이 높아지는 가을이 오면 고려사람들은 1년의 농사를 마무리하고 추수한 쌀로 조세[1]를 납부하였다. 그런데, 지금의 돈을 대신해 쌀로 세금을 납부하였다면, 전국 각지에 살고 있던 고려 사람들은 어디에 쌀을 내었고, 또 수합된 쌀은 어떻게 중앙으로 모여져 국고에 들어가게 되었을까?
　우리가 살고 있는 현재에 은행이 정부를 대신하여 세금을 수

---

1) 조세(租稅) :- 세곡. 현재의 세금.

합하고 국고로 보내는 것처럼 고려시대에도 그 나름대로의 해결책이 있었다. 그것이 바로 조운(漕運) 또는 조전(漕轉)이라고 하는 제도였다.

조운제도의 정착

조운을 정의 내린다면 전국의 세곡을 지방 각 곳의 일정한 장소에 수납하였다가, 이것을 물길이나 바닷길을 이용하여 중앙 즉 서울로 운반하는 것이라고 할 수 있다. 삼면이 바다로 둘러싸여 있고, 육상의 교통로가 정비되어 있지 않았기 때문에 조운은 가장 빠르고 비교적 비용이 적게 드는 운반수단이었다. 조운이 정상적으로 운영되지 않아 지방의 세곡이 중앙으로 모여지지 않으면 국가의 재정 또한 정상적으로 운영될 수 없었을 만큼 조운은 고려라는 나라를 유지하는 밑바탕이었다. 이러한 조운이 하나의 제도로서 자리잡았던 것은 언제부터였을까?

고려 초기는 후삼국의 혼란이 채 정리되지 않았던 때였다. 고려라는 나라에 속해 있다고는 해도, 개경에서 먼 곳일수록 지방의 유력자였던 호족들이 자치적인 형태로 다스리고 있었다. 지방의 호족들에게는 세곡이나 공물(貢物)을 징수하여 나라에 납부해야 하는 의무가 있었다. 중앙에서 금유(今有)·조장(租藏)·전운사(轉運使) 등 징세감독관을 파견하기도 하였지만 세곡징수의 의무는 일차적으로 호족의 것이었다.

당시의 호족들은 자신이 다스리던 군현[1]별로 세곡을 거두어 부근의 포(浦)에 모아두었다가 선박을 이용하여 개경으로 운송했다. 포에서 개경으로 세곡을 운반하는 데에도 돈이 들었는데, 이를 수경가[2]라 한다. 수경가는 호족이 정하였고, 그 지역의 군현민들이 세곡과

---

1) 군현(郡縣) :- 현재의 도·군·면·리와 같은 지방의 행정단위.
2) 수경가(輸京價) :- 세곡을 개경까지 수송하는 데 드는 뱃삯.

함께 부담하였다. 이렇게 지방 세곡운송의 거점이었던 포는 전국에 60개 정도가 있었다.

후삼국을 완전히 통합하면서 고려는 국가의 제도를 정비하여 지방에 대한 지배력을 강화해 갔다. 중앙정부의 지배력이 미치지 않던 지방에 관리를 파견하고, 호족들에게 향리(鄕吏)의 직임을 주어 그들을 국가의 체계 속에 포함시켰다. 조운제도와 관련하여서는 기존의 포의 이름을 새롭게 바꾸고 수경가를 제정하였다. 이것은 종래 호족의 지배하에 있던 지방 세곡운송 업무가 국가에 직접 귀속되어 관리된다는 의미를 가진다.

왕권이 차츰 강화되고 국가의 제도가 정비되면서 60포제도는 조창(漕倉)제도로 바뀌어 갔다. 조창은 세곡의 수송을 위해 해로와 수로 가까이에 설치한 창고인데, 당시의 조창은 창고로서의 기능보다는 부근의 세곡을 수납하여 이를 경창(京倉)으로 수송하는 기관으로서의 기능에 더 중점을 두고 있었다. 조창제도는 기본적으로 기존의 60포 제도를 토대로 하여 성립되었는데, 우선 설치된 것은 덕흥창·흥원창·하양창·영풍창·진성창·해릉창·부용창·장흥창·해룡창·석두창 등 12개의 조창이었다.

그 뒤 문종 중엽에는 안란창이 설치되어 고려의 13조창제가 성립된다. 이들은 경상도·전라도·충청도·강원도·황해도에 해당하는 지역에 설치되었다. 평안도, 함경도와 동해안 지역은 북계·동계라 불리던 특수 방어지역이었으므로 그 곳의 세곡은 조운되지 않고 현지에서 군량미로 사용되었다.

13조창제가 성립되면서 비로소 고려의 조운은 제도로서 정비되어 정상적으로 운영될 수 있었다. 국초에 조운이 시작되어 완전한 국가제도로 정비되는 데까지는 100여 년이 넘는 긴 기간이 필요했다. 그 기간은 고려의 지배체제가 완성되어 간 기간이기도 했다.

조운의 기본단위 — 조창

고려의 지배체제가 정비되면서 조운제도도 정비되어 갔다. 세금을 매기는 대상이 되는 토지의 등급이 정해졌고, 토지의 넓이를 헤아릴 때 사용되는 기준인 걸음수[步數]도 정해졌다. 지배체제가 정비되면서 중앙정부는 지방관을 파견하여 지방에도 지배력을 미치게 되었다. 조운의 거점인 조창에도 관리가 파견되었다.

13곳의 조창은 단순한 창고가 아니었다. 세곡을 수납할 넓은 장소가 필요했고, 거두어들인 세곡을 지키거나 선박으로 운송할 수 있는 인력이 필요했으며 그들이 살 땅이 있어야 했고 이 모든 것을 관리하고 감독할 관리가 필요했다. 즉 조창은 관할영역과 주민, 치소(治所)와 지배기구를 갖춘 일종의 행정구역이었다.

그러나 조창에 파견된 판관(判官)이라는 관리는 조창지역을 다스리는 지방행정관은 아니었고 다만 조운 즉, 세곡의 운송과정을 주재하는 감독관이었다. 즉 조창은 군현에 소속된 행정구역의 하나였지만 실질적으로는 판관에게 직접 감독을 받던 특이한 행정구역이었던 것이다.

판관은 외관(外官)의 대우를 받아 쌀 20석의 녹봉을 받았다. 조창에는 또 색전(色典)이라는 향리가 있었다. 색전은 조운을 실시하는 실제 책임자였다. 이들은 초공(梢工)·수수(水手)·잡인(雜人)라 불리던 조창민들을 동원하여 세곡을 경창으로 수송하였고, 그 과정에서 일어나는 사고에 대해 보상할 책임이 있었다.

초공·수수·잡인 등은 일반 농민들이 운반해 온 세곡을 서울로 운반하는 일을 신역(身役)으로 삼았다. 이들에 대해서 밝혀진 것은 많지 않지만 조선 전기에 같은 일을 담당했던 사람들이 양인(良人)신분이면서도 천역(賤役)을 담당하였던 것으로 보아 초공·수수·잡인들도 그러했을 것으로 보인다.

조창민이 담당했던 조운의 역은 바다라는 거대한 자연을 대상으로 하는 것이었으므로 매우 위험한 일이었고, 풍랑을 만나 자칫 목숨을 잃을 수도 있었으며 기적적으로 살아나더라도 정해진 기한 안에 배를 출발시키지 않았을 경우에는 손실된 세곡을 물어내야 하는 고된 일이었다. 예를 들면, 현재 경상도에 해당하는 지역에는 두 곳의 조창이 있었다. 만약 한 곳의 조창에서 조운 도중 배가 침몰되어 세곡을 물어내야 하는 경우, 경상도 전체 조세의 반 정도를 물어내야 했으니 그 양이 얼마나 많은 것인지 쉽게 상상할 수 있을 것이다.

일반 군현에 살고 있던 고려사람들은 추수가 끝나면 땅의 크기에 따라 정해진 세곡을 인근의 조창에 납부하였다. 세곡을 내는 것으로 끝나는 것이 아니라 그것을 조창으로 직접 운반해야 했다. 조운제도가 완전히 정비되기 전에는 세곡을 내면서 수경가도 부담해야 했다. 호족들에 의해 임의적으로 정해지던 수경가가 성종대에 국가적으로 정해지기는 했지만 여전히 그 부담은 컸다.

조운제도가 확립되면서부터 수경가는 폐지되었지만, 모미(耗米)라는 새로운 부담이 생겨났다. 모미는 조운과정에서 손실되는 세곡을 보충하기 위한 것이었는데 처음에는 매우 낮은 비율로 책정되었으나 갈수록 높아져 수경가와 같은 부담을 농민에게 안겨주었다. 결국 농민들은 일반적인 세곡을 부담하고도 모미라는 명목하에 또 다른 세금을 부담하였으니 이중적인 부담을 안게 되었던 것이다.

지방에서 개경으로

벼농사는 1년을 단위로 지어진다. 고려사람들도 봄에 씨를 뿌려 여름내 땀흘려 가꾼 곡식을 가을에 추수하였다. 연말쯤 되면 각 군현의 세곡은 모두 인근 조창으로 운반된다. 각 조창에서는 수합한 쌀을 겨우내 잘 간수하여 다음해 2월이 되면 서울인 개경으로 운송한다. 운송하는 데에도 기한이 정해져 있었다. 가까운 곳은 4월까지 3개월 안에, 먼 곳은 5월까지 4개월 안에 조운을 마쳐야 했다. 조운을 통해 옮겨진 세곡은 나라의 살림을 꾸려가는 밑바탕이 되기 때문에 조운의 기한을 엄격히 지키고자 했던 것이다.

그런데, 조운의 기한이 정해져 있는 것과 2월이 되기를 기다려 조운을 시작하는 것에는 또 다른 이유가 있었다. 바로, 뱃길의 위험을 최소화하여 조운 도중에 발생할지 모르는 세곡의 손실을 최대한 막고자 하였던 것이다. 1년중에 6·7·8월은 바람과 파도가 가장 심한 시기였다. 음력 6·7·8월은 양력 7·8·9월에 해당한다. 장마가 지고 태풍이 가장 많이 발생하는 계절이다. 이에 비해 2·3·4·5월은 바다가 조용하여 배를 띄우기에 가장 적합한 시기였다. 추운 겨울이 지나 바람이 부드러워지고 바다가 조용해지는 2월에 조운을 시작하여 3~4개월 내에 서울로 운송하게 되면 배를 운행하기 어려운 시기를 적절히 피할 수 있는 것이다. 기한 안에 배를 띄우지 않은 경우 침몰된 세곡을 향리와 초공·수수가 보상하도록 하는 무거운 벌은, 다른 각도에서 보면 적절한 시기에 조운을 마칠 수 있도록 하기 위한 하나의 방편이었다.

기한 안에 조운을 마치기 위해서는 세곡을 운송하는 배, 즉 조선(漕船)이 필요했다. 13곳의 조창은 수합하는 세곡의 양과 수송거리에 따라 일정한 수의 조선을 보유하고 있었다. 바닷길을 이용하던 석두창 등은 쌀 1천 석을 실을 수 있는 초마선(哨馬船)을 각각 6척씩 보유하고 있었고, 강을 따라 운송하던 조창에서는 쌀 2백 석을 실을 수 있는 평저선(平底船)을 20척 정도 보유하였다. 초마선과 평저선은 모두 평평한 배 밑바닥을 특징으로 하는 우리나라 고유의 선박이다. 우리나라의 배는 물이 그리 깊지 않은 연근해를 운행하거나 강을 거슬러 올라가는 데 사용되었기 때문에 배 밑바닥이 평평했다.

조운은 바다가 조용한 때를 골라 가장 적합한 배를 이용하여 행해졌지만 모든 길이 순조롭기만 한 것은 아니었다. 우리나라의 서해안은 밀물과 썰물의 차가 크고 파도도 심했을 뿐 아니라, 크고 작은 섬이 많아 배가 암초에 부딪히기 쉬웠고 또 갑자기 물길이 거세어지기도 하였다.

그 가운데서도 태안반도 앞의 안흥량(安興梁)이라는 곳은, 이순신 장군이 빠른 물살과 험한 지형을 이용해 왜군을 물리친 전라남도의 울돌목(鳴梁), 강화의 손돌목과 함께 위험하기로 손꼽히는 뱃길이었다. 편안할 안(安)자가 들어간 이름과는 달리, 실제로는 너무나도 어렵고 위험한 뱃길이었기 때문에 이 곳을 '난행량(難行梁)', 즉 지나가기 어려운 곳이라 부르기도 했다.

그렇지만 안흥량은 충청도·전라도·경상도 등지에서 개경으로 가는 길목이었기 때문에 이 곳을 거쳐가지 않을 수도 없었다. 안흥량에서 해난사고가 자주 발생하고, 그만큼 피해 규모가 컸기 때문에 고려정부는 이에 대한 대책을 세웠는데 그것이 바로 굴포(掘浦)였다.

굴포란 일종의 운하인 조거(漕渠)를 만드는 것으로, 고려사람들은 험한 바닷길을 포기하는 대신 육지에 운하를 만들어 새로운 물길을 통해 안전하게 세곡을 운송하고자 하였다.

이러한 조거를 만드는 노력은 고려 전 시기 동안 여러 차례 여러 곳에서 시행되었다. 그러나 당시에는 지하에 깔린 암반층을 제거할 수 없어 물길이 충분히 깊어지지 못하였고, 또 굴착한 부분을 갯벌 흙으로 뒤덮지 못하는 등 시공기술상의 한계가 있었으며 여러 가지 여건이 변화하여 결국 성공하지는 못하였다.

태안반도에 조거를 만드는 일은 고려시대에 시작되어 조선시대에 가서야 끝을 맺었지만, 실제 기능은 매우 미흡하여 그리 큰 역할을 수행하지는 못하였다.

평저선과 초마선에 실려 난행량과 같은 험난한 길을 지나온 세곡의 최종목적지는 어디였을까? 바로 개경의 경창(京倉)이었다. 경창이란 대창(大倉)과 우창(右倉)·좌창(左倉) 세 곳의 창을 일컫는다. 대창은 국가의 제사, 외국사신 접대, 수렵 등 사람을 부리는 경우, 국상(國喪)이나 기근이 발생했을 경우 등에 소요되는 국가의 경비를 담당하던 곳이다. 우창의 이름은 풍저창(豊儲倉)이었는데, 대창과 함께 국가의 일에 드는 비용을 담당하였다. 좌창은 광흥창(廣興倉)이었는데, 고려조정의 관리들에게 지급할 녹봉을 관장하였다.

고려 곳곳에서 조운을 통해 개경으로 옮겨진 세곡이 이처럼 국가의 대소사 비용으로 쓰이고, 또 관리들의 녹봉으로 지급되었던 까닭에 고려는 정상적으로 운영될 수 있었다. 곡식을 거두기 위해 흘린 고려인들의 땀이 그대로 고려라는 큰 몸에 활력을 주는 영양분과 같은 역할을 하였던 것이다.

고려 말의 조운

국초에 시작된 이래로 오랜 기간에 걸쳐 정비·운영되어 온 고려의 조운제도는 고려가 쇠락의 길을 걷게 됨에 따라 서서히 변질되기 시작하였다. 중앙의 고위 관직자들과 지방의 유력자들은 국가조직이 느슨해진 틈을 타 개인의 부와 세력을 확대하였다.

이들은 사회적 지위를 이용해 탈세하거나 세금을 거의 내지 않았다. 얻는 자가 있으면 반드시 잃는 자가 있게 마련이다. 국가재정의 기반을 이루던 농민들은 곡식을 경작할 땅을 잃고, 보다 살기 좋은 곳을 찾아

이리저리 떠돌아다니게 되었다. 당연한 결과로 각 지방에서 걷혀야 할 세곡은 제대로 걷히지 않았다.

이러한 고려 내부적인 문제에 더하여 외부적인 문제도 발생하였다. 바닷길을 통한 세곡운송은 험한 항로와 기상 문제로 어려움을 겪기는 했지만 그래도 안정적으로 운영되어 왔다. 그러나 14세기 중엽부터는 왜구라는 예상치 못했던 문제에 부딪히게 되었다. 왜구들은 주로 곡식을 약탈하였고, 부족한 노동력을 보충하기 위해 사람들을 잡아가기도 했다.

곡식을 탈취하는 데는 1년의 세곡을 가득 실은 조운선만한 것이 없었다. 고려정부는 조운선을 보호하기 위해 여러 노력을 시도하지만 결국 모두 실패하였다. 왜구는 조운선만을 노린 것이 아니라, 물길을 따라가 세곡을 보관하고 있는 조창이나 창고를 직접 습격하기도 했다.

결국 고려사회는 심각한 재정난을 겪게 되었다. 국고가 비어 관리들에게 녹봉조차 제대로 지급하지 못하게 되자 녹봉을 먼저 받고자 하는 관리들 사이에 싸움이 일어났고, 심지어 살인사건이 나기도 하였다. 개경의 쌀값은 폭등하였고 군량미도 모자라 왜구토벌을 중지할 정도에 이르게 되자 고려정부는 새로운 대책을 모색하였다. 육로를 통해 세곡을 운송하고자 한 것이다. 우왕(禑王) 2년(1376) 고려재정의 혈맥이었던 조운은 정지되었다. 이 때부터 세곡은 육상교통을 이용하여 운반되었지만, 고려 말의 난국 속에서 국고에 귀속되는 세곡은 얼마 되지 않았다.

고려의 마지막 왕인 공양왕(恭讓王) 2년(1390) 이성계는 위화도 회군으로 정권을 잡았다. 그는 정몽주 등의 건의를 받아들여 조운제도를 부활시켰다. 고려의 조운제도는 새로운 집권세력에 의해 재정비되었고, 400여 년 전에 그러했듯이 새로운 왕조를 운영하는 밑거름이 되었다.

이미지

녹봉액으로
관리의 지위를 나타내다

녹봉은 관리의 청렴의무에 대한 대가

　녹봉은 전근대사회에서 관리들이 부정에 빠져들지 않고 청렴하게 관직에 전념하도록 하기 위해 국가에서 조세로 수취한 쌀·보리·베 등을 현물형태로 지급하는 것이다. 다시 말해 녹봉은 관직에 종사하는 자들에게 재화를 제공하여 경제적인 어려움을 겪게 하지 않고 오직 주어진 일에만 몰두할 수 있는 여건을 마련하고자 하는 의도에서 생긴 것이다.
　그러므로 정도전은 『조선경국전』에서 녹봉에 대해 다음과 같이 언급하고 있다.

　　인군(人君)이 현자(賢者)와 더불어 함께 가져야 할 것은 천직(天職)이요, 함께 다스려야 할 것은 천민(天民)이다. 인군은 현자를 천록(天祿)으로써 후대하여 그들로 하여금 위로는 부모를 섬기고 아래로는 처자를 기르는 데 대한 근심을 갖지 않도록 하고, 오로지 직책을 수행하는 데만 전력을 다하게 하는 것이다. 현자로서 천록을 받는 자는 마땅히 천직을 잘 수행할 것을 생각해야 옳은 일이며 천록만 먹고 일을 게을리하는 것은 옳지 않다. 하물며 직사도 없으면서 천록을 먹는 것은 옳은 일이겠는가.

　임금이 신하에게 녹봉을 주는 이유와 녹봉을 받은 신하가 해야 할 일을 잘 나타내고 있다.

실제로 고려시대 관인들은 경제적으로 어려운 경우가 적지 않아서 녹봉이 생계의 유지에 적지 않은 도움을 주었던 것 같다. 예를 들어 무신정권기 재상인 이규보는 녹봉의 지급증서인 녹패(祿牌)를 받은 뒤 임금께 올린 표에서 "반폭의 빛난 녹패는 뭇 목숨이 매인 바이라, 줄줄 흐르는 감격의 눈물이 여러 눈에서 동시에 떨어집니다"라며 고마워하였다. 그의 형편이 좋지 않아 약간은 과장된 점이 있더라도 관인들에게 녹봉이 많은 도움을 주었음은 분명해 보인다. 그리고 관인들에 대한 또 다른 경제적 대우인 전시과의 수입과 비교하여도 녹봉이 더욱 큰 비중을 차지하였다.

녹봉은 관인의 특권이었지만 그에 대한 책임도 수반되었으므로 관직에 복무하지 않는 자가 녹봉을 받아서는 안되었고, 신하가 하는 일 없이 자리만 지키는 자는 송충이와 같은 해충에 비견되었으며, 뇌물을 받는 범죄인 장죄(贓罪)를 범하였을 때 녹봉을 받는 관인은 녹봉이 없는 관인에 비해 더욱 무겁게 처벌받았다. 이렇듯 녹봉은 관직을 수행하는 데 대한 경제적 보수로써 관리의 부정을 막는 방편이었고, 부정을 저지른 자에 대한 가중처벌의 근거가 되었다.

녹봉제 운영의 특징

고려시대의 녹봉은 민전에서 들어오는 조세수입으로 충당되었으며, 『고려사』 식화지 녹봉조 서문에는 세입미(歲入米) 13만 9,722석 13두로 운영되었다고 한다. 지급품목은 주로 쌀 등의 곡식이었으나 그것이 부족할 때는 일정한 환산가를 정하여 베[布]나 비단으로 주기도 했다.

녹봉이 지급되는 날을 인일(人日)이라 하는데, 음력 정월 초이레다. 이 날은 '인일을 하례하는 의식'을 치르고 임금께 감사의 표(表)를 올린다. 그러나 이날에 받는 녹패는 명세표에 불과하며 실제 현물을 수령하는 것은 그 다음날부터이다. 녹패를 받은 관인들은 녹봉을 보관하는 창고인 광흥창(廣興倉 : 左倉)에 가서 녹패에 적힌 액수만큼을 받았으며, 보통 1월과 7월에 두 차례로 나누어 받았다.

녹봉이 지급되는 날에는 어사대의 감찰어사(監察御史) 등이 좌창에 나와 그 불출과정을 감시하였다. 그들은 녹패의 액수대로 나가는지 확인했을 뿐 아니라 혹시 관인이 아닌 자들이 부정하게 받아가는 것을 살폈다. 왜냐하면 광흥창의 '곡식'은 다른 창고의 그것과 꼭 같다 하더라도 녹봉으로 지급되는 것은 오직 관직에 복무하는 자만이 받을 수 있는 신성한 것으로 여겨져서 감히 자격을 갖추지 못한 자들이 절대 받아서는 안 되었기 때문이다.

관인보다 낮은 지위로서 서리 및 잡직에 종사하는 자와 일정기간 노역(勞役)에 복무하는 공장(工匠)들에게도 '곡식'이 지급되기는 하였지만 그것을 별사(別賜)라 하여 녹봉과 엄격히 구분하였다.

고려시대의 녹봉제의 운영방식은 조선시대의 그것과 많은 차이를 보였다. 지급대상을 보면 고려시대에는 대상관직을 하나하나 나열하였다. 가장 많은 대상자가 포함된 문무반록(文武班祿)의 경우, 문종대에는 47등급으로, 인종대에는 28등급으로 각각 나누어 녹봉액과 관직을 병기하였다. 이것은 오직 대상에 포함된 관직에게만 해당 녹봉을 지급하겠다는 뜻이다.

또한 녹봉규정은 수급대상자의 성격에 따라 복잡한 체계로 나뉘어져 있다. 왕비와 왕녀들에게는 비주록(妃主祿), 왕자·왕손들에게는 종실록(宗室祿), 관품이 있는 문무반에게는 문무반록, 도감(都監) 등 임시 관서에 배속되는 권무관(權務官)에게는 권무관록, 태자를 보도하고 호위하는 동궁관(東宮官)에게는 동궁관록, 지방으로 부임하는 외관(外官)

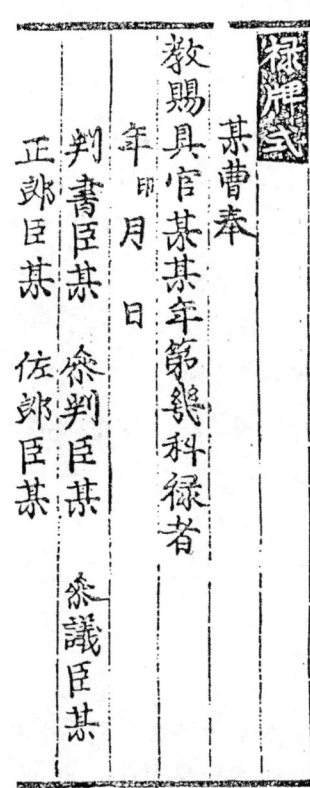

『경국대전(經國大典)』의 녹패식(祿牌式)
조선시대 왕명을 받아 종친이나 문무관원에게 녹과(祿科)를 정하여 내려주는 녹과 증명서(祿科證明書)이다.

에게는 외관록, 서경분사(分司)의 관원에게는 서경관록(西京官祿), 동서북면의 주진(州鎭)에 파견되는 무관에게는 주진장상장교록(州鎭將相將校祿), 3품 이상의 관직을 지내고 70살이 되어 벼슬을 그만둔 치사자(致仕者)에게는 치사관록이 주어졌다. 때문에 고려시대의 관리가 자신의 녹봉이 얼마인지를 알기 위해서는 우선 자신이 어떤 관직군에 속한 지를 파악한 뒤 해당 녹봉체계에 그 관직이 있는지를 확인하고, 마지막으로 녹봉액을 보아야 한다.

이에 반해 조선시대의 규정은 비교적 간단하다. 별도의 관직군으로 나뉘는 것이 없이 하나의 체계로 통합되어 있으며 정1품에서 종9품까지 18과등(科等)으로 구분되었다. 그리고 녹봉의 지급은 품계를 기준으로 한다는 원칙하에 '관계(官階)가 관직보다 높은 [階高職卑]'의 행직(行職)은 실직에 따라 지급하고 '관계가 관직보다 낮은[階卑職高] 수직(守職)은 품계를 넘어 녹봉을 받을 수 없었다. 그러므로 조선시대의 관인은 종실·문무반·외관 등을 따지지 않고 자신의 관계와 관직 가운데 낮은 쪽에 해당되는 품계의 과등을 보면 그것으로 자신의 녹봉액을 알 수 있다. 다만 제거(提擧: 당하3품)·제검(提檢: 4품)·별좌(別坐: 5품)·별제(別提: 6품)·별검(別檢:8품) 등의 무록관(無祿官)은 실직에 종사하더라도 녹봉은 없었다.

결국 고려시대 녹봉은 관직 그 자체를, 조선시대에는 실직의 품계를 기준으로 삼았다고 할 수 있다. 전자의 지급규정은 녹봉액 다음에 그만큼을 받는 관직을 세주(細註)로 열거하였으나, 후자에서는 과등·실직 품계·계절별 수급액 순으로 적고 있다. 그러므로 조선시대에는 관직의 품계가 같다면 관서에 관계없이 녹봉액이 모두 같았던 데 비해 고려시대에는 같은 품계의 관직일 경우에도 관직의 성격에 따라 녹봉액의 차이가 났다. 만약 그렇다면 관직에 부여된 품계와 그들에게 지급되는 녹봉액 가운데 어느 것이 더 그 관직의 지위를 잘 반영하는 것일까.

관직의 반차를 녹봉액으로 나타내다

품계는 관직의 지위를 표현하는 한 방식이므로 품계로써 관직의 고하를 판단하게 된다. 9품보다 1품이 높고, 정2품이 종2품보다 높다는 것은 누구나 쉽게 알 수 있는 일이다. 그러나 이러한 상식은 조선시대에나 맞는 것일 뿐, 고려시대에는 반드시 그렇다고 할 수 없어서 관직의 높고 낮음을 품계로서 확인하기 어려운 사례가 나타난다. 그 대표적인 것이 『고려사』「세가」덕종 원년 춘정월의 다음 기사이다.

제(制)하여 이르기를 "좌복야(左僕射 : 정2품) 이응보(異膺甫)에게 사도(司徒 : 정1품)를 더하고, 우복야(右僕射 : 정2품) 김여탁(金如琢)에게 사공(司空 : 정1품)을 더하되, 그 반차는 참지정사(叅知政事 : 종2품)의 아래, 중추사(中樞使 : 종2품)의 위에 있게 하고 아울러 녹봉을 더하라"고 하였다.

정2품의 좌·우복야는 종2품의 참지정사·중추[원]사보다 높은 것이 당연한데도 이 내용에 의하면 사도·사공과 더불어 녹봉을 더하는 임금의 특별한 명령에 의해서야 비로소 좌우복야의 반차가 참지정사와 중추사의 가운데 위치하게 되었다.

이 조치가 있기 이전의 반차는 참지정사·중추사·좌우복야순인데, 실제로 고려시대의 좌우복야는 정2품이었으나 재상의 가장 낮은 지위로서 각종 의례에서 재신·추밀·복야의 순서로 언급되었다. 다만 수사공·복야는 추밀보다 높고 재신보다 조금 낮은 준재신(准宰臣)의 지위로 상승하였다.

품계로써 참지정사·중추사·좌우복야의 반차를 확인할 수 없다면 다른 비교수단을 찾아야 하는데, 이 문제해결의 단서는 문종 문무반록(文武班祿)에 있다. 즉, 참지정사와 중추사의 녹봉은 353석 5두인 데 반하여 좌우복야는 333석 3두이므로 녹봉액의 다소와 반차의 고하가 서로 일치하고 있다. 녹봉액과 반차가 밀접히 관련되었음을 보여준다.

그럼에도 불구하고 반차의 파악에는 품계가 우선한다는 인식을 지울 수 없는데,『고려사』「선거지」전주(銓注) 범선법(凡選法) 신종 5년 4월조의

> 식목도감사(式目都監使) 최선(崔詵) 등이 아뢰기를 "문반 참외(叅外) 5·6품으로 하여금 모두 서대[1]를 띠게 하고 참질(叅秩)로 삼으십시오"라고 하자 임금이 이르기를 '원수(員數)가 너무 많은데 어찌 일시에 관질(官秩)을 올릴 수 있겠는가'라고 하므로 6·7인만을 참질로 올렸다.

라는 기사를 보면 품계의 기능에 의문을 품지 않을 수 없다.

참질은 참상질(叅上秩)의 뜻이며 국왕과 여러 신하가 의례를 행하고 국정을 의논하는 조회에 참여할 수 있는 관직이다. 품계로 6품

1) 서대(犀帶):-참상관의 허리띠.

이상과 7품 이하로 나뉘는 참상·참외는 9품관제에서 중요한 계선(界線)이 되었으며, 참상직에게는 많은 특권이 주어지기 때문에 참외관(參外官)에 있는 자들은 참상에 오르기를 열망하였다. 그런데 이 때에 비로소 참질에 드는 관직은 종5품 제릉령(諸陵令)·태묘령(太廟令)과 정7품 각문지후(閤門祗候) 등이었다. 신종 5년 이전에는 당연히 참상이 되어야 할 5품직이 참상에 들지 못하였고, 참외직이 되어야 할 정7품직이 참상에 포함될 수 있다면 품계가 참상과 참외를 가르는 기준이 되지 못함은 분명하다.

그럼 품계가 아닌 다른 기준이 있다는 의미인데, 그 문제해결의 실마리를 제공하는 것 역시 녹봉액이다. 제릉령·태묘령과 각문지후의 녹봉을 비교하면 문종 문무반록에서 제릉령과 태묘령은 모두 60석이고, 각문지후는 63석 5두로 문종대에는 종5품의 녹봉이 정7품의 그것보다 적었다. 이후 인종 문무반록에서는 세 관직이 모두 53석 5두로 같아졌지만 품계를 비교하건대 당연하다고 할 수 없다.

이런 방식으로 참상과 참외의 계선에 있는 여러 관직을 조사한 결과 그 기준은 품계가 아니라 녹봉액이었음이 밝혀졌는데, 참상의 기준은 문종 문무반록에서는 66석 10두-1천 두- 이상이었다가 신종 5년에는 53석 5두-8백 두- 가 되었다. 고려시대 녹봉은 관인들의 경제적 보수로서의 기능을 하였고, 녹봉액은 관직의 반차를 나타냈다.

관직의 품계보다는 '몇 석 몇 두의 녹봉을 받는가'가 중요하므로 제도의 운영에 있어 어떤 대상을 설정하면서 품계가 아니라 관직으로 표기하기도 하였다. 그러한 사례가 탁음자[1]의 대상을 '낭중(郎中) 이상'이라고 한 것이다. 그것은 단순히 '5품 이상'으로 규정하면 반차로는 종6품 좌우정언(正言)보다도 낮은 제릉령·태묘령 등도 포함되어 탁음자를 정확히 나타낼 수 없기 때문이다.

1) 탁음자(托蔭者):- 음서의 기회를 제공하는 자.

고려의 관제운영은 관직인 낭중을 하한으로 제시하여 그와 같은 반차 이상으로 해야만 정확한 규정이 된다. 공음전시법(功蔭田柴法)도 마찬가지여서 만약 5품 이상설을 따른다 해도 제릉령 등은 포함되지 않았을 것이다.

관제의 특징이 녹봉제에 반영되다

관직의 고하를 품계로 표현하는 방식은 후한(後漢)멸망 이후 성립된 삼국 가운데 하나인 위(魏)에서 시작되었고 그 이전 한(漢)에서는 '식록(食祿)의 석수(石數)'로써 나타냈는데 고려의 방식은 외형상 그것과 유사했다고 생각된다. 그러나 제도의 운영은 그렇게 간단하지 않았다. 왜냐하면 당에서는 중서문하성·6부·7시(寺) 등을, 송에서는 중추원·삼사(三司) 등의 제도를 각각 받아들이고 각 관직에 품계를 부여하였기 때문이다.

이처럼 서로 다른 두 방식을 동시에 받아들였지만 현실적으로 동일한 품계의 관직간에도 높고 낮음에 차이가 있었다. 특히 고려와 같은 귀족 사회의 분위기에서 가문 좋은 자들이 임명되었던 중서문하성·중추원·어사대와 같은 중요관서와 그렇지 못한 관서에서의 관직을 동일하게 취급할 수는 없었다. 결국 관직의 청(淸)·탁(濁)·요(要)·한(閑)에 따라 다시 반차의 차이를 두었는데, 더 이상 품계로는 반차를 구별하기 어려웠으므로 대신에 녹봉액을 달리하는 독자적인 운영방식을 택하였던 것이다.

녹봉액으로써 관직의 반차를 나타내는 고려의 방식은 관제의 운영상 몇 가지 효율적인 점이 있었다. 먼저 관직의 등급을 품계 이상으로 세분하는 기능을 하였다. 관직의 품계는 최대 18등급으로 나뉘어지지만 녹봉은 종1품 400석-6천 두-에서 9품의 10석-150두-까지 많은 등급이 가능하다. 때문에 문종 문무반록은 47등급이고 인종 문무반록은 28등급이며 권무관록(權務官祿) 등을 포함하면 더 늘어난다. 또한 참외 7품직의 녹봉은 46석 10두의 6국직장(六局直長)에서 23석 5두의 제릉승(諸陵丞)까지 7등급으로 나뉘어 있는 것을 보면 같은 품계의 관직을 반차별로 더욱 세분하는 기능도 있었다.

다음으로 이 방식은 품계가 부여되지 않은 권무직이나 서경의 분사직(分司職) 등 별정관직의 반차를 비교하는 데 매우 유용하다. 고려시대의 녹봉체계는 문무반록·권무관록 등이 개별적으로 규정되었는데 그 가운데 권무직·분사직·주진장상장교직 등은 품계가 없으며 전시과에도 포함되지 않았다. 이러한 경우 품관 또는 별정관직 사이의 상대적인 반차를 비교할 때 녹봉액이 중요한 참고가 된다.

마지막으로 철저하게 관직 중심으로 운영함으로써 관인의 수를 최소화하여 관인의 상대적인 지위를 높여주었으며, 청요직(淸要職)을 그렇지 않은 관직과 구별하기 위해 반차를 높이고 녹봉을 더함으로써 관직에 신분적 속성을 반영하였던 것이다.

이진한

제2장
농업과 농민정책

고려사람들의 주식(主食)은 무엇이었을까
해거리 농법의 극복
고려 때 토지의 넓이는 어떻게 나타냈을까?
고려왕조를 지탱하는 뼈대는 농민
농자천하지대본

고려사람들의
주식은 무엇이었을까

한 통계에 의하면 한국인 한 사람의 1일 곡류섭취량은 1969년에 약 560g이었던 것이, 1980년대 후반에는 330~390g으로 감소하였다고 한다. 근년 우리의 식생활에서 곡류의 섭취가 현저히 감소하는 실태를 수치로 보여준다. 한편 곡물 가운데 쌀 섭취비율은 1969년 49.9%에서 1989년 96.6%로 증가함으로써 곡물에서 쌀 비중의 절대화가 근년에 급격히 진전되었음을 말해 주고 있다.

쌀은 '곡식' 이상의 것이었다

한국인의 먹거리의 중심은 역시 쌀이라고 생각되고 있다. 그러나 쌀 생산을 위한 벼농사가 우리나라 곡물생산의 가장 중요한 위치를 갖게 된 것은 삼국시대, 대략 6세기 이후의 일로서, 벼농사는 이후 한국역사의 흐름 속에서 그 비중을 꾸준히 확대시켜 온 것이다. 이러한 점에서 고려시대는 한국인의 식생활에서 여러 잡곡에 대하여 쌀의 주도적 위치가 확인되는 시기였다고 할 수 있다. 삼국시기 노역동원이 봄에 많이 행해지고 있는 것에 비해 고려시대에는 가을에 동원되는 일이 많았다는 것은, 이 같은 변화의 한 증거로 들어진다.

벼는 그 성격에 따라 메벼와 찰벼, 이른벼와 늦벼 등의 구분이 있었으며, 선명도(蟬鳴稻)와 경조(京租)와 같은 품종이 있었다. 경조는 건답법에 사용된 품종으로 늦벼 종류로 추정된다. 12세기 이후 점성도(占城稻)와 같은 환경적응력이 강한 인디카형의 신품종, 중국 강남에서 재배되던 선명도와 같은 이른벼 품종이 도입되어 고려 후기에는 이른벼와 늦벼 등 다양한 벼의 생산에 의하여 도작지역이 북부지방까지 확대되었던 것으로 보인다.『고려도경』에서는 "고려에는 멥쌀은 있고 찹쌀은 없다. 멥쌀은 그 알갱이가 특히 크고 맛이 달다"고 하였다. 또『송사』에서도 고려는 토질이 메벼에 적합하다는 등의 기록이 보인다.

쌀에는 여러 종류가 있다. 특히 도정의 정도에 따라 조미(糙米)·갱미(粳米)·백미(白米) 등으로 구분되었다. 즉 조미는 왕겨만 벗긴 것, 즉 현미이며, 경미는 바로 밥을 지어먹을 수 있는 멥쌀로 추정된다. 아마 고려시대 녹봉용·공상용·국용용·군자용 전조(田租)는 대체로 경미의 형태로 수취되거나 지급된 것으로 보인다.

고려시대에는 벼의 생산이 늘어 쌀이 이전보다 더욱 중요한 곡물의 위치를 차지하였고 자연히 그 생산을 늘리기 위한 노력이 끊임없이 기울여졌다. 고려시대 일대에 걸쳐 저수지의 보수와 수축에 의한 수리시설 확충, 황무지 개간, 방조제 수축에 의한 연해 저습지의 간척지 개발, 농업생산 기술의 발전, 거름주기의 확산, 새로운 품종의 보급 등이 그것이다. 12세기에 고려를 방문하였던 송나라의 사신 서긍은 "좁은 산골짜기에 연이어진 논을 멀리서 바라보니 마치 사닥다리를 보는 것 같다"고 당시 산기슭에 개발된 논의 모습을 묘사하였다.

고려시대에는 미곡이 단순한 식량으로서뿐만 아니라 국가사회의 운영의 중요한 경제도구로서 자리를 잡았다는 점을 주목할 수 있다. 무엇보다도 조세의 수취가 미곡 중심으로 제도화했으며 미곡은 관리들에 대한 녹봉의 지급에 사용되었고, 포상의 도구 혹은 화폐와 같은 유통수단으로서 기능하였다. 이러한 점에서 쌀은 최고의 식량이었을 뿐만 아니라, 경제구조의 중요한 기반이었던 것이다.

다양한 곡식의 생산과 소비

고려시대는 곡물에서 쌀의 중심적 지위가 제도적으로 확보된 시기였다는 점에서 중요하다. 그러나 일반사람들의 식생활이 바로 쌀 중심이었다고 보기는 어렵다. 쌀의 생산과 공급의 양이 아직 그에 미칠 정도는 아니었기 때문이다.

이러한 점에서 쌀 이외의 다양한 곡식이 생산되고 소비되었다는 것이 그 특징이라 할 수 있다. 다양한 밭곡식의 존재는 밭의 광범한 존재에 의한 것이다. 아마 고려시대에는 아직 논보다 밭의 면적이 훨씬 많은 비중이었다고 생각된다. 벼는 원래 덥고 강수량이 풍부한 지역에 적합한 식물이기에, 벼농사의 확대를 위해서는 까다로운 여러 제한조건의 극복을 필요로 했다

이 같은 이유로 고려조에는 '5곡' 혹은 '9곡' 등의 용어가 등장하고 있다. 당시 '5곡' 혹은 '9곡'의 곡물 내용이 고정적으로 정해져 있었던 것 같지는 않지만, 대개 벼[쌀]·기장[黍·稷]·조[粟·粱]·보리·밀·콩·팥·마(麻) 등의 정도였을 것으로 생각되고 있다.

이들 곡식 가운데 중요

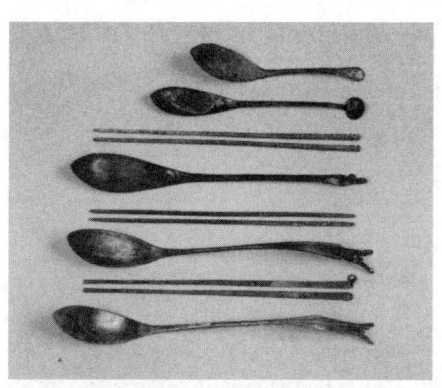

고려시대의 청동수저
청동으로 제작되었으며 수저는 시면(匙面)이 타원형으로 길고 움푹 파여 있으며 손잡이 부분이 S자형으로 휘어졌으며, 젓가락 중 위의 것은 나선형으로 자루 끝 부분을 마감했으며 아래의 것에는 자루 끝에 구멍을 뚫고 고리를 장식했다.[길이 16.9~28.2cm]

한 것은 역시 보리·조·콩류이다. 문종 7년(1053) 좌창에 수납된 곡식의 종류가 쌀·보리·조였다는 것은 쌀에 버금가는 보리와 조의 비중을 말해 준다. 쌀이 가을에 수확되는 것에 비하여 보리와 조는 늦봄이나 여름에 수확되어 식량의 지속적 공급을 가능케 한다는 점에서도 그 이유가 있었을 것이다.

조는 곡식으로 요즘에는 사용량이 극히 적지만, 이 시기에는 대단히 큰 비중을 갖는 밭곡식이었다. 아마도 일반인에게는 비싼 쌀보다 조가 일반적인 곡물의 하나였을 것이다. 조에도 여러 종류가 있어, 속(粟)과 양(粱)의 구분이 있었다. 그 차이를 잘 알 수는 없지만, 양이 속보다 알이 다소 굵은 종류였던 듯하다. 『고려도경』에서는 '한속(寒粟)'을 언급하고 있는데, 이는 찰기가 있는 '차조'를 지칭하는 것으로 보이며, 따라서 쌀처럼 차조와 메조가 함께 경작되었음을 짐작케 한다. 보리는 대개 가을에 심어 늦봄부터 초여름에 걸쳐 수확하는 추맥이 중심이었으며, 밀과 함께 대맥·소맥의 2맥으로 불리기도 하였다.

콩은 여러 종류가 있었으며 또한 가공식품으로 만들어지기도 하였다. 민간에 일반화된 것이라 보기는 어렵지만 이미 고려시대에 두부가 별미의 영양식으로 이용되고 있었다.

곡식만으로는 해결이 어려웠다

고려시대도 오늘과 같은 하루 세 끼의 식사가 일반적이었을까. 이에 대해서는 "하루에 세 끼를 먹는다"거나 "날마다 세 끼 맛있는 음식을 갖추어 먼저 부모에게 바쳤다"든가, 힘든 노역을 하는 자에게 세 끼 양식을 계산한 기록이 있다.

그러나 동시에 고려시대 기록에 하루의 끼니를 '조석(朝夕)' 즉, '아침저녁'으로 표현하는 경우가 흔히 확인된다. 이 때문에 기본의 끼니는 아침저녁의 두 끼였고, 고위관원이나 부자 혹은 힘든 노동을 할 때에는 세 끼를 먹었으나, 이 경우 낮의 식사량은 많지 않았을 것으로 추측하고 있다. 즉 기본은 두 끼였지만, 여유있는 이는 가볍게 점심을 챙겨들었다는 것이다.

그러나 기록에서의 '조석'이 반드시 '아침저녁'의 두 끼만을 의미하는 것인지는 다소 의문이 있다. 오늘날도 '조석의 끼니'라는 말을 쓰지만, 그것이 반드시 '아침저녁의 끼니'만을 의미하지 않는 경우도 있기 때문이다. 또 인구의 대부분을 차지하였을 농민들의 삶이란 매일이 힘든 노동의 연속이었을 것이기 때문에 점심을 거르는 경우란 식량이 여의치 못하는 부득이한 사정 때문이었을 것이다.

이렇게 생각하면 고려시대 역시 기본적으로는 오늘과 같은 세끼식사가 원칙이었을 것으로 보는 것이 좋지 않을까 한다. 다만 식량사정이 여의치 않았던 실정 때문에 세끼를 갖추어 먹지 못하는 경우가 많았고, 점심을 하는 경우는 가볍게 때우는 경우가 많았을 것이다.

끼니를 해결하는 문제는 간단하지 않았다. 비록 몽골침입으로 인한 강화도 시기의 일이기는 하지만, 이규보의 시에는 명색이 재상인 자신도 '끼니를 자주 거른다'는 표현이 자주 나타나고 있다. 원종 때는 "수라를 지을 쌀이 없다고 하여 왕이 저녁밥 한 끼를 그만두었다"는 기록도 보이고 있다. 하루하루 끼니를 해결하는 문제는 인생사의 중대한 문제였고, '무엇을 먹을까' 하는 과제야말로 대부분의 사람들에게는 무거운 일상의 짐이었던 것이다.

『동문선』에 실린 윤소종의 시는 여름 이후의 식량으로 조가 매우 중요한 것이었으며, 당시 식량의 부족이 매우 일상적인 민간의 사정이었음을 암시하고 있다.

슬프다 유월철에 심은 조는 아직 익지 않았는데
　　아이는 병들어 나무뿌리 씹으며
　　천장을 바라보며 슬픔을 머금었네
　　머리털 잘라 술지게미를 바꿔오니
　　쉬고 썩어서 먹을 수 없구나

　끼니를 해결하는 것은 일반적인 식량만으로는 불가능하였을 것이다. 이 때문에 식량의 역할을 할 수 있는 대체 식물의 확보도 중요한 관심이었을 것이다. 말먹이로 쓰이는 피(稗)도 잡곡에 섞어 밥을 지어 먹기도 하였으며 들과 산에서 자생하는 각종의 식물이 끼니의 부족을 보충하는 자원이 되었을 것이다.

　그 가운데 가장 선호되었던 식물의 하나가 산 속의 도토리였다. 이달충의 '산촌잡영'이라는 시에는 '도토리 살쪘으니 삶아 밥 대신'이라 하였고, 충렬왕은 흉년의 백성을 생각하여 상수리[도토리]를 올리게 하여 맛을 보았다 한다. 즉 산 속의 도토리 종류는 곡식의 부족을 보충하는 대표적인 대체식물이었던 것이다. 『동문선』에는 윤여형의 「예율가[도톨밤노래]」라는 다음과 같은 시가 실려 있다.

　　도톨밤 도톨밤, 밤 아닌 밤
　　누가 도톨밤이라 이름지었는가…
　　시골 늙은이 마른밥(粽) 싸가지고
　　수탉소리 듣고 새벽 일어나서
　　일만 길이나 되는 벼랑에 기어올라
　　칡넝쿨 헤치며 원숭이와 다툰다.
　　온종일 주웠어도 광주리에 차지 않는데…
　　늙은 농부는 나보고 자세히 하소연한다

육식은 일반적이지 않았다

농경이 중심이 되어 있는 고려인에게 육식은 일반적인 음식은 아니었다. 거기에 불교문화의 영향으로 육식문화는 일정한 제약을 받았다. 종종 살생의 금지 혹은 육식의 절제를 권장하는 국왕의 입장이 공표되고 있는 것도 이 같은 불교적 분위기의 한 반영이다. 12세기 송의 사신 서긍은 이 같은 고려의 음식문화에 대하여 다음과 같이 전하고 있다.

> 고려는 정치가 심히 어질어 부처를 좋아하고 살생을 경계하기 때문에 국왕이나 고관이 아니면 양과 돼지고기를 먹지 못한다. 또한 도살을 좋아하지 아니하며 다만 사신이 이르면 미리 양과 돼지를 길렀다가 그 때에 사용한다.

이 같은 사회적 분위기로 인하여 육식문화의 중요한 과정인 도축법이 매우 미숙하고 원시적이었다는 것이 서긍의 관찰이었다. 아마 육식을 위한 '축산'의 개념은 사회적으로 매우 제약되었던 것이 분명하다.

그렇다고 하여 고려시대에 육식이 전혀 금기되었다고는 볼 수 없다. 농촌에서 민간인들에게는 닭이나 개는 여전히 친숙한 가축이었으며 소고기 혹은 돼지고기도 간혹 식용되었다. 김극기의 시에 "여우나 토끼를 사냥하여 날 것으로 먹는 것이 무엇이 이상하랴"고 한 것을 보면, 가끔은 들짐승을 잡아 별미로 먹기도 하였음을 알 수 있다.

고려의 식생활은 13세기 후반 원간섭기를 계기로 일정한 영향을 받는 것 같다. 즉 육류소비의 증가 내지 몽골의 조리법과 같은 음식문화의 영향이다. 이에 의하여 왕실이나 귀족간에 양고기·말고기가 식용되고, 이를 위하여 원으로부터 양을 수입하기까지 하였다. 소주의 전래와 보급도 이 같은 육식의 일반화와 관련이 있는 것으로 보인다. 소의 내장을 구워먹거나, 불고기 혹은 갈비류도 이미 등장한 것 같다. 그러나 전체적인 식문화에서 육식이 차지하는 비중은 그리 크지 않았을 것이다.

붉지 않은 무김치

밥은 반찬, 즉 부식과 함께 섭취하는 것을 전제로 한다. 부식으로는 채소류와 채소를 가공한 김치, 그리고 수산물·젓갈 등을 들 수 있다. 그 가운데 오늘날 가장 대표적인 부식이 김치이지만, 장아찌·김치 등의 반찬은 고려시대에도 있었다. 13세기 초 「가포6영」이라는 이규보의 시는 우리나라 김치에 대한 가장 오랜 기록이다.

> 담근 장아찌는 여름철에 먹기 좋고
> 소금에 절인 김치 겨울 내내 반찬되네

이에 의하면 쉽게 변질하지 않은 대표적인 밑반찬으로서 여름에는 장아찌, 겨울에는 김치를 들고 있다. 그러나 당시의 김치는 오늘의 것과 같지 않았다. 우선 고추가 없었으므로 붉거나 맵지 않은 김치였다. 아마 소금물에 담가 수분을 뺀 것으로, 마늘이나 생강과 같은 향신료를 넣어 맛을 돋구었을 것이다. 또 오늘날 김치의 주재료가 되는 배추도 없었으므로, 김치의 재료는 무 종류가 주로 쓰였던 것으로 보인다.

이규보의 「가포6영」의 시에 등장하는 6가지 채소로 오이[瓜]·가지[茄]·순무[菁]·파[葱]·아욱[葵]·박이 있다. 이 6가지 채소는 식생활에 일반적으로 쓰여진 채소로서, 그 가운데 순무는 김치의 재료가 되었을 것이다.

과일로서는 밤·배·잣·대추·능금·복숭아·비자·앵두·호두·도토리·감·포도·귤 등이 기록에 보이고 있지만 식생활에서 차지하는 비중은 미미하였다. 수산물이나 해산물은 여전히 귀중한 식품으로 활용되었을 것이다. 이들 식품은 선사 이래 매우 중요한 식품이었거니와 조선 초의 각종 지리서에 특산물로서 상세히 언급되는 것을 참조하면, 고려시대에도 이들 수산물 혹은 해산물이 중시되었음을 짐작할 수 있다.

윤용혁

해거리 농법의
극복

고려시대 사람들은 어떻게 농사를 지었을까?

고려시대를 비롯한 한국 전통사회의 주된 산업은 농업이었다. 고려시대 일반 백성의 대부분은 농민이었고, 조상 대대로 농사에 종사해 왔다. 그래서 이 때 생산된 물품 가운데 가장 많은 비중을 차지하는 것 역시 농업을 통해 생산된 곡물이었다. 농업이 주된 산업이었던 당시로서는, 한 사회의 성격을 규정하는 중요한 요소 가운데 하나인 생산력이 대체로 농업생산력을 통해 나타나고 있었다.

그런 가운데 보다 능률적이고 효과적인 방법으로 점차 농업 생산물을 늘려 나가게 되었는데, 이것은 농부 개인에게 뿐만 아니라 사회 전체로 보아서도 중요한 의미를 지니고 있었다. 농업기술의 발달을 통해 농산물이 증대된다는 것은, 농부의 삶이 보다 개선되어 나갈 수 있는 출발점이자, 증가된 농업생산물을 통해 사회가 변화·발전해 나가는 원동력이 되었기 때문이었다.

이와 같이 중요한 역할을 하고 있던 농업이었지만, 예나 지금이나 농사짓는 일은 결코 쉬운 일이 아니었다. 봄에 씨를 뿌려서, 여름에 김을 매고, 가을에 수확하기까지 숨쉴 틈 없는 고된 일이 계속되었다. 특히 우리나라는 기후조건상 봄가뭄이 심하고, 여름에는 덥고 습기가 많은 지역에 속한다. 그래서 봄가뭄에 대비하고 작물에 물을 공급하는 일이 중요한 농사일의 하나가 되고 있었다. 또 여름철 덥고 습기가 많은 기후 때문에 잡초를 제거해야 하는 작업 역시 큰 고역이었다. 만약 이 때 잡초를 제거하지 않으면 한 해 농사를 전부 망칠 수도 있었기 때문이었다.

그러나 그런 가운데서도 고려시대 사람들의 노력으로 농업기술은 점차 발전해 나갔고, 특히 12세기 이래 고려시대의 농업기술은 여러 가지 면에서 발전된 모습이 나타나고 있었다.

휴한법에서 상경법으로의 전환

그러면 고려시대 사람들은 어떻게 농사를 지었으며, 오늘날과는 어떤 차이가 있었을까. 우선 경지를 이용하는 방법에서부터 오늘날과는 다소 차이가 있었다.

일반적으로 인간이 경지를 이용하는 방법은 '휴경법(休耕法) → 휴한법(休閒法) → 상경법(常耕法)'의 단계로 발전해 왔던 것으로 알려지고 있다. 상경법이 해마다 같은 경지에서 농사를 짓는 방법인 데 반해, 휴경법과 휴한법은 토심(地力)을 유지하기 위해 해를 걸러가며 농사를 짓는 방법이다.

휴경법과 휴한법 모두 농작물을 재배하지 않고 땅을 쉬게 해둔다는 점에서는 같았다. 하지만, 휴한법의 경우 비록 쉬는 경지라 할지라도 잡초제거 등의 작업이 이뤄진다는 점에서 휴경법과 차이가 있었다. 그런데 고려시대에는 언제부터 휴한법이 극복되고 상경법이 시작되었던가에 대해 서로 다른 몇 가지 주장들이 있어왔다.

첫째로 고려시대에는 휴한법이 일반적으로 행해졌으며, 상경법은 여말선초 시기에 시작된 것으로 보는 견해가 있다. 고려시대 경지의 대

〈기산풍속도(箕山風俗圖)〉
조선 후기 풍속화가 김준근의 〈기산풍속도〉에 나오는 농사짓는 모습. 두 마리 소가 끄는 쟁기로 땅을 가는 모습이 보이는데, 고려시대에도 이처럼 두 마리 소가 쟁기를 끄는 양우려(兩牛犁)가 사용되었을 것으로 생각되고 있다.

부분은 1년 휴한하는 토지로 보기 때문이다. 휴한법을 극복하기 위해서는 무엇보다 잡초를 제거하고 경지에 비료를 주는 기술이 발달해야 하는데, 당시로서는 이 문제를 제대로 해결하지 못하는 단계였다는 것이다.

그 후 고려시대에 상경법이 달성되는 것은 고려 말 중국으로부터 강남농법(江南農法)이 수입되면서부터라고 보았다. 중국에서는 당말오대 이후 시비기술의 발전을 배경으로 특히 강남지역에서 농업기술이 발달하게 된다. 이러한 강남농법을 고려 말 새로운 사회주도세력으로 등장한 신흥사족(新興士族)이 새로운 지배이념인 성리학을 수용하는 과정에서 받아들였다는 것이다.

이와 달리 둘째로 고려시대에는 이미 상경법이 일반적으로 행해지고 있었다는 견해가 있다. 적어도 고려 전기부터 평전[1]에서는

---

1) 평전(平田):- 평지에 위치한 토지.

상경법이 행해졌고, 일부의 산전[1]에서만 휴한하고 있었다는 것이다. 이와 같이 고려시대에 휴한법에서 상경법으로 발전할 수 있었던 것은 그만큼 농업기술이 발달했기 때문이라는 것이다. 즉 고려시대에 거름을 주는 방법으로 답분[2]을 비롯한 여러 가지 방법이 이용되고, 잡초를 제거하는 농기구로 호미가 사용되었다. 그리고 8세기 말에서 9세기에 걸치는 시기에 전국적인 규모로 수리사업이 진행되었던 점도 농업발달에 영향을 주었다고 보았다. 그 과정에서는 특히 나말여초 시기 선승(禪僧)과 호족(豪族)이 중요한 역할을 하였는데, 선승은 중국유학을 통해 중국의 선진농법을 받아들여 왔고, 호족은 촌락내에서 농업생산에 유리한 위치에서 생산력 발전을 주도하였다는 것이다.

마지막으로 셋째로 고려시대는 상경법이 일반적으로 행해졌지만, 진전화(陳田化)되기 쉬운 단계였다는 견해가 있다. 진전이란 이전에 경작하던 토지였지만 현재 묵혀두고 경작하지 않는 토지를 말한다. 고려시대에는 평전과 산전 모두 상경법이 일반적으로 행해졌지만, 시비기술이 발달되지 않아서 토지생산성이 낮고 불안정하여 이와 같은 진전으로 되기 쉬운 단계였다는 것이다.

이와 같이 고려시대에 경지를 이용하는 방법이 어떠했던가에 대해서는 여러 가지 주장들이 있다. 그러나 어쨌든 당시에 휴한법을 극복하는 일이 농업의 발전을 위해 해결해야 할 중요한 과제였다고 할 수 있었다. 평전 혹은 산전에서 행해지던 휴한법을 극복하고 상경법이 실시될 경우, 그것은 그만큼 농업생산물을 더 많이 생산해낼 수 있는 길이 되기 때문이었다. 한편 고려시대 농업기술은 대체로 12세기 이후에 수리시설·토지개간·신종자도입·경종법 변화·농학발달 등 여러 면에서 많은 발전을 이루어 나가고 있었다.

1) 산전(山田):- 산지에 위치한 토지.
2) 답분(踏糞):- 소나 말 등을 키우는 우리에 넣어둔 짚을 퇴비로 사용하는 방법.

12세기 이후 농업생산력의 발달

　농사에서는 무엇보다도 농작물이 성장하는 데 필수적인 물이 적절한 시기에 공급될 수 있어야 한다. 농작물에 물을 공급하는 수리시설은 이와 같이 안정적인 농사를 위해서 중요하고, 또 수리시설 건설을 통해 농경지를 확대할 수도 있다는 점에서 농사짓는 데 중요한 시설물이었다.
　예로부터 우리나라에서 사용된 수리시설 가운데 대표적인 형태는 제언(堤堰)이었다. 제언은 산 계곡에서 흘러 내려오는 물을 모아 저수하거나 평지를 파서 물을 저수하는 수리시설이었다. 고려시기에도 이러한 제언이 중요한 수리시설로 이용되고 있었는데, 특히 12세기 이후에 제언을 보수하거나 새롭게 건설하는 일이 활발히 이뤄졌다.
　고려시대 수리시설과 관련된 기록 가운데 고려 전기의 경우로는 현종대에 벽골제(碧骨堤)를 보수한 사례와 문종대에 남대지(南大池)를 보수한 사례 등 몇 가지의 사례밖에 찾아볼 수 없다. 고려시대 수리시설에 대한 기록은 거의 대부분 12세기 이후에 찾아볼 수 있다. 그만큼 12세기 이후 수리사업이 활발했음을 알 수 있다. 제언의 보수와 신축은 최정빈(崔正份)이 수축한 상주의 공검지(恭檢池), 김방경(金方慶)이 축조한 밀양의 수산제(守山堤)처럼 지방관 주도로 이뤄지기도 하였고, 명종 18년(1188)에는 중앙정부에서 제언을 수축하도록 명령을 내리기도 하였다.
　한편 12세기 이후 수리사업에서는 이전과는 다른 새로운 양상도 몇 가지 나타나고 있었다. 우선 그 특징 가운데 하나는 이전과 달리 소규모 제언이 많이 만들어졌다는 점이었다. 앞선 시기의 제언은 국가주도로 많은 인부를 동원하여 건설한 대규모 수리시설이었다. 예를 들어 신라 원성왕 6년(790)에 벽골제를 증축할 때에는 전주(全州) 등 7개 주(州)로부터 인부가 징발되고 있었다. 이처럼 규모가 큰 수리시설이 만들어짐에 따라, 수리시설을 둘러싸고 군현 사이에 갈등이 생기는 일도 있었다. 고려 때 공검지의 경우, 상주지역이 관개의 이익을 보고 있었지만, 실제로 공검지가 위치한 곳은 상주의 속현(屬縣)인 함창현(咸昌縣)이었다. 그런 까닭에 함창현은 농지가 많이 수몰되어 함창현 사람들의 피해가 컸다고 한다.

목은 이색의 「농상집요후서(農桑輯要後序)」
고려 말에 중국 원나라 농서인 『농상집요』가 전래되어, 이를 토대로 고려에서 『원조정본농상집요(元朝正本農桑輯要)』라는 이름으로 간행되었다. 이 농서는 공민왕 21년(1372) 지합주사 강시(姜蓍)의 주도하에 합천에서 간행되었고, 목은 이색이 편찬경위 등을 적은 「농상집요후서」를 썼다.

반면 12세기 이후에는 군현단위에서 독자적으로 추진할 수 있는 소규모 시설이 늘어나고 있었다. 이것은 그 동안 군현단위로 제언을 설치할 수 있을 만큼 일반민이 성장했음을 반영하는 것이기도 하였다. 국가가 주도하는 이전 시기의 대규모 수리사업과 달리, 소규모 단위로 이루어진 12세기 이후의 수리사업은 농민들 자신의 농업경영을 위한 자발적인 활동이었다.

이 시기에 만들어진 수리시설에서 나타나는 또 하나의 특징은, 연해안 저습지와 간척지를 개발하기 위한 수리시설이 만들어졌다는 점이었다. 예를 들어, 하거[1]·방천제[2]·방조제[3] 등이 새로이 만들어지게 되었다. 이러한 시설을 통해 연해안 저습지와 간척지가 개발되어 농경지를 조성할 수 있었다.

이 시기에 저습지가 개발되어 나간 모습은 양주(양주 : 경남 양산)의 경우에서 잘 살펴볼 수 있다. 양주의 토지는 낙동강 하류지역에 위치하여 가물면 곡식이 익지만 비가 오면 농사를 망친다는 말이 나올 정도로 저습지대였다. 이 곳에 이원윤(李元尹)이 수령으로 부임하게 되었는데, 그는 주민을 동원하여 도랑을 깊이 파는 등 특별한 노력을 기울여 토지를 개간하였다고 한다.

이와 같이 12세기를 전후한 시기부터 저습지와 연해안이 개발되어 나가면서 농경지가 그만큼 확대되어 나갔다. 그런데 이처럼 저습지와 연해안지역 등 저지대로 토지가 개간되어 나간 추세는 고려 전기에 이뤄진 토지개간의 모습과는 조금 다른 것이었다. 왜냐하면 고려 전기에 토지개간은 대체로 산전을 중심으로 이뤄졌기 때문이다.

고려정부는 건국 초기부터 농경지를 확대해 나가기 위해 노력하고 있었고, 광종 24년(973)과 예종 6년(1111)에는 진전에 대한 개간을 독려하는 조처도 취하고 있었다. 그런 가운데 고려 전기에는 산전을 중심으로 토지개간이 이뤄졌는데, 그러한 사실은 전시과제도를 통해 지급된 시지가 개간을 전제로 지급된 것이었던 점을 통해서도 엿볼 수 있다. 그래서 인종대에 고려에 다녀간 송나라 사신 서긍(徐兢)은 고려에는 "큰산과 깊은 골이 많아 험준하고 평지가 적기 때문에 밭들이 산간에 많이 있는데, 그 지형의 높고 낮음에 따라 만들었으므로 갈고 일구기가 매우 힘들고, 멀리서 바라보면 사다리나 층계와도 같다"라고 표현하고 있었다. 이는

> 1) 하거(河渠) :- 도랑을 파서 제언의 물을 멀리 수송하고 저습지에 고인 물을 빼는 시설.
> 2) 방천제(防川堤) :- 하천의 범람을 막고 하천으로부터 물을 끌어들이는 시설.
> 3) 방조제(防潮堤) :- 바닷물의 유입을 막는 시설.

고려 전기에 산전이 많이 개발되고 있었던 사실을 알려준다.

그러나 이와 달리 12세기 이후 저습지와 연해안 지역이 새로이 개간되어 나가면서 이제는 토지개간 상황에 대한 표현 또한 다르게 나타나고 있었다. 고려 말의 기록에 따르면, "압록강 이남은 대개 모두 산이고 비옥한 불역전[1]은 해안가에 있다"라고 표현하고 있었다. 이것은 그만큼 연해안 지역의 개발이 확대되어 나갔던 사정을 드러내는 것이라고 할 수 있다.

이와 같이 12세기 이후 수리시설이 확충되고 토지개간이 확대되면서 농사방법에도 발전이 이뤄졌다. 먼저 이 시기에 이르러 새로운 품종의 볍씨가 도입되어 농업발전에 기여할 수 있었다. 12세기 이후에 중국 강남지역으로부터 도입된 새로운 볍씨 종자로서 점성도(占城稻)와 선명도(蟬鳴稻)가 있었다. 점성도는 한발과 저습에 강한 벼 종류로서 연해안 저습지 및 산간의 척박한 경지에서도 재배가 가능하여 고려 후기 농경지 확대에 큰 역할을 하였을 것으로 생각되고 있다. 그리고 선명도는 조도[2]의 일종인데, 이와 같은 조도의 도입은 기후조건상 조도를 재배하는 것이 필요하였던 북부지방에까지 벼재배를 확대시키는 역할을 하였을 것으로 생각되고 있다.

그리고 수리시설의 확충과 더불어 벼재배 기술에도 변화가 이뤄지고 있었다. 대체로 고려 전기까지는 수경직파법[3]과 건경직파법[4]이 행해지고 있었다. 특히 건경직파법은 파종할 때 봄가뭄이 심한 우리나라의 특수한 환경에서 나온 농법이었는데, 수리시설이 그다지 구비되어 있지 못한 당시로서는 널리 행해진 농법이었다.

그러나 점차 수리시설이 확

> 1) 불역전(不易田) :- 해를 거르지 않고 매년 농사짓는 토지.
> 2) 조도(早稻) :- 만도(晚稻)에 비해 일찍 파종하고 일찍 수확하는 볍씨 종류.
> 3) 수경직파법(水耕直播法) :- 볍씨를 물이 있는 상태에서 파종하는 방법.
> 4) 건경직파법(乾耕直播法) :- 마른땅에 파종하고 밭작물처럼 재배하다가 비가 올 때 일반 벼와 같이 재배하는 방법.

충되어 나가면서 수경직파법이 확대되어 나갔다. 그리고 고려 말에는 일부 지역에서 이앙법(移秧法)도 행해지기 시작했다. 이앙법은 못자리에서 볍씨의 싹을 틔워 논에 옮겨 심는 벼농사 방법이다. 이 방법은 잡초를 제거하고 종자를 절약할 수 있는 유리한 점이 있지만, 수리시설이 마련되어 있지 못할 경우 사용하기 어려운 농사방법이었다.

그런데 고려 말 관료인 백문보(白文寶)는 농업생산을 늘리기 위한 방안을 왕에게 건의하는 가운데 농민들에게 하종(下種) 즉 직파법과 삽앙(揷秧) 즉 이앙법을 겸하게 하여 한발에 대비하고 종자의 낭비를 방지할 것을 건의하고 있었다. 그리고 당시 기록에 "비가 오지 않아 농가에서 이앙을 못해 많은 사람들이 굶주렸다"는 기록이나 "들녘에서 이앙가(移秧歌)가 울려 퍼지고 있다"는 시구가 남아 있다. 이러한 사실을 통해 살펴볼 때 이앙법이 일부지역에서 이미 보급되기 시작했음을 알 수 있다.

이처럼 고려 후기 농업에서 여러 가지 변화된 모습이 나타나면서 농학(農學)에 대한 이해도 점차 깊어져 갔다. 현재 고려시대에 독자적으로 만들어진 농서가 남아 있지 않지만, 고려 후기에 이르러 나름대로 농학의 발전 또한 이뤄졌을 것으로 생각되고 있다. 즉 12세기에 중국의 양잠서(養蠶書)인 『손씨잠경(孫氏蠶經)』이 이두로 번역되고, 또 14세기에는 중국 원나라 농서인 『농상집요(農桑輯要)』가 고려에서 간행되었다. 이것은 중국 농서를 단순히 도입한 것이 아니라 고려의 실정에 맞게 수용한 것을 의미하는 것이었다.

이와 같이 중국 농서를 고려의 실정에 맞게 수용하는 단계를 거쳐, 그 후 조선시대에 들어와 15세기에는 『농사직설(農事直說)』과 같은 우리나라 독자적인 농서가 출현할 수 있게 되었던 것이다.

농업생산력 발달의 결과

고려시대의 농업기술은 12세기 무렵 이후 여러 가지 면에서 발전된 모습이 나타나고 있었다. 수리시설이 확충되고, 토지가 더 많이 개간되며, 새로운 볍씨가 도입되는 가운데 이전보다 더 많은 농산물을 생산할 수 있었다. 이것은 어쩌면 이제 농민들의 생활이 개선되고 삶이 더욱 풍요롭게 될 수 있는 조건이 마련되었음을 의미하는 것이었다. 그러나 현실은 농민들의 뜻대로 움직여 주지 않았다.

12세기 이래 농업생산력의 발달 결과 생산되는 양이 많아지자, 국가와 지배층은 늘어난 수확물 이상으로 더 많은 조세를 걷는 등 오히려 착취를 강화하였다. 더군다나 이어진 원 간섭기 상황 속에서 원나라에 의해 공물이 강제로 수탈되고, 또 국가권력이 이완된 가운데 여러 가지 불법행위가 자행되면서 일반 백성의 고통은 가중되고 있었다. 왕실·권세가·부강한 양반 등 힘있는 자들은 토지를 강제로 빼앗아 거대한 농장을 만들었다.

고리대도 백성들을 착취하는 데 한몫 했다. 농업생산력의 발달로 농민의 삶이 개선되기는커녕 오히려 곤궁해지게 되었던 것이다. 12·13세기는 농업생산력이 발달한 시기임과 동시에 농민·천민의 항쟁이 빈번하게 발생하고 있었던 시기인 것도 이러한 상황과 관련된 일이었다.

이정호

고려 때 토지의 넓이는 어떻게 나타냈을까

넓은 토지의 단위 정·전정

고려는 농업이 중심인 사회였다. 그러므로 기본적인 생산수단이 되는 토지가 가장 중요시되게 마련이었다. 이와 관련하여 토지의 넓이와, 그것을 나타내는 단위가 관심을 끄는 주제의 하나가 되는데, 당시에 사용된 그러한 용어는 결부(結負)와 정(丁)·전정(田丁)이었다.

이 가운데에서 정은 우리들이 보통 장정(壯丁)·인정(人丁)이라고 할 때처럼 흔히 사람을 일컫는 말이었다. 고려 때의 제도로는 "백성이 나이 16세에 이르면 정이 되어 국역(國役)을 지며, 60세에 이르면 노(老)가 되어 역을 면했다"고 했듯이 정은 16세부터 59세까지 나라에 일정한 역을 담당하는 연령층을 의미하였다.

그런데 고려에서는 한편으로 정이 이와 달리 토지의 넓이를 나타내는 말로도 쓰이고 있었다. 그 대표적인 예의 하나가 고려 말기인 공양왕 때에 과전법을 제정하면서 토지를 측량하여 면적을 계산해 정을 만들고 그 각 정에는 천자문에 따라 '천자정(天字丁)'·'지자정(地字丁)'과 같은 자호(字號)를 붙여 전적(田籍)에 실었다는 것이다. 당시에는 아라비아 숫자가 사용되지 않았던만큼 천자문의 글자 순서에 의해 그것을 나타내 '천자정'은 '1번 토지'·'지자정'은 '2번 토지'의 의미로 쓴 것이라 하겠다.

이와 같이 정이 어떤 때는 사람, 어떤 때는 토지를 뜻하기도 했으므로 혼란이 일어날 수밖에 없었을 것이다. 이를 방지하기 위해 사람을 의미할 때는 그 앞에 '인(人)'자를, 토지를 의미할 때는 '전(田)'자를 넣어 인정・전정이라 씀으로써 양자를 구분했던 것 같은데, 그 같은 구분을 하지 않고 그냥 '정'으로만 표기된 경우에는 해석에 여러모로 어려움을 겪게 된다.

어떻든 정 즉 전정은 토지를 의미하는 말로서, 고려 때는 나라에서 일을 보는 양반 등에게 토지를 나누어주거나 측량 및 조세수취의 단위 등으로 기능하였다. 아마 역사자료에 가끔 나오는 족정(足丁)과 반정(半丁)이라는 용어는 전정의 이런 기능과 관련하여 생겨난 게 아닐까 한다. 즉, 토지분급이나 수세단위로서의 전정이 규정된 액수에 충족되는 것이었을 때는 족정이 되고, 미달인 것은 반정이라고 했다는 이해이다.

고려 말인 공민왕 5년(1356)의 한 기사에 "전 17결을 1족정으로 삼아 군인 1정에게 지급하라"고 한 교서가 전해지는데, 이로 미루어보아 1족정은 토지 17결의 넓이가 아니었을까 짐작된다. 그것을 군역을 지는 군인 1정에게 분급토록 하라는 국왕의 명령인 것이다. 그러니까 반정은 그 절반 정도의 토지면적을 가리키는 말이었다.

결부제와 경무제

결・부는 전정보다 훨씬 작은 토지면적을 나타내는 단위였다. 우리나라에서 이 결부제(結負制)가 이용된 것은 신라 때부터의 일인데 고려조에 들어와서도 가장 널리 쓰였던 것이다. 그런데 결부제는 원래 토지의 면적과 함께 거기에서 얻을 수 있는 수확량을 2중으로 표시하는 독특한 계량법이었다. 다시 말하면 곡화(穀禾 : 벼)의 수량을 기준으로 하여 그 곡화 1악(握)을 1파(把 : 한 줌)라 하고, 10파를 1속(束 : 한 단)이라 하며,

다시 10속을 1부(負) 또는 1복(卜: 한 짐), 100부를 1결이라 하여 곡화의 수확량을 표시하는 단위인 동시에 그만한 수확량을 산출할 수 있는 토지의 면적을 의미하기도 했던 것이다. 고려에서 결부제가 이와 같이 이중의 의미로 쓰이는 것은 이어서 설명하듯이 후기부터의 일이다.

그렇다면 결부제가 처음에는 어떤 성격의 것이었을까? 이 결·부·속을 단위로 하는 결부제에 상대되는 것이 경(頃)·무(畝)·보(步)를 단위로 하는 경무제(頃畝制)인데, 그것은 고정된 면적만을 표시하는 계량법이었다. 경무제가 단순한 면적표준인 데 비해 결부제는 수확표준·수세표준인 동시에 면적단위도 겸한 이중적인 것이었던 셈인데, 신라나 고려 전기까지만 하여도 이 양자의 기능은 동일했던 것 같다. 당시에는 결·부도 경·무와 마찬가지로 단순한 토지면적의 단위였다고 이해되는 것이다. 이는 기록에 두 종류의 단위가 함께 섞여서 쓰이고 있는 것으로 미루어 충분히 짐작할 수가 있다.

본문에 의한 조액(租額)과 생산고

토지종목	품 등	조 액	생산고
수전(水田)	상등전	3석 11두 2승 5홉	15석
	중등전	2석 11두 2승 5홉	11석
	하등전	1석 11두 2승 5홉	7석
한전(旱田)	상등전	1석 13두 1승 5홉 5작	7.5석
	중등전	1석 5두 6승 2홉 5작	5.5석
	하등전	13두 1승 2홉 5작	3.5석

세주(細註)에 의한 조액(租額)과 생산고

토지종목	품 등	조 액	생산고
수전(水田)	상등전	4석 7두 5승	18석
	중등전	3석 7두 5승	14석
	하등전	2석 7두 5승	10석
한전(旱田)	상등전	2석 3두 7승 5홉	9석
	중등전	1석 11두 2승 5홉	7석
	하등전	1석 3두 7승 5홉	5석

또 성종 11년(992)에 1결당의 공전조(公田租)를 4분의 1씩 내도록 정하면서, 전품(田品)을 상·중·하로 나누고 그 전품에 따라 조(租)의 수취량을 달리하는 차액(差額)수조의 형태를 취하고 있다. 그 내용을 도표로 소개하면 앞의 표와 같다.

 만약에 당시의 결부가 후대에서와 같이 전품이 기름지고 메마름에 따라 그 면적의 넓고 좁음에 차이를 두는 제도였다면 저와 같은 차액수조의 형태를 취했을 까닭이 없다. 이 때에는 단일양척제(單一量尺制)로서 결의 넓이를 고정시켜 놓고 전품에 따라 수조액에 차등을 두는 동적이세(同積異稅)의 제도였던 것이다.

 그렇다면 고정되어 있는 그 1결의 넓이는 도대체 얼마나 되는 것이었을까? 위에 제시한 성종 11년의 4분의 1 공전조율(公田租率)에 의거해 계산한 생산량이 수전 즉 논의 경우 상등전은 15석 내지 18석, 중등전은 11석 내지 14석, 하등전은 7석 내지 10석이며, 한전 즉 밭은 그 절반이거니와, 쉽게 생각하면 1결은 이 만한 소출을 내는 일정한 면적이었다고 할 수 있다.

 하지만 문제가 그렇게 간단치만은 않다. 고려 때 사용되던 석[石:섬] 내지 두[斗:말] 등과 우리가 얼마 전까지 썼던 '섬' 또는 '말' 등의 단위가 같지 않았기 때문이다. 고려 당시의 한 섬·한 말과 우리가 알고 있는 한 섬·한 말 등과의 사이에는 분량에 커다란 차이가 있었던 것이다. 그런데 불행스럽게도 현재 우리들로서는 그 둘 사이의 대비율을 알 수가 없다. 따라서 고려 때의 상등전 논 1결에서 거두었다는 15~18석이 지금의 석으로 얼마나 되는지 짐작만 할 뿐 정확하게 계산해 내지 못하고 있는 실정이다.

 한편 고려의 역사를 기술한 『고려사』에 의하면 1결을 계산하는 방식이 문종 23년(1069)의 기사로 전해지고는 있다. 즉, 거기에 보면 1결은 방(方) 33보(步)로 되어 있는데 그 1보의 길이는 6척(尺), 1척의 길이는 10분(分), 1분의 길이는 6촌(寸)으로 정하고 있다. 여기에서 우리는 당시까지도 단일양척제(單一量尺制)를 쓰고 있었다는 사실과 1결의 넓이는 1,089평방 보였다는 점 등을 알 수 있다.

그런데 이번에도 실제의 넓이를 계산하는 데는 난관이 따른다. 모척(母尺)=기준척이 되는 6촌이 어떤 양척(量尺: 자)이었던가를 알 수가 없기 때문이다. 종래 이것은 중국 주(周)나라의 자(尺: 주척)이었을 것으로 이해하기도 했으나 확인은 되지 않고 있다. 그러므로 현재 1결의 넓이는 연구하는 사람에 따라서 각양각색으로 나오고 있다. 역시 이 방법을 통해서도 아직까지 1결의 넓이를 분명하게 알기는 어려운 실정이라 하겠다.

단일양척제에서 수등이척제로

고려 전기까지는 위에서 설명한 것처럼 길이가 같은 하나의 자[尺]를 써서 토지를 계량하여 결의 넓이를 일정하게 고정시켜 놓고 토지의 비척, 즉 기름지고 메마른 정도에 따라 상·중·하로 나누어 비옥한 토지에서는 많은 조세를 거두고, 척박한 토지에서는 조세를 적게 거두는 동적이세제였다고 했는데, 이러한 제도가 언제인가는 잘 알 수 없지만 고려 후기 내지 말기에 접어들어 크게 바뀌고 있다. 이제는 토지의 품등에 따라서 자의 길이를 달리하는 수등이척제(隨等異尺制)가 적용되어 결부제의 내용에도 큰 변화가 일어났던 것이다. 이 때부터는 그 전과 반대로 1결에서 내야 하는 조세액을 고정시켜 놓고 대신에 전품에 따라 토지를 재는 자의 길이를 달리하여 1결의 면적을 조절하였다. 즉, 비옥한 토지에는 길이가 짧은 자를 적용하고 척박한 토지에는 길이가 긴 자를 적용하여 전품의 비옥도에 따라서 같은 1결이라 하더라도 넓고 좁음에 차이를 두었던 것이다. 조세 면에서 보면 동적이세제에서 이적동세제(異積同稅制)로 바뀐 것인데, 결부제 원래의 내용, 즉 단순한 면적표준만이 아니라 수확표준·수세표준에도 중점을 두는 제도로의 전환이었다고 하겠다.

이 수등이척제에서 채택한 양전척(量田尺)은 지척(指尺)이었다. 『조선세종실록』에 보면 전품을 상·중·하 3등으로 구분하고 장년농부의 수지(手指:손가락)를 표준으로 삼아 상전척은 20지, 중전척은 25지, 하전척은 30지를 각각 1척으로 계량한다고 하였는데, 이것이 곧 지척의 내용이 되었다. 그런데 여기서도 해석상에 문제가 있었다. 손가락(指)을 표준으로 삼는다고 하였지마는, 그 손가락에 대한 구체적인 설명이 없어서 길이를 말하는지 또는 다른 어떤 부분을 의미하는지 알 수가 없기 때문이었다.

그러므로 이 문제를 둘러싸고서도 연구자 사이에 의견이 엇갈려 있는데, 대체적으로 그것은 손가락 마디의 횡폭(橫幅), 즉 가로 길이를 재어 자의 길이로 삼았다고 보고 있다. 게다가 장년농부의 손가락은 사람에 따라 크기가 다르다는 문제 등이 있는 데서 생각되듯이 지척은 원시적인 면이 많은데, 하지만 어떻든 상등전·중등전·하등전의 길이가 20 : 25 : 30 = 4 : 5 : 6의 비율로 되어 있었다는 점만은 분명하다.

고려 말인 공양왕 때 공포된 과전법에서는 조세가 일률적으로 논은 1결당 조미(糙米) 30두, 밭은 1결당 잡곡 30두로 정해지고 있다. 이것은 이미 수등이척제가 확립되어 결부제의 내용이 이적동세로 바뀌어 있었기 때문에 가능한 것이었다. 그 뒤 이 제도는 조선조에서도 그대로 이어져 사용된다.

고려 전기보다는 후기에 비료를 주는 법과 같은 농업기술이 발달하면서 단위면적당 수확량이 많아지게 되었다. 이것은 더 말할 필요도 없이 토지의 비옥도가 높아지고 있다는 말과 통하는 이야기이다. 그렇다면 그 토지의 비옥도에 따라 면적의 넓고 좁음을 조절하던 제도하에서 나라의 전체 결수는 늘어나게 마련이다. 수확량이 많아질수록 1결의 넓이는 좁아지게 마련이었기 때문이다. 이렇게 나라의 전체 결수가 많아지면 당연히 국가의 조세수입도 늘어나게 된다. 수등이척제에 따라 결부제의 내용이 변화된 이면에는 이와 같은 비밀이 담겨져 있었다.

박용운

고려왕조를 지탱하는
뼈대는 농민

고려시대 조세는 군현단위로 징수되었으며, 그 내용은 크게 조(租)·용(庸)·조(調) 3세(稅)로 구성되었다. 조(租)는 토지수확물 가운데 일부를 내는 것이고, 용(庸)은 국가나 지방의 토목공사 등에 노동력을 무상으로 바치는 것이며, 조(調)는 각 지방의 특산물을 바치는 것이다. 이들을 총칭해서 부르면 삼세(三稅)라고 한다.

누진세율이 적용되지 않았던 '토지세'

오늘날 우리는 흔히 세금이란 단어를 '조세(租稅)'란 말로 바꾸어 말한다. 그러나 전근대 사회에서 조세란 조금 다른 뜻으로 사용되었다. 전근대 사회에서 조세는 오늘날처럼 국가에 내는 세금 전체를 총칭하는 용어로 쓰이기도 했지만, '토지세'라는 한정된 의미로 사용되는 경우가 일반적이었다. 좀더 깊게 조세란 단어를 추적해 보면, 조와 세는 서로 다른 개념을 지닌 합성어임을 알 수 있다. '조'는 토지의 소유주가 국가 또는 국가가 지정한 개인[개인 수조권자]에게 내는 세금으로 '전조(田租)'라고도 한다. 그에 비해 '세'는 개인 수조권자가 자신이 받은 전조의 일부를 다시 국가에 내는 세금을 의미한다. 이처럼 조세는 서로 다른 개념을 지닌 용어지만, 국가 재정에 있어 의미있는 세금은 그 중에서도 당연 '조' 즉 '전조'였다.

토지의 소유주가 국가나 개인 수조권자에게 바치는 전조는 전체 수확물의 몇 퍼센트를 차지했을까? 그 세율에 대해서는 4분의 1이니 10분의 1이니 하는 학설이 있지만, 현재는 10분의 1설이 좀더 유력시되고 있다. 10분의 1설에 따르면 토지소유주는 농토에서 나오는 총수확물의 10분의 1만을 국가 또는 국가가 지정한 개인 수조권자에게 바치면 된다.

현재의 '근로소득세율'을 기준으로 따져보면 10분의 1세는 그렇게 심한 고율이라고 할 수 없다. 농토를 소유한 농민의 입장에서 보면 전체 수확물의 10분의 1을 '조세'로 바치면 나머지 90%는 온전히 자신의 몫이 되기 때문이다. 그러나 이 문제는 그렇게 섣불리 판단하고 넘어갈 성질의 것은 아니다. 그 내용에 좀더 깊이 들어가 보면, 우리는 곧바로 여러 문제점을 발견할 수 있다.

우선 주목되는 문제는 전조에 누진세율이 적용되지 않았다는 점이다. 복지국가를 지향하는 오늘날 대부분의 나라에서는 부자에게는 상대적으로 높은 세율을, 가난한 사람에게는 낮은 세율을 적용하는 누진세가 합리적이며 균등한 세제라고 여기고 있다.

그런데 고려는 그런 세제를 적용하지 않고, 다만 전국의 모든 사유지에 똑같은 세율 즉 10분의 1세를 적용하였다. 국가에서는 1결을 소유한 농민에게나 1천 결의 토지를 소유한 귀족에게나 '균등하게' 수확물의 10분의 1을 거두어갔다. 그 경우 귀족은 1천 결 토지에서 수확물의 10%만을 세금으로 내고 나머지 90%로 여유로운 생활을 할 수 있었겠지만, 1결을 소유한 농민은 전체 수확물로도 먹고 살 수 없었는데 그 가운데 10%를 세금으로 내야 했던 것이다. 따라서 10분의 1세인 전조는 소유토지가 적으면 적을수록 더욱 고율로 느껴지는 불평등한 세제였다고 할 수 있다.

다음으로 주목되는 것은 전조의 운영이 토지에 대한 농민의 소유권을 불안하게 만드는 요소가 있다는 점이다. 오늘날 자신의 노동으로 번 돈이나 정당한 매매행위를 통해 구입한 물품에 대해 국가에 일정한 세금을 냈다면, 그에 대한 소유권은 누구도 침해할 수 없는 것으로써 국가의 보호를 받고 있다. 만약 우리가 정당한 가격을 지불하고 연필 한 자루를 소유하게 되었다면, 다른 사람에게 그 연필을 양도하지 않는 한 우리의 소유권을 누구도 침해할 수 없는데, 이것을 '배타적 소유권'이라고 한다. 그런데 전근대 사회의 사람들에게는 사실 배타적 소유권의 개념이 부족했다. 다시 고려시대의 농민으로 돌아가면, 자신이 소유한 토지에조차 국가권력이나 타인이 개입할 여지가 많았다.

고려는 관직(官職)에 종사하는 관리에게 그 복무의 대가로 전시과라는 토지를 지급하였다. 이 때 전시과 명목으로 관리에게 지급된 토지는 국가 소유의 국유지가 아니라, 국가가 10분의 1세를 받고 있던 일반 농민의 소유토지가 그 주요대상이었다.

토지의 소유자인 농민의 입장에서 보면 국가에 10분의 1을 내던 세금을 국가가 아닌 개인 수조권자에게 내면 되기 때문에, 세금납부 절차상의 차이만 있을 뿐 별다른 문제가 생길 것 같지 않지만 사실 굉장한 차이가 생기게 된다. 국가에 10분의 1을 낼 때는 그 세금만 내면 별 문제가 없었지만, 자신의 토지가 관리에게 수조지[1]로 넘겨졌을 경우 그 관리의 간섭을 피할 수 없게 된다. 그것은 고려가 신분제 사회였기 때문에 가능한 일이다.

토지소유 농민은 대부분 양민(良民)이었음에 비해 수조권자는 귀족이나 양반신분에 해당하는 사람이었기 때문에, 양민인 농민은 그들의 간섭을 막을 수 없었다. 수조권자가 10분의 1로 받는 자신의 수조액 양을 늘리기 위해서 신

1) 수조지(收租地) :- 관직자에게 조를 걷는 권리를 준 땅.

분적 우위를 이용하여 농민의 농사일에 일일이 개입하여 더 많은 수확물을 내게 하려고 했기 때문이다. 이런 점에서 당시 국가에서 토지의 실제 소유자는 '전호(佃戶)'라 하고 개인 수조권자를 '토지의 소유주'라는 뜻을 지닌 '전주(田主)'라고 불렸던 점은 매우 의미심장하다.

수조권자의 경영간섭을 받는 상황에서 당시의 농민들은 자신의 소유토지에서조차 소유권을 제대로 행사하기 어려웠다. 그런데 문제는 전시과의 점유가 실제로 1세대에서 끝나지 않았다는 점이다. 원래 전시과의 지급은 관직복무에 대한 대가로 지불되었으므로, 관직생활을 그만두면 국가에 반납하는 것이 원칙이었다.

그러나 많은 관직자들은 한번 받은 전시과를 국가에 반납하기를 꺼렸고, 국가의 행정력이 점차 이완되기 시작하면서 전시과를 불법적으로 여러 세대 동안 차지하는 경우가 생기기 시작하였다. 그렇지 않아도 농민은 자신의 소유토지에 대해 제대로 소유권을 행사하지 못하고 있었는데, 관직자와 농민의 이런 관계가 여러 세대 동안 지속된다면 소유권은 오히려 전도될 수도 있는 것이다.

실제 그런 상황이 고려 후기에 이르면 점차 많이 발생했다. 귀족집안에서 불법적으로 수조권을 점유하고 있는 것에 대해 국가에서 문제를 삼으면, 그 집안은 '이 땅은 나의 할아버지의 할아버지 또 그 할아버지 때부터 계속 소유하고 있던 토지'라고 우기면 큰 문제가 되지 않았다. 국가권력까지 배제하며 그 토지 [원래는 농민의 소유토지이며, 귀족의 수조지였던 토지]를 점유하고 있던 상황에서 실제 소유주인 농민이 제대로 소유권을 행사할 수 있었을까? 심지어 농민의 소유토지에 전주(田主)가 5~6명에 이르게 된 경우도 있었다. 한 농민의 소유지에 여러 명의 관직자들이 각각 자신의 수조지라고 주장하면서 매년 10분의 1조를 거두어갔고 농민은 그냥 넋 놓고 그런 불이익을 당할 수밖에 없었던 것이다.

한편 국가에서 전조의 수취를 군현단위로 하였다는 점에서도 폐단이 개입될 여지가 많았다. 전조는 원칙상 소유한 토지결수에 따라 그 수확물의 10%만 내면 되었지만, 국가는 수취의 편의를 도모하기 위해 군현단위로 전조를 수취하게 하고 수령에게 그 책임을 맡겼다.

그런데 이런 방식의 수취구조는 군현의 유력자가 자신의 권력과 신분을 무기로 자기 몫의 전세를 내지 않으면 문제가 발생한다. 오늘날의 세금징수는 국가[국세청]와 개인 사이의 문제이기 때문에, 어떤 한 개인이 세금을 내지 않을 경우 그에 대한 불이익은 그 개인에게만 부과된다. 그러나 고려에서는 군현단위로 전세의 총액을 정했기 때문에 그 군현의 한 사람이 세금을 내지 않을 경우 그 부족분은 다른 사람이 채워야 했다. 즉 그 군현의 힘없는 백성들에게 그 책임이 전가되었던 것이다.

결국 고려 토지세의 법정세율은 10%에 불과했지만, 누진세율이 적용되지 않았기 때문에 적은 양의 토지를 소유한 농민의 입장에서는 상당한 고율로 느꼈다고 할 수 있다. 그 징수과정을 살펴보면, 자신의 토지가 개인수조지로 편입되었을 경우 수조권자와의 신분적 상하관계로 인해 실제농민의 부담은 10%를 훨씬 상회하는 경우가 많았으며 권세가들은 경우에 따라서 자기 몫의 전조를 내지 않아 같은 군현에 거주하는 일반 백성들이 그들의 몫까지 떠안아야 하는 폐단이 발생하기도 했다.

열심히 농사를 지어봤자 수확물의 대부분을 세금으로 내야만 했던 고려 백성의 참담한 모습을 잘 표현한 것이 이규보의 시이다.

  힘들여 농사지어 군자를 봉양하니,
  그들을 일컬어 농부라 하네.
  알몸을 얇은 베옷으로 가리고는,
  매일같이 얼마만큼 땅을 갈았던가.

벼싹이 겨우 파릇파릇 돋아나면,
고생스럽게 호미로 김을 매지.
풍년들어 많은 곡식 거두어도,
한갓 관청 것밖에 되지 않는 다오.
어쩌지 못하고 모조리 빼앗겨,
하나도 소유하지 못하고.
땅을 파서 부자를 캐먹다가,
굶주림에 지쳐 쓰러진 다오.

[『동국이상국집』]

정세(正稅)보다 더욱 무거웠던 부가세

지금까지 살펴본 전조는 원칙상으로는 신분과 상관없이 모든 토지소유자에게 수확물의 10%를 내게 했다는 점에서 어느 면에서는 '조세평등'의 원칙에 서 있었다고 할 수 있다. 토지를 많이 소유한 사람은 그만큼 많은 세금을 내야 했고 토지를 소유하지 못한 사람은 원칙상 세금을 낼 필요가 없었기 때문이다. 그에 비해 '용(庸)'과 '조(調)'로 표현되는 요역과 공물은 세금을 부담해야 할 사람들의 경제력을 고려하지 않는 '무차별한' 징수였다는 점에서 불평등한 세제라고 할 수 있다.

공물도 역시 군현단위로 징수되었다. 국가에서 군현단위로 공물액수를 정할 때 원칙적으로 각 군현의 토지결수와 호구수 즉 군현의 경제력이 고려되었으며, 또한 공물이란 본래 각 지역의 특산물을 거둔다는 의미에서 비롯된 것이기 때문에 해당지역에 그 특산물이 생산되는지 여부를 염두에 두지 않을 수 없었다.

군현의 경제력과 특산물 유무여부를 기준으로 공물액수를 정했기 때문에, 공물은 언뜻 보기에는 나름대로 합리적이며 균등한 수취방식인 것처럼 보인다. 그러나 공물을 직접 부담해야만 했던 농민의 입장에서 보면 여러 면에서 공물수취는 불평등하게 운영되었다고 할 수 있다.

우선 공물의 수취과정을 살펴보자. 각 군현에 정해진 공물은 그 하부 행정조직인 촌락에 거주하고 있는 농민에게 다시 분정(分定)되었다. 각 촌락의 촌정(村正)이 촌락내의 공물수취를 담당하였고, 이들에 의해 수납된 촌락의 공물을 군현의 창고에 집적하는 과정은 군현 향리의 몫이었다. 이 모든 과정은 수령에 의해 지휘 감독되었다. 그리고 각 군현에서 수집된 공물은 주로 육로를 통해 중앙의 해당 각 관청에 수송되었다.

공물수취는 백성에게는 여러 형태로 나타나고 있었다. 군현에 배당된 공물은 촌락의 각 호 단위로 현물로 직접 수취되는 것이 원칙이었지만, 향리들이 그밖에 다양한 방법으로 공물을 수취했다. 군현에 배당된 공물 대신 그 공물값에 해당하는 만큼의 포(布)를 민호(民戶)에게 징수하거나, 민호의 노동력 즉 공역(貢役)을 징발하여 해당공물을 생산·제조하여 납부하는 경우도 있었다.

이렇게 수취과정에서 다양한 방법이 동원될 수 있었다면 그만큼 그 과정에서 폐단이 생길 여지가 커지게 마련이다. 즉 공물 대신 포로 징수할 경우, 실제 공물가보다 더 많은 양의 포가 징수되기 쉬웠으며, 그 과정에서 생기는 차익을 차지하기 위해 선납(先納)이나 대납(代納)과 같은 방법이 이용되기도 했다.

공물이 공역의 형태로 수취될 경우, 그 지역의 권세가들은 으레 역의 징발에서 제외되었다. 결국 공물은 군현에 거주하는 모든 사람들에게 호(戶)단위로 징수되는 것이 원칙이었지만, 그 수취과정에서 양반·귀족·재지세력은 여러 방법을 동원하여 면세혜택을 받았다고 할 수 있다.

공물은 크게 상공(常貢)과 별공(別貢)으로 나뉜다. 상공은 그 액수가 정해져 매년 정기적으로 수취하는 공물이고, 별공은 매년 중앙에 납부해야 할 액수가 고정되지 않은 공물이었다. 일정한 액수가 정해진 공물인 상공만으로도 위에서 살펴본 것처럼 여러 작폐가 난무하여 결국 일반민들에게 그 부담이 집중되고 있었는데, 게다가 정해진 액수도 없고 정기적인 수취일자도 정해지지 않은 별공의 존재는 공물의 부담을 더욱 불균등하게 만들어주는 요소였다. 별공은 그때그때 국가나 각 관청의 수요에 따라 불시에 군현에서 징수되는 세목이었기 때문에, 그만큼 지방관이나 향리들이 중간에서 농간을 부릴 여지를 만들어 주었던 것이다.

따라서 공물의 폐단은 상공보다는 별공이 더 큰 문제였다. 성격상 별공은 정세(正稅)라기보다는 부가세나 임시세에 해당한다고 할 수 있다. 한 나라의 조세정책을 살펴보면 정세와 부가세 [또는 임시세] 가운데 가장 큰 비중을 차지해야 하는 것은 말할 나위없이 정세여야 하는데, 고려는 그렇지 않았다. 정세인 전세(田稅)·상공보다도 부가세의 성격이 강한 세목이 고려 백성에게 더 큰 고통을 안겨주었다.

중앙행정력이 이완되고 국가재정이 고갈된 고려 후기부터 부가세 항목이 더욱 추가되기 시작했다. 그 한 예가 바로 과렴(科斂)이다. 몽골과의 기나긴 전쟁을 끝낸 뒤 강화도에서 개경으로 환도한 고려왕조는 심각한 재정난에 부딪혔다. 이미 그런 상황은 어제·오늘의 일은 아니었다. 한참 몽골과의 전쟁을 치르고 있던 시기에는 왕실창고가 텅 비어 국왕이 끼니를 굶어야 했던 일도 있었기 때문이다.

그런데 몽골과 강화를 맺고 개경으로 돌아간 이후 국고는 이미 바닥을 드러냈는데 게다가 몽골과의 외교관계상 많은 재정지출이 예고되고 있었다. 기존의 정세가 제대로 수취되더라도 국가재정은 거의 여유가 없는 상태였는데, 오랜 전쟁 끝이었기 때문에 3세(稅)마저도 제대로 수취될 리 없었다. '급박한 재정적 수요와 바닥을 드러낸 국고'라는 상황에 새롭게 창출된 방안이 바로 임시부가세인 과렴이었다.

국왕이나 세자·공주가 몽골로 친조(親朝)해야 하거나 몽골사신이 고려로 올 경우 그 비용은 만만치 않게 소용되었고, 재원마련을 위해 고려조정은 관직자는 관품(官品)에 따라, 서울에 거주하는 사람들은 그들이 거주하는 집의 크기에 따라 임시세를 거두었는데 그것이 바로 과렴이라 불렸다.

원래 과렴은 일반 백성보다는 신분적으로나 경제적으로 상층을 점하는 사람들을 주요 과세대상으로 삼아 긴급한 재정적 수요를 충당하기 위해 마련된 임시세제였다. 그러나 계속되는 국가재정의 고갈과 급박한 재정적 수요로 인해 과렴과 같은 임시부가세제는 점차 여러 형태로 그 외형을 바꾸면서 일반 백성들도 그 과세대상에 포함시켜 나갔다.

무상으로 징발되는 노동력, 요역

요역은 국가에서 인간의 노동력을 무상으로 징발하는 세(稅)이다. 궁궐·관아·제방의 축조와 같은 국가적 토목공사나 세금을 서울로 수송하는 일에 노동력을 동원하는 것이 그 주요내용이다.

요역부담자는 정(丁)이라 불린 계층이었다.

백성의 나이 16세면 정이 되어 비로소 국역(國役)을 지며, 60세가 되면 노(老)가 됨으로써 면역(免役)되었다.
[『고려사』권79, 식화지 2 호구조]

요역은 호적(戶籍)에 기초하여 호(戶)마다 정(丁) 숫자에 따라 징발되었다. 따라서 원칙상 지배계층도 요역징발에서 예외일 수는 없었다.

실제로 유망민의 증가와 대규모 농장의 등장으로 노동력이 부족하게 된 고려 후기에 이르면, 국가에서 사람을 고용하는 비용을 마련하기 위해 양반의 호(戶)마다 곡물을 거두거나 양반 대신 그 집 노비의 노동력을 징발하거나 심지어 대역시킬 능력이 없는 경우 양반을 직접 요역에 동원하는 경우가 가끔 있기도 했다.

그러나 관인에 대한 요역동원은 임시방편적인 것이지 원칙적인 것은 아니었다. 관인 가족은 "서울에 거주하는 대소인원의 자제가 요역을 피하기 위해 본관(本貫)의 친척 호적에 올린다"라는 『고려사』의 기록에서 알 수 있듯이, 요역동원의 대상이었다고 할 수 있다. 다만 이들은 일반 백성들과 달리 역 대신 물납[1]을 허가받았으므로, 실제 요역을 담당하지는 않았다고 할 수 있다. 결국 요역 역시 그 운영과정에서 신분적 차등이 적용되는 세제였다.

요역이 백성에게 커다란 해가 된 것은 그 징발이 '무상'으로 이루어졌기 때문이다. 백성의 노동력을 부리면서도 그 노동의 대가를 지불하기는 커녕 '식사'조차도 제공하지 않았다. 게다가 토목공사 등에 필요한 재료나 연장도 백성들이 가져와야 하는 경우까지 있었다. "기와장이는 기와를 대고 나무꾼은 목재를 공급하였다. 톱질과 자귀질은 일없는 목수들을 모아 시키고 괭이질·삽질은 놀고 있는 사람들이 달려와서 일했다"라는 홍경원(弘慶院)의 건축과정을 묘사한 현종(顯宗) 때의 글에서 무상으로 이루어진 당시 요역동원의 실상을 여실히 엿볼 수 있다.

요역은 출역(出役)의 기간도 정해져 있지 않았다. 조선시대에는 풍년에는 30일, 흉년에는 20일을 원칙으로 하고 있었지만, 고려의 경우는 그런 규정이 남아 있지 않다. 70일 동안 계속 요역에 동원된 사례가 눈에 띄기는 하나 이것은 예외적인 경우이고, 대체로 출역기간은 조선과 마찬가지였을 것으로

1) 물납(物納):- 노동력 대신 포나 돈 등으로 납부하는 방법.

추측된다.

    다만 문제가 되는 것은 출역기간이 아니라 출역시기라고 할 수 있다. 백성들은 시도 때도 없이 요역에 동원되었다. 원래 덕치(德治)를 숭상하는 유교원리에서 백성의 노동력 동원에는 금기시되는 시기가 있었다. 농번기를 피하는 것이다. 그러나 고려는 농번기는 물론 전쟁중에도 백성들의 노동력을 동원하였다. 몽골과의 전쟁이 한창이었던 시기에 당시의 무인집정이었던 최이(崔怡)는 강화도에 자신의 집을 짓기 위해 옛 서울인 개경에서 재목을 실어오는 데 백성들을 요역 동원하였다. 이에 백성들 중에는 산으로 숨어 요역동원을 피하는 사람이 많았다고 한다. 적병(賊兵)이 아니라 요역동원을 피하기 위해 산 속으로 숨어 들어가야만 했던 것이다.

이정란

농자천하지대본

고려사회를 유지하는 토대는 농민과 농업

가을철 들판을 노랗게 물들이고 있는 곡식은 한 해 동안 농부가 흘린 소중한 땀방울의 결실이다. 그 덕택에 우리는 생활해 나가는 데 필수적인 의·식·주 가운데 식량의 대부분을 해결해 나가고 있다. 이처럼 농업이 우리 생활과 관련해 중요한 역할을 하고 있다는 점은 옛날이나 지금이나 마찬가지이지만, 우리나라 전통사회에서는 특히 그 중요성이 있었다.

농민에 의해 수확된 곡물은 농민 스스로의 생계를 위해 소비될 뿐만 아니라 그 가운데 일부는 나라에 조세로 납부되어 국가운영을 위한 바탕이 되었기 때문이다. 고려시대에 조세로 거둬진 곡물은 국가운영 경비인 국용(國用)과 왕실운영경비인 공상(供上), 관리들에게 지급되는 녹봉(祿俸), 군대를 양성하고 유지하기 위한 군수(軍需) 등의 비용으로 사용되었다. 농민들이 농사를 지어 거둔 수확물이야말로 고려사회를 유지하는 가장 중요한 토대였다.

그런 까닭에 고려정부의 입장에서도 이러한 농민과 농업을 보호하고 농업생산을 늘려나가기 위해 각종 조처를 취하고 있었다.

고려시대 농민들의 불안정한 영농조건

　고려시대 농민들이 농사를 짓는 데는 여러 가지 어려움이 있었다. 우선 빈번하게 발생한 자연재해가 농사를 피폐케 하고 농민의 생존을 위협할 정도로 많은 피해를 주고 있었다. 잦은 전쟁 또한 농사를 위협하는 커다란 원인 가운데 하나였다. 농사에 큰 피해를 주었던 자연재해로는 가뭄·홍수·우박·서리·병충해 등을 들 수 있는데, 당시 기록에 따르면 이러한 자연재해로 인한 피해는 고려시대 어느 왕대에서나 찾아볼 수 있을 만큼 자주 발생하고 있었다.
　자연재해·전쟁 등으로 피해를 입은 농민들은 기근·질병에 시달리다 못해 길가에서 굶어죽는 사례 또한 많았다. 심지어 심한 기근으로 사람이 죽었을 경우, 살아남아 있던 사람들은 이들에 대한 장례를 치를 여력조차 없었다고 하니, 이를 통해 당시 농민들이 자연재해로부터 입은 피해의 정도를 짐작할 수 있다.
　그러나 당시 농민들이 농사짓는데 지장을 받는 것은 이러한 자연재해뿐만이 아니었다. 농민들은 자연현상으로 인한 피해를 떠나서도, 국가에 대하여 조세(租稅)·공부(貢賦)·역역(力役) 등 각종 부담을 지고 있었기 때문에 이로부터도 농사에 지장을 받는 경우가 자주 있었다. 예를 들어, 농민들은 성곽·궁궐·도로 등 토목공사에 동원되는 요역(徭役) 때문에 농사시기를 놓치는 경우도 있었다. 더군다나 지방수령의 수탈을 비롯해 권세가의 토지겸병 등 불법행위가 자행되는 경우, 농민들은 농토를 떠나 유리걸식하거나 도적으로 변하기도 하였다.
　각종 재난으로 피해를 입은 농민들이 이를 극복하고 다시 농사에 종사할 수 있도록 하는 일은 농민들의 생계를 위하여 절실히 요구되는 사항이었다. 뿐만 아니라 그것은 국가재정의 측면에서도 매우 중요한

농사일을 묘사한 조선 후기 민화

일이었다. 일반 백성들은 조상 대대로 전해 내려오는 그들 자신의 경작지를 소유하고 있었고, 이러한 백성들의 사유지가 민전(民田)이었다. 백성의 대다수를 차지하고 있던 농민들이 민전을 소유한 주된 계층이었다.

그런데 고려 중앙정부에서는 이러한 민전에서 거두는 조세를 재원으로 각종의 재정지출이 이루어지고 있었던 것이다. 민전의 조세는 공상[1]·국용[2]·녹봉[3] 및 군수[4] 등의 재원이 되었다. 이러한 민전의 규모가 어느 정도였는지 정확한 것은 알 수 없지만, 국용과 녹봉을 마련하기 위해 대체로 20~30만 결의 민전이 책정되어 있었던 것으로 알려지고 있다. 이와 비교해 고려 말의 기록에 따르면 전국의 토지가 약 50만여 결 정도였다고 하니, 이러한 사실만 보아도 전체 국가재정에서 민전이 차지하는 비중이 압도적 다수였음을 짐작할 수 있다.

이와 같이 농민이 농사에 안정적으로 종사할 수 있도록 하는 일은 농민의 생계를 위해서나 국가재정의 측면에서도 중요한 일이었다. 그래서 고려 중앙정부는 농민과 농업을 보호하고 더 나아가 농업생산을 늘려나가기 위해 권농정책(勸農政策)을 실시하고 있었다.

지방관의 권농업무

고려시대의 주된 산업은 농업이었고, 또 농업을 통해 생산된 곡물은 국가운영의 토대였다. 때문에 고려의 역대 왕들은 건국 초기부터 권농에 깊은 관심을 가지고 있었다. 태조 왕건 역시 즉위 후 가장 먼저 취한 조처의 하나가 농사에 힘쓰도록 권장한 일이었다. 그리고 백성들이 내야 할 전조(田租)를 3년 동안 면제하여 농민을 보호하는 조처를 취하기도 했다. 또한 광종대에는 평농서사(評農書史)라든가 사농경(司農卿) 등의 관직명이 나오는 것을 보면 중앙정부에 권농을 담당하는 기구가 만들어져 있었던 것이 아닌가 생각되기도 한다. 그리고 지방제도가 정비되기 시작

1) 공상(供上) :- 왕실운영 경비.
2) 국용(國用) :- 제사·빈객접대 및 빈민구제 등에 소용되는 경비.
3) 녹봉(祿俸) :- 문무관료에게 지급하는 봉급.
4) 군수(軍需) :- 군대운영 경비.

단원 김홍도의 민화에 보이는 농민들의 모습

하는 성종대 이후에 이르러 권농정책은 대체로 지방에 파견한 수령을 통해 수행되어 나갔다.

성종 2년(983) 지방의 중요지역에 상주하는 지방관을 파견함으로써 지방에 대한 중앙정부의 통제력이 미치기 시작하면서, 농업을 보호하고 권장하는 여러 조처가 내려지고 있었다. 성종대에 고려왕조로서는 처음으로 국왕이 적전(籍田)을 경작하여 그 수확으로 신농과 후직에게 제사하는 의례를 거행하였다. 이것은 국왕이 직접 권농의 모범을 보임으로써 농사를 권장하기 위함이었다.

또 지방관에게 명령을 내려 농사철에는 모든 잡무를 정지하고 권농에 전념하도록 하였으며, 지방의 무기를 거두어 농기구로 제조하도록 했다. 지방의 무기를 농기구로 제조하는 조처는 지방세력을 견제하기 위한 목적도 있었지만, 다른 일면에서는 농사를 장려하는 의미도 지닌 일석이조의 조처라고 할 수 있었다.

고려시대 권농정책은 대체로 지방관을 중심으로 추진되었다. 문종 20년(1066)에는 지방에 파견된 관리의 장(長)으로 하여금 모두 권농사(勸農使)라는 직책을 겸직하게 하여 농업을 권장하도록 하기도 했다. 지방관은 그들이 수행해야 할 업무 가운데 권농업무가 중요한 사항의 하나로 되고 있었고, 지방에서 복무하는 동안의 업무성과를 평가받는 데 근거가 되었다. 우왕 원년(1375)에는 지방관의 업무를 평가하는 기준으로 5가지[1]를 마련하고 있었는데, 그 가운데 첫번째 항목이 권농과 관련된 업무였을 정도였다.

그 뒤 조선시대에는 수령의 업무가 수령칠사(守令七事)로 확정되기에 이른다. 여기서도 지방관이 수행해야 할 7가지 업무 가운데 첫번째 항목이 농사를 권장하는 일이었다. 고려 때 지방관으로서 권농업무를 게을리 하여 농사를 망쳤을 경우에는 그 직에서 쫓겨나는 등 중앙정부로부터 제재를 받았다. 반대로 권농업무를 뛰어나게 수행한 지방관은 좋은 평가를 받아 다른 관직으로 옮길 때 유리하도록 하는 한편 특별히 중앙정부에 보고되어 왕으로부터 찬사를 받는 경우도 있었다.

지방관을 통해 추진된 권농정책은 촌락의 향리층을 통해 촌락사회 내부로 파급되었다. 향리층이 권농업무에 관계하고 있었던 것은 한 해 농사의 작황을 조사하여 피해정도에 따라 조세를 감면해 주는 답험손실(踏驗損實) 과정에서 엿볼 수 있다. 고려 때 흉년이 들었을 경우, 가장 먼저 각 촌락의 우두머리인 촌전(村典), 즉 향리가 수령에게 보고하도록 되어 있었다. 보고를 받은 수령은 직접 그 피해 정도를 파악한 뒤 중앙의 호부(戶部)로 알리고, 이어서 호부는 다시 삼사(三司)에 보고한 뒤 그 지역의 안찰사(按察使)로 하여금 별원(別員)을 파

---

1) 지방관의 업무평가 기준 5가지 :- 토지를 개간하는 일, 호구를 증가시키는 일, 부역을 공평히 하는 일, 쟁송을 줄이는 일, 도적을 없애는 일.

견하여 피해정도에 따라 조세를 감면해 주었다.

농민과 농업을 보호하는 각종 시책들

그러면 고려시대에 중앙정부는 농민을 보호하고 농업생산을 늘려 나가기 위해 구체적으로 어떤 일을 하고 있었을까.

우선 고려정부의 입장에서는 각종 재난으로부터 피해를 입은 농민들이 다시 농사를 지을 수 있도록 농업기반을 조성하는 일이 시급히 해결해야 할 과제였다. 이를 위해 정부는 피해 농민들에게 식량과 곡식종자를 지급하고 있었다. 식량과 곡식종자는 창름(倉廩)·의창(義倉) 등 정부기관의 곡식창고에서 지급되기도 하고, 때로는 주변지역의 곡식을 피해지역으로 보내기도 했다. 이 때는 곡식 이외에 소금과 장(醬)을 지급하는 경우도 있었는데, 이것 또한 굶주린 백성들의 생존을 위해 지급된 것이었다.

아울러 피해농가가 다시 농사를 지을 수 있도록 농기구를 지급하고, 관청에서 소를 대여해 주기도 했다. 예를 들어, 현종대의 경우 거란족의 침입으로 피해가 많았던 흥화진[1]의 농가에 소가 없어 농사에 어려움을 겪자 관우(官牛)를 빌려주어 농경을 돕게 했다. 그리고 여진족이 우산국[2]에 침입하여 농사를 짓지 못하게 되자 이원구(李元龜)를 보내어 농기구를 지급하고 농사를 장려하기도 하였다.

그리고 농민들이 납부해야 할 조세를 감면해 주는 조처도 취해졌다. 조세 감면조처는, 왕이 즉위할 때나 중국으로부터 책봉을 받았을 때, 왕이 지방으로 순행했을 때 등 재난과 무관하게 내려지기도 했다. 아울러 가뭄·홍수·병충해

---

1) 흥화진(興化鎭) :- 지금의 의주 부근.
2) 우산국(于山國) :- 지금의 울릉도.

등 자연재해로 궁핍해진 농민들을 구휼하기 위해 조세를 감면해 주기도 했다. 성종 7년(988)에는 전국에서 한 해 농사의 작황을 호부(戶部)에 보고하도록 하는 한편, 자연재해로 농사에 피해를 입었을 경우 피해정도에 따라 차등을 두어 조(租)·포(布)·역(役) 등 농민들이 져야 할 부담을 감면하는 규정을 마련하기도 하였다.

대체로 이와 같은 조처들은 피해 농민의 자활을 돕기 위해 비상구급대책으로 실시한 진휼정책(賑恤政策)의 하나였다. 의창(義倉)과 같이 춘궁기에 농민에게 곡식을 나누어주었다가 추수기에 상환하도록 하는 기관을 설치한 것도 그러한 이유에서였다. 의창은 원래 태조 때부터 있어 왔던 흑창(黑倉)을 성종 5년(986)에 확대·개편하면서 이름을 바꾼 것이었다. 성종 12년(993)에 양경(兩京) 즉 개경 및 서경과 지방의 12목(牧)에 설치한 상평창(常平倉) 역시 농민의 안정을 도모하기 위해 설치한 물가 조절기관이었다. 풍년이 들어 곡물가격이 떨어지면 국가가 곡물을 사들여 저장하였다가 흉년이 들어 가격이 오르면 내다팖으로써 농민들의 안정을 도모했다. 이외에 동서대비원(東西大悲院)·혜민국(惠民局)과 같은 의료기관을 비롯해 제위보(濟危寶)·구제도감(救濟都監) 등도 빈궁한 농민을 위해 마련된 것이었다.

한편 농민이 농사짓는 데 방해를 받는 요소 가운데 하나는 잦은 요역동원으로 농사철을 놓치는 데 있었다. 이에 따라 정부에서도 농사철에 농민들이 농사에 지장을 받는 일이 없도록 지시를 내리곤 했다. 즉 지방관들에게 지시를 내려 농사철에는 일체의 잡무를 없애고 농사를 장려하도록 하거나, 삼시[1]를 빼앗지 않도록 특별히 지시를 내리기도 했다. 또 농사가 한창일 때에는 각종 공사를 정지시켜 농사가 끝날 때까지 미루거나, 지방사람으로 서울에 올라와 소송하는 자를 귀농시키는 조처를 취하기도 했는

---

[1] 삼시(三時) :- 봄철에 파종하는 시기, 여름철 잡초를 제거하는 시기, 가을철 수확하는 시기.

데, 이러한 조처들 역시 농사철을 배려한 데서 나온 일이었다.

　고려정부는 여기서 더 나아가 농업생산을 증가시켜 나가는 일에도 힘썼다. 이를 위해 토지를 개간하여 농토를 확대하고, 수리시설을 확충해 나가도록 장려하고 있었다. 수리시설의 확대는 안정된 농사를 위해서나 이를 통해 농경지도 확대해 나갈 수 있다는 점에서 중요한 일이었다. 토지개간은 새롭게 농지를 만들어 나가는 신전개간(新田開墾)이 이뤄지기도 했지만, 예전에 경작되다가 버려두고 경작하지 않는 토지인 진전(陳田)을 개간하기도 하였다.

　토지개간에 대한 정부의 관심은 각별한 것이었다. 예종대에는 왕이 서경(西京) 즉 평양으로 행차하면서 지나가는 길 주변의 토지가 개간되어 있지 않을 경우, 그 지역의 수령을 불러 문책을 하는 일도 있었다. 반대로 문종대 사람인 정작염(丁作鹽)은 영흥진(永興鎭)에서 모래와 돌이 많아 경작할 수 없던 땅을 농경지로 개간한 일이 중앙에 보고되어 왕으로부터 찬사를 받기도 했다.

권농정책은 누구를 위한 것이었을까?

　고려의 역대 왕들은 자연재해가 발생할 경우 왕이 평소에 먹던 음식 가짓수를 줄이고, 조회나 의식을 거행하는 궁전인 정전(正殿)을 옮기는 일이 종종 있었다. 이밖에도 왕이 직접 기우제를 올리고, 감옥에 갇혀 있는 죄수들을 돌보며, 사면령을 내리는 일도 있었다. 당시의 생각으로는 자연재해가 왕 자신의 부덕(不德)함 때문에 일어난 것으로 여겼고, 그래서 왕 스스로 반성하여 정치를 올바르게 할 것을 힘쓰기 위함이었다. 왕은 하늘의 뜻에 따라 정치를 하고, 그런 가운데 만약 정치가 잘못되면 하늘은 가뭄·홍수·병충해 등 자연재해를 통해 견책한다는 것이었다. 자연현상과 왕의 정치가 밀접한 관련을 지닌다는 천인합일사상(天人合一思想)에 말미암아 나타난 행동이었다.

그만큼 국왕은 자연재해에 각별한 주의를 기울이고 있었던 것인데, 그것은 또한 국가의 기반인 농민과 농업에 피해를 준다는 점에서도 중요한 문제였기 때문이었다. 농자천하지대본(農者天下之大本)이라는 말처럼 고려 국가를 유지하는 데 없어서는 안될 존재가 농민과 농업이었다. 고려 국가의 입장에서는 농민과 농업을 보호하고 이를 토대로 농업생산을 늘려나가는 것이야말로 국가의 운영을 원활히 하는 길이었던 것이다.

이정호

제3장
상공업과 축산업·어업

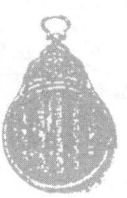

고려시대의 상거래 수단은 무엇이었을까
돈을 많이 벌면 출세할 수도 있다
KOREA로 불리다
절에서 술을 팔다
몽골과의 문물교류
고려 장인의 혼이 담긴 청자
사람은 서울로, 말은 제주도로
어부의 생활

고려시대의 상거래 수단은 무엇이었을까

요즘 '고려'하면 떠오르는 생각은 무엇일까? 아마도 대부분의 사람들은 왕건이라고 답할 것이다. 물론 TV 드라마의 영향이 크겠지만, 이 드라마에서는 조선시대를 배경으로 한 여타 사극과는 다른 특기할 만한 점이 있다. 바로 사극에서는 좀처럼 나오지 않는 외국인이 등장한다는 점이다. 이는 당시 고려의 대외무역이 발달하였다는 점을 반영하고 있다.

우리는 중·고등학교 국사시간에 'Korea'라는 국명이 바로 고려에서 왔으며, 이 명칭은 당시 고려가 대외무역이 활발하여 널리 아라비아까지 이름이 알려진 데서 유래하였다고 배웠다. 고려가 대외무역 면에서 참으로 활발했던 나라였다는 것은 거의 모든 학자들이 공감하고 있다.

당시 동아시아에서 대외무역과 국내상업이 가장 발달한 나라는 중국의 송(宋)이었다. 송나라는 활발한 국내상업을 바탕으로 대외무역에도 적극적이었고 당시 동아시아의 경제에서 가장 중요한 교역국이었다. 중국은 일찍부터 상업이 발달하여 경제주체가 사사로이 화폐를 주조하여 유통할 정도였다. 송나라에서는 이런 점을 잘 파악하여 정부에서 화폐주조에 적극적이었으며 덕분에 송나라에서 주조한 동전은 다른 나라에서까지 유통되는 실정이었다.

아마도 이러한 점 때문에 고려의 대외무역도 활발해지지 않았나 추측되는데, 중국과는 달리 고려의 화폐는 그다지 발달하지 않았던 모양이다. 얼마간의 중국화폐와 고려의 동전·철전이 발굴되기는 했지만 너무도 미미한 양이었다. 또한 사료에서도 화폐유통의 흔적이 별로 두드러지지 않는다. 이유는 무엇일까? 지금부터는 고려시대의 화폐주조와 유통을 차례로 살펴보면서 그 이유를 찾아보도록 하자.

성종의 철전 주조

　금속화폐가 주조되기 이전에는 물품의 교환이 어떻게 이루어졌을까? 화폐라는 것이 물품의 교환과정에서 편리성 때문에 등장하였다는 점을 고려하면 당시에 주로 화폐역할을 하였던 것이 무엇인지 추측할 수 있다. 즉, 신용을 가진 금속화폐가 등장하기 전에는 주로 운반이 편리하고 그 물품 자체에도 얼마간의 실물가치가 있는 상품이 교환의 매개체가 되는 것이다. 당시에 이러한 역할을 했던 물품은 쌀과 베였다.

　농경사회에서 가장 중요한 상품인 쌀은 일찍부터 교환의 매개체가 되었는데 장거리 운반의 용이성과 가치의 안정성 덕분에 점차로 베가 많이 쓰이기 시작하였다. 따라서 일반적인 교환수단으로서, 가치의 척도로서 가장 널리 사용한 화폐는 포화(布貨)였다. 고려 전체시기에 걸쳐 사용된 포화는 주로 질이 나쁜 추포(麤布)였다. 추포는 안이 훤히 들여다보일 정도로 얼기설기 짜여진 베였다. 따라서 물품 자체로는 이미 쓸모가 없어진 것이었는데, 처음부터 이러한 추포가 화폐기능을 한 것은 아니었다. 적당한 품질의 베인 5승포에서 물가의 변동으로 인해 점차 질이 나쁜 추포로 바뀌는 것이다. 즉 좋은 포화에서 질이 떨어지는 포화로의 변동은 당시 가치척도 수단인 쌀가격의 상승으로 인한 것으로 풀이할 수 있다.

그런데 이런 물품화폐의 유통은 국가의 입장에서 보았을 때에는 전혀 이득이 없는 것이었다. 얼마간의 명목가치를 지닌 금속화폐를 주조·유통하게 되면 그만큼의 재정적 이윤을 얻을 수 있게 된다. 또한 공공사업 등에 들어가는 국가재정의 유출을 금속화폐로 하게되면 그만큼의 이익을 얻게 된다. 하지만 물품화폐가 유통이 되면 정부는 국가의 상업을 전혀 조절할 수가 없게 된다. 따라서 결국은 금속화폐주조에 관심을 갖게 되는데, 고려에서 가장 처음 이런 시도를 하게 되는 왕은 바로 성종이었다.

『고려사』나 『고려사절요』 등의 사료를 살펴보면 성종 15년(996)에 처음으로 철전(鐵錢)을 주조하는 것으로 나온다. 하지만 화폐와 관련한 사업은 이보다 더 일찍 시작되었던 것으로 보인다. 같은 왕 2년(983) 10월에는 주점(酒店)을 설치하는 기사가 등장하는데 주점은 숙종이 동전을 주조할 당시에도 비슷한 경우가 보이듯이 화폐의 유통과 밀접한 연관이 있다. 즉 고려시대의 왕들은 금속화폐를 주조하면서 유통을 원활히 하기 위해 주점·식미점(食味店) 등을 설치했던 것이다.

여하튼 성종은 물품화폐의 유통을 금지시키면서까지 강력히 철전을 유통시키는데 이는 당시에 정립되어 가는 중앙집권화 과정의 일환으로 풀이할 수 있다. 그러나 성종의 화폐사업은 결국 실패로 돌아가게 된다. 성종을 뒤를 이어 왕위에 오른 목종이 귀족들의 반발로 결국 선왕의 화폐사업을 후퇴시켜 버렸기 때문이다.

성종이 철전유통을 공식화한 지 불과 6년 만인 목종 5년(1002) 7월, 풍속을 놀라게 하여 국가에 이익이 되지 못하고 백성의 원망을 일으킨다는 시중 한언공(韓彦恭)의 건의에 따라 다점(茶店)·주점(酒店)·식미점(食味店) 등에서만 화폐를 사용하고 백성들이 사사로이 교역하는 것은 종전대로 베나 쌀을 사용하도록 하였다.

이후 더 이상 철전에 관한 기사는 보이지 않는다. 이는 이 때의 철전유통이 완전히 실패로 돌아갔음을 의미한다.

숙종의 동전 주조

성종의 철전 이후 한동안 『고려사』나 『고려사절요』에는 화폐에 관련된 기사가 나오지 않는다. 다시 화폐에 관련된 기사가 등장하는 것은 숙종 2년(1097)의 일이다. 숙종은 이 해 12월에 주전관(鑄錢官)을 세우고 화폐의 유통을 명한다. 이후 동왕 6년 4월에는 사람들이 전폐를 사용하는 이점을 알아 편하게 여기니 종묘에 고할 것을 상주하는 등 당시의 동전은 성종의 철전보다 적극적인 유통이 시도된다.

이 당시 주전의 주된 동기는 국가재정 확보와 왕권강화에 있었다. 당시는 거란·여진 등과의 관계에서 위기가 증대하였고, 이에 대비할 경제력이 요구되던 상황이었다. 이에 숙종은 의천(義天)의 주전건의 등을 받아들여 시행하였던 것이다. 또한 주전정책을 옹호한 세력은 윤관(尹瓘) 등 신흥관료와 의천 등 천태종(天台宗) 계통 사원세력이었다. 숙종은 이들의 지지를 등에 업고 문벌귀족과 법상종(法相宗) 계통 사원세력의 경제력을 약화시켜 왕권을 강화하고 사원세력의 재편성기반을 조성하려 하였던 것이다. 때문에 숙종은 화폐의 주조·유통에 적극적일 수밖에 없었다.

숙종은 7년(1102) 9월에 서경에 행차하여 상업을 권장하며 화천별감(貨泉別監)을 설치하면서 남경에서의 화폐유통 의지를 보인다. 이후 7년 12월에는 화폐유통을 태묘(太廟) 등에 고하고 동전 1만 5천관을 재추·문무양반·군인에게 나누어주었다. 또한 개경에 좌우 주무(酒務)를 설치하여 화폐유통을 촉진하려 하였다. 결국 동전유통이 확고해지는 데 약 5년의 시간이 걸린 것인데, 이는 화폐유통으로 손실을 입게 되는 문벌귀족층의 반발 때문이었을 것이다.

이후 숙종은 9년 7월에는 관료와 군사에게 관전(官錢)을 지급하고 주·식점(酒食店)을 주현에까지 확대하여 화폐의 보급을 도모하였다.

고려시대에 유통된 동전은 건원중보(乾元重寶)·동국통보(東國通寶)·동국중보(東國重寶)·해동원보(海東元寶)·해동중보(海東重寶)·삼한통보(三韓通寶)·삼한중보(三韓重寶) 등이다. 이들은 다시 대독(對讀)과 회독(回讀), 해서·전서·행서·예서·팔분서(八分書)의 서체, 대형과 소형 등 여러 가지 구분이 있어서 약 100여 종이나 되었다. 이처럼 다양한 형태로 주조된 것은 주조의 다원성과 장기간에 걸쳐 주조된 것을 의미한다.

하지만 숙종 사후 예종(睿宗)이 등극하자 목종 때와 비슷한 상황이 벌어진다. 예종 원년(1106) 7월의 교서를 보면 이에 대한 예종의 대처가 드러나는데, 예종은 목종과는 달리 화폐유통을 관철하고 있다. 이는 숙종의 화폐유통책이 어느 정도 안정적이었음을 의미하는 동시에 왕권의 강화도 이루어졌음을 의미한다.

또한 『고려도경(高麗圖經)』을 살펴보자면 인종(仁宗) 원년에 주전감(鑄錢監)이 존속하고 있는 것이 확인되는 것으로 보아 주전사업이 꾸준히 이루어지고 있었던 것으로 생각된다. 또한 같은 책의 약국(藥局)조를 살펴보면, 약을 사고 파는 데에는 전보(錢寶)를 사용하고 있다는 기사가 나온다.

그러나 이것 이외에는 동전의 유통상황이 제대로 드러나고 있지 않아서 언제까지 이어졌는지는 잘 알 수 없다. 다만, 예종대에 화폐정책의 뒷받침을 해줬던 윤관 등이 여진정벌의 실패로 인해 실각하게 되는 정치적 상황 등을 미루어볼 때 동전의 주조가 그리 오래 가지는 못했으리라 추측된다.

은병의 표인과 유통

숙종 6년(1101) 6월에는 금속화폐로서 동전뿐만 아니라 은병(銀甁)도 표인되었다. 당시에는 은이 교환수단으로 사용되고 있었는데 숙종은 이를 바탕으로 은의 법정화폐화를 추구하게 된 것이다. 여기서 철전과 동전의 주조와 달리 은병은 표인했다고 한 이유는 은병이 이미 사사로이 화폐의 역할을 하고 있었는데 여기에 표인(標印)을 해서 국가의 통제하에 편입시켰기 때문이다. 이 은병은 우리나라의 지형을 본떠 속

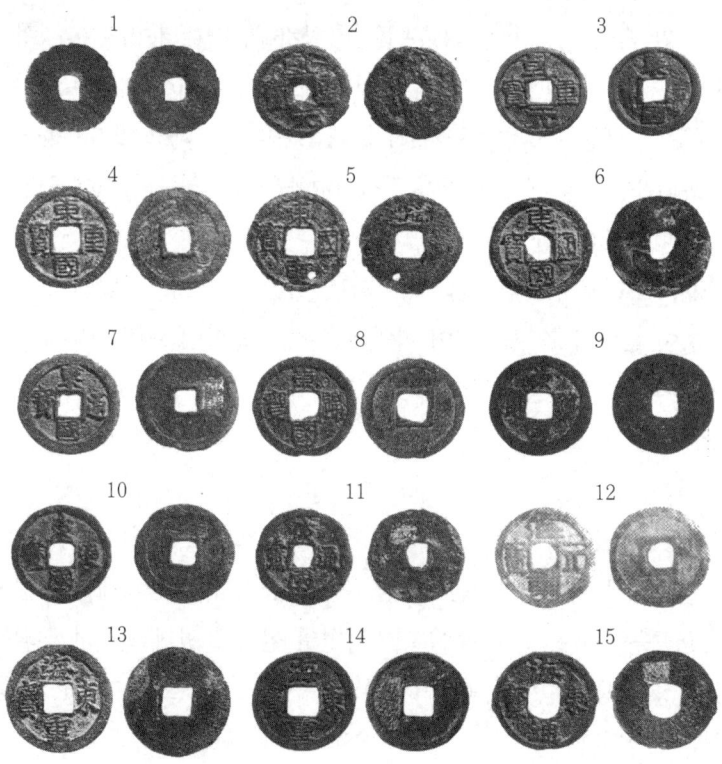

칭 활구(闊口)라 불렸다고 한다.

『계림유사(鷄林類事)』에 의하면 은병은 은 12냥 반과 동 2냥 반을 합주하여서 은 1근의 가치를 지니게 만들어졌다고 한다. 2냥 반의 차액은 공장의 품삯으로 지불되었다고 하는데, 은 1근이 16냥인 점을 고려하면 당시의 은병이 3냥 반의 명목가치를 지니고 있었음을 알 수 있다.

은병은 철전·동전과는 달리 여러 군데서 유통 흔적이 발견된다. 『고려사』나 『고려사절요』 같은 1차사료에도 왕의 은병 사여나 권신들에게 뇌물로 주어진 것, 또는 일반 백성들 사이에서 유통되었음을 보여주는 글들이 등장한다. 또 『고려도경』을 살펴보면 일반민들의 시장에

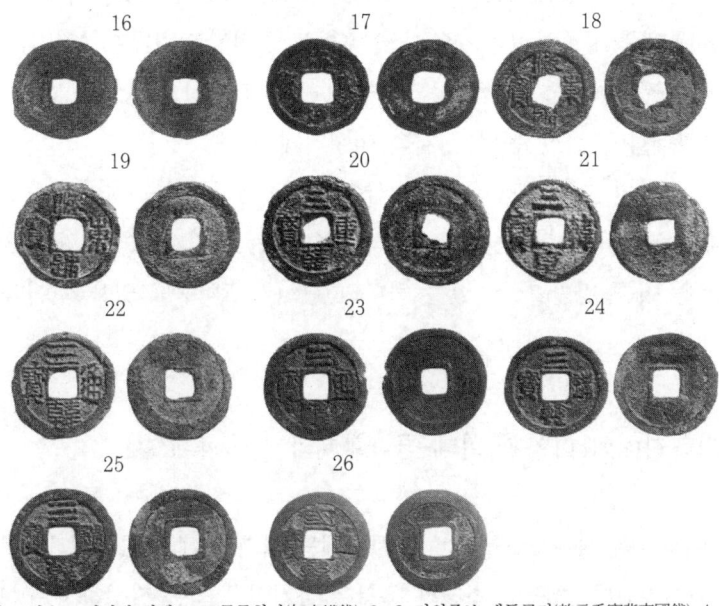

이 그림은 고려시대 화폐로, 1. 무문철전(無文鐵錢), 2~3. 건원중보 배동국전(乾元重寶背東國錢), 4~5. 동국중보(東國重寶), 6~11. 동국통보(東國通寶), 12. 해동원보(海東元寶), 13~14. 해동중보(海東重寶), 15~19. 해동통보(海東通寶), 20~21. 삼한중보(三韓重寶), 22~26. 삼한통보(三韓通寶)이다. 무문전과 건원중보는 1910년대 초에 개성부근에서 발견되었는데, 이 가운데 무문전은 타조(打造)된 것으로 주조(鑄造)된 성종대의 철전보다 기술적으로 훨씬 뒤쳐진 것이다. 따라서 이는 성종대의 철전은 아닌 듯하며, 부장용(副葬用)이었다는 설도 제기되고 있다. 옆의 건원은 원래 당(唐) 숙종(肅宗)의 연호인데 뒷면에 '동국'이라는 글자로 미루어 중국의 동전명을 빌린 고려의 동전이다. 동국통보·동국중보는 목종대에 주조된 것으로 추측되며 나머지는 숙종대에 주조된 것으로 알려져 있다.

서 화폐대신 베나 은병으로 물품을 교환한다는 글이 나온다. 그런데 이 글의 저자는 서긍(徐兢)이라는 송나라 사람으로 은병이 고려에서는 공인 금속화폐였다는 것을 몰랐다. 이런 점을 고려하면 은병이 일반시장에서도 화폐역할을 하고 있었음을 알 수 있다.

또한 충렬왕 8년(1282) 6월의 기사에서는 물가의 산정을 은병과 쌀의 대비로 하고 있다. 이는 철전과 동전의 유통시에는 볼 수 없었던 일인데 그만큼 은병의 유통이 활발했음을 반증하는 것이라 하겠다.

충혜왕 원년(1331) 4월에는 새롭게 소은병을 제작·유통하기도 했다. 이는 당시의 물가가 상당히 올랐음을 의미하기도 하고, 또한 국가의 재정수입을 늘리려는 목적이 있었다고 생각된다. 제도권 밖의 은에 대한 통제를 강화하였던 것이다. 이후에도 공민왕 5년(1356) 9월에는 새로이 은전(銀錢)을 주조하자는 도당(都堂)의 건의가 등장하는 등 은의 금속화폐화에 관한 논의는 계속 이어지게 된다.

이제까지 고려의 경제단계는 금속화폐의 유통이 부진하여 물물교환단계 정도에 머물렀던 것처럼 해석할 수 있는 여지가 있었지만 은병의 유통은 이를 반박할 수 있는 하나의 단서가 될 수도 있을 것이다.

고려시대의 다양한 화폐-금속화폐와 물품화폐

이상에서 살펴보았듯이 고려시대에는 여러 차례의 금속화폐유통책이 실시되었다. 그러나 철전과 동전은 소기의 목적을 달성하지 못하였고 대신에 쌀과 추포로 대표되는 물품화폐가 유통되었다. 이는 당시 직접생산자가 중심이 된 유통경제가 그다지 활성화되지 못했음을 의미하기도 한다. 반면에 고려왕조의 정책도 미비했음을 알 수 있는데 고려왕조는 화폐경제를 권장하면서도 실제로는 조세와 공부 및 녹봉을 현물로 사용하여 실제로는 현물경제에 치중하는 이중적 모습을 보여주었다. 이는 그만큼 화폐경제에 대한 지식이 짧았음을 의미한다.

또한 물품화폐에서 명목가치를 가지는 금속화폐로의 이행단계에서 꼭 필요한 화폐 자체의 실물가치를 염두에 두지 않음으로써 경제주체인 일반백성들이 유통에 의구심을 갖게 했다는 점도 실패원인 가운데 하나일 것이다. 이 때문에 소액화폐는 결국 실패하였고 물품화폐가 계속 교환의 매개체 역할을 했었다.

반면에 고액권인 은병은 꾸준히 유통되는 모습을 보이는데 이는 은 자체가 가지고 있는 실물가치가 교환에 신용을 주었음을 의미한다고 하겠다. 하지만 은병이 유통되고 있는 동시에 사사로이 은도 또한 화폐의 역할을 하고 있었다.

이유는 몇 가지로 꼽을 수 있다.

첫째로 은병의 악화화(惡貨化)이다. 하지만 은도 또한 동과의 도주(盜鑄)가 문제되는 등 악화되고 있고 반면에 은병은 국가적으로 가치를 변동시켜 가면서 신용성을 부과하는 등 여러 조치가 취해지므로 은병의 악화화 때문이라는 가능성은 약한 것 같다.

둘째로 제도권 밖의 은이 사적으로 유통되었을 가능성이다. 중국의 일부지방에서도 나타나는 현상이듯이 경제활동 주체들이 서로 사사로이 은화를 주조해 유통하거나 아니면 음성적인 유통에서만 이런 은을 화폐로 사용한다는 것이다. 이런 사실은 은병이 주로 군사들에게 사여되는 등 하향적인 유통이 사료에 드러나는 반면, 은은 뇌물 등 음성적으로 행해지는 아래에서 위로의 상향적 유통이 많이 보인다는 점이다.

셋째로 다양한 '은화'의 유통가능성이다. 사료에서는 가끔 은전(銀錢)·은폐(銀幣) 등의 용어가 보인다. 은병처럼 표인이나 주조했다는 사료가 전혀 보이지를 않아서 단정할 수 없지만 쇄은의 사용과 고려말엽의 이러한 쇄은에 대한 표인과 은전주조 등으로 미루어 후기에 새로운 형태의 공인은화가 유통되었을 가능성도 배제할 수는 없다.

넷째로 은병의 주조량이 적었을 가능성이다. 실제로 사치품인 은향로가 은을 30근이나 소비하는 데 반해 은병 1구는 실제 은이 1근이 채 되지 않는 양이다. 이는 은 1근의 가치가 생각보다 크지 않았을 가능성을 제기하는 것인데, 은병유통의 사료에서 확인되는 은병의 수량은 극히 적다. 숙종이 동전을 주조하고 분급할 때에도 1만 5천관이나 되는 양이었고, 더욱이 이 양도 사용처에 비해 적다고 하는 판에 은병의 사여는 아무리 많아도 40여 구에 지나지 않고 있다. 따라서 실제로 유통되는 은에 비해 그 주조량이 너무 적어 불가피하게 은이 화폐역할을 계속하게 되었다는 것이다.

어떠한 이유에서든지 국가가 공인하여 주조하는 화폐가 아닌 것은 국가의 이익이 보장되지 않는다. 그럼에도 불구하고 은이 여러 형태로 경제행위자들 사이에서 화폐역할을 하고 있는 것은 결국 은병으로 대표되는 국가의 금속화폐 유통책이 경제행위자의 편의를 위한 것이기보다는 재정수입의 증대를 목적으로 하는 하향적 유통이었기 때문이다. 송나라 동전의 국내유통, 원나라 보초(寶鈔)의 유통, 은병의 유통으로 지배층의 경제적 이익은 담보할 수 있었고, 그 이외의 것에는 크게 관심을 두지 않았기 때문에 경제행위자들의 편의에 의해서 화폐대체물이 함께 유통되었다는 것이다. 물품화폐인 포(布)가 대표적인데, 은 또한 그 편의성 때문에 반(半)물품화폐적 역할을 했다.

화폐유통이 지배층 중심이었다는 점은 새로운 화폐책이 원의 쇠퇴기 이후에 집중적으로 등장하는 것에서도 알 수 있다. 원 간섭기 이후 원의 화폐인 보초를 유통시킴으로써 얻을 수 있던 국가의 재정수입은 원이 쇠퇴해짐에 따라 보초가 신용을 잃게 되자 대안이 필요했던 것이다. 그 이전에는 은을 비롯한 반(半)물품화폐가 중국의 화폐 및 은병 등 국가공인화폐와 같이 유통되어도 별 신경을 쓰지 않았지만, 가장 큰

축이 무너지자 서둘러 재정수입을 유지할 수 있는 새로운 형태의 화폐 유통책을 모색했던 것이다.

　이상으로 상거래 수단인 고려시대의 화폐에 대해서 간략히 살펴보았다. 금속화폐가 완전히 정착하지 못하고 물품화폐와 같이 유통되었다는 것이 고려시대의 경제수준을 판가름하는 척도가 될 수는 없을 것이다. 앞서도 살펴보았듯이 당시의 화폐정책이 아직은 미숙한 상태였기 때문에 실패했다고 보아야 할 것이며, 은병과 은의 유통, 추포의 활발한 유통 등은 당시의 상업이 어느 정도 발달했었음을 보여주는 것이라 할 수 있다.

김도연

돈을 많이 벌면
출세할 수도 있다

　예나 지금이나 경제력은 어떤 나라나 개인을 평가하는 주요 잣대의 하나이다. 동양의 전근대사회에서는 농업생산력이 가장 중요한 경제적 가치를 지녔다. 이러한 까닭에 상업활동을 통한 이윤은 부차적인 요소로 간주되는 경향이 강하였다. 더구나 농업이 본업이라는 전통적인 의식이 당연시되던 사회적 풍토에서 상인은 농민보다 훨씬 낮은 계층으로 천시되었다. 그렇지만 고려시대 상업 또한 무시 못할 중요한 산업이었다.

시전과 장시

　고려시대의 상업은 크게 국내상업과 대외무역으로 구분되며, 국내상업은 다시 도시와 농촌상업으로 나눌 수 있다. 대외무역은 다음 항목에서 설명될 것이므로, 여기에서는 국내상업에 한정시키려 한다. 도시상업은 서울인 개경을 비롯하여 평양·경주·한양 등 큰 도시를 중심으로 발달하였다. 이들 도시는 조세를 비롯한 많은 물자가 몰려드는 행정중심지였다. 여러 가지 물품이 집중됨에 따라 자연스럽게 교역이 이루어졌다.
　도시상업은 상설점포인 시전(市廛)을 중심으로 발달하였다. 전형적인 시전의 모습을 개경의 예를 통해 살펴보자. 개경의 시전은 고려가 건국된 지 얼마 지나지 않아 설치되었다. 그런데 고려의 시전은 조선과는 좀 차이가 있었다. 조선의 시전과 마찬가지로 도시민의 생활용품을 판매하기도 했지만, 주로 관청에서 필요로 하는 물품을 조달하고 나라에서 쓰고 남은 물건을 처분하는 기능을 하였다.

시전이 이처럼 어용상점의 성격을 띠었으므로 경시서(京市署)라는 감독관청을 두었다. 이 곳에는 경시서령(京市署令 : 정7품, 1인)과 경시서승(京市署丞 : 정8품, 2인) 등의 관원이 있었다. 경시서는 시전의 물가와 가격 등을 감독하는 기관이었다. 흉년 혹은 풍년에 따라 쌀의 가격을 조절하고, 터무니없이 가격을 올린 사람을 처벌하기도 하였다.

『고려도경』에 의하면 시전은 장랑[1]의 형태였다. 그 사이 방문(坊門)에는 영통·광덕·흥선·통상 등의 간판이 붙어 있었다. 이 간판의 정체에 대해 서로 다른 견해가 있다. 어떤 사람은 방문을 장랑의 뒤쪽 동네로 통하는 문으로 파악한다. 하지만 대다수의 의견처럼 시전의 상호명으로 보는 게 타당할 듯하다.

초기 시전의 규모는 잘 알 수가 없다. 다만 예종 때 북쪽의 장랑건물 65칸이 불탔다는 기록이 있고, 희종 때에는 시전의 장랑 1천여 칸을 개축했다는 내용이 전해진다. 상당한 규모를 갖추고 있었다고 짐작된다.

시전에서는 곡물·삼베·도자기 등의 물건을 팔았을 것으로 추측된다. 그리고 조선시대 시전처럼 전매특권[2]이 주어졌을 듯하지만, 안타깝게도 잘 알 수가 없다. 상점의 명칭을 통해 유통된 상품을 구체적으로 찾아볼 수 있다. 도시에는 시전말고도 서적점[3]·복두점[4]·능라점[5] 등의 관영상점이 있었다. 이들은 주로 지배층

1) 장랑(長廊) :- 길게 이어진 복도.
2) 전매특권(專賣特權) :- 쌀·비단 등 특별한 상품을 독점적으로 판매할 수 있는 권리.
3) 서적점(書籍店) :- 책 판매점.
4) 복두점(幞頭店) :- 복두는 각이 지고 위가 평평한 관.
5) 능라점(綾羅店) :- 비단판매점.

을 대상으로 생산·판매하는 직영상점으로서, 각각 책·복두·비단 등을 팔았다. 화폐유통정책과 관련되어 특별히 생겨난 상점도 있었다. 화폐를 널리 유통시키기 위하여 다점[1]·주점[2]·식미점[3]을 설치하여, 이들 상점에서는 반드시 화폐로 값을 치르도록 하였다. 그러나 화폐사용은 당시 풍속에 잘 맞지 않아 얼마 되지 않아 흐지부지되었다.

고려가요 속에서도 상점을 찾을 수 있다. 쌍화점에는 쌍화떡을 사러간 여인이 회회아비에게 손목을 잡힌 내용이 나온다. 회회아비의 회회(回回)는 아라비아를 뜻한다. 아라비아 상인이 고려에 와서 점포를 열 정도로 고려의 국제무역이 활발하였음을 알 수 있다. 동시에 쌍화떡을 파

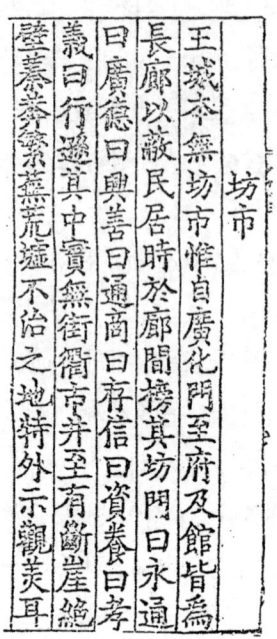

고려의 시장에 관한 내용을 기록하고 있는 『고려도경(高麗圖經)』 권3, 성읍 방시조

는 점포처럼 특정한 상품만을 전문적으로 판매하는 가게들이 있었음을 짐작케 한다.

농촌유통의 중심은 장시(場市)였다. 그런데 2·7일, 5·10일 등에 열리는 조선 후기의 5일장처럼 날짜와 간격이 일정하게 정해진 것이 아니었다. 장시는 아침에 나와서 한낮에 장을 보고 저녁까지는 집에 돌아갈 수 있는 교통의 요지에 섰다.

장시에는 농민·관리·수공업자 등 여러 계층의 남녀노소가 장을 보러 나왔다. 이들은 자신이 가지고 나온 물품을 필요한 것으로 바꾸었다. 주된 교환수단은 베였

1) 다점(茶店) :- 찻집.
2) 주점(酒店) :- 술집.
3) 식미점(食味店) :- 음식점.

으며, 간혹 은병으로 값을 치르기도 하였다. 하지만 금속화폐는 거의 유통되지 않았다. 늘 열리는 시전 중심의 도시상업에 비해 농촌의 상업은 그리 발달하지 못한 편이었다.

장시의 전업적인 상인은 곳곳의 장시를 돌아다니는 행상이었다. 대개 등에 짐을 지고 다니는 부상(負商)이 많았다. 교통 및 상업중심지에 설치된 숙박소인 원(院) 또한 행상의 활동에 중요한 역할을 하였다.

장사치·장사꾼·상인

교역의 형태나 물품에 따라 상인의 명칭도 다양하였다. 이곳저곳을 걸어다니는 행상(行商), 배에 물건을 싣고 다니는 선상(船商), 수레를 이용하는 거상(車商) 등이 있었다. 무엇을 파는가에 따라 미곡상·포목상 등으로도 분류되었다.

그런데 유교적인 직업관념이 많이 없어진 지금도 경제인들을 깎아내려 장사치 혹은 장사꾼이라 부를 때가 있다. 사농공상(士農工商)의 신분서열과 귀천을 엄격히 따졌던 고려사회에서는 더 말할 것도 없었다. 상인은 백정농민과 마찬가지로 양인신분이었다. 하지만 사회적 처지는 동등하지 않았다. 상업은 말업(末業) 내지 천한 일로 간주되었다. 농민과 달리 상인은 사환권[1]이 박탈된 사람들이었다.

전통적 직업관과 아울러 상인의 역할 또한 그들의 사회적 대우에 영향을 주었을 것이다. 상인은 농민의 10분의 1세(稅)처럼 뚜렷하게 규정된 세금 즉 '상세(商稅)'가 없었다. 물론 국경이나 나루터 같은 곳을 통과할 때에는 통관세(通關稅)를 냈다. 하지만 고정된 세금의 형태는 아니었다.

고려 후기 인물인 방사량(房

1) 사환권(仕宦權) :- 벼슬할 수 있는 권리.

土良)은 "선비·농민·수공업자·상인 가운데 농민이 제일 고달프고 공장은 그 다음이다. 상인은 아무 일없이 놀면서 무리를 지어 다니며 누에치지 않고도 비단옷을 입는다. 지극히 천하지만 좋은 음식을 먹는다"고 비난하였다. '직업에는 귀천이 있다'는 전통적인 의식과 국가 재정문제와 같은 현실적 이유가 상인을 천시하는 풍조로 계속 이어졌다고 생각된다.

그렇다고 상인이 늘 경제적인 부담에서 자유로운 것은 아니었다. 국가에서 군량미 등을 일시적으로 징수할 때 상인들은 많게는 5품 관리와 동일한 양을, 적어도 7·8품의 관료와 같은 액수를 납부하여야 했다. 또 상인들은 권세가나 관리들에게 끝임없이 수탈을 당했다. 시전의 상인에게 물건을 사고 값을 치르지 않은 경우나 아예 내놓고 빼앗아 가는 사례도 많았다. 부자가 되기란 쉬운 일이 아니었다.

가난한 선비보다 상인이 좋아

경제력은 예나 지금이나 강력한 힘을 발휘하곤 한다. 천시되던 상인도 재력을 무기로 출세하는 경우가 꽤 있었다.

숙종은 즉위 뒤에 대대적으로 관직을 제수하였다. 그런데 상당수 상인들이 높은 벼슬을 받아 비난을 샀다. 상인은 법적으로 관료가 될 수 없는 계층이었다. 이에 대해 숙종이 조카인 헌종을 몰아내고 왕으로 즉위하는 과정에서 상인세력이 경제적으로 상당한 도움을 주었다는 해석이 있다. 경제력을 토대로 정치세력화한 상인의 출현이었다. 숙종에 의한 해동통보의 주조와 유통도 같은 맥락에서 이해되기도 한다.

이러한 현상은 후기로 내려올수록 심해진다. 이제현(李齊賢)이 지은 『익재난고』에, 사대부들이 돈 많은 장사치의 딸을 데려다 부인으로 삼는 내용이 나온다. 든든한 경제력을 가진 상인과 사회적 지위가 높은 사대부 사이에 일종의 연합이 이루어지지 않았나 짐작케 한다.

은천옹주도 비슷한 사례로 들 수 있다. 본래 은천옹주는 사기그릇을 파는 상인의 딸이었다. 그녀는 충혜왕의 눈에 들어 왕비가 되었

고려 문인 임춘이 쓴 가전체 소설인 공방전(孔方傳)
공방(孔方)이란 엽전에 뚫린 네모난 구멍을 가리키는 말이다.

는데, 세상에서는 사기옹주라는 별칭으로 불렀다.

사기옹주가 궁궐에 들어갈 수 있었던 일차적인 배경은 그녀의 빼어난 미모에 있었다고 할 수 있다. 하지만 다른 이유도 생각해 볼 여지가 있다. 아버지 임신(林信)의 경제력이 영향을 주었을 가능성을 배제할 수 없다. 충혜왕은 포 4만 8천 필로 시전에 점포를 직접 차리기도 하고, 여러 사람을 시켜 해외무역을 할 정도로 재산축적에 관심이 많았던 인물이었기 때문이다.

가전체문학[1]인 임춘(林椿)의 공방전에서도 돈많은 상인들의 위세를 엿볼 수 있다. 공방전은 돈을 공방이라는 이름으로 의인화한 작품이다. 여기에서 공방은 성격이 매우 교묘한 인물로 묘사되고 있다. 공방은 세력있는 사람들에게 아부하여 권세를 부리고 벼슬도 마음대로 팔았다. 또 얼마나 부유한지 쌓아놓은 곡식과 뇌물이 산처럼 많아 셀 수조차 없었다.

> 1) 가전체문학(假傳體文學) :- 어떤 사물을 의인화하여 사회를 풍자하여 깨우치는 설화문학.

그런데 공방이 사람을 사귀는 기준은 오직 재물에만 있었다. 돈만 많으면 인격 같은 것은 문제삼지 않았다. 고려 후기 상인이 사대부 집안과 혼인관계를 맺는 당시 현상과도 무관하지 않을 것이다.

공방전은 비록 장사꾼일지라도 돈만 많으면 교제한다는 '저잣거리의 사귐'이 얼마나 저속한가를 풍자한 것이다. 하지만 풍부한 경제력을 토대로 상당수의 상인이 출세하여 권력을 휘두르던 상황을 간접적으로 보여준다.

고려시대 국내상업은 시전과 장시를 중심으로 발달하였다. 도시상업의 핵심인 시전은 관영적・어용적 성격이 강했다. 이와 달리 장시는 일반인들을 주대상으로 삼았다. 장시는 상설점포가 아니었고, 베나 쌀 등이 주요 교환수단이 되었다. 따라서 활발한 유통의 구심점으로서의 역할은 제한적이었다고 할 수 있다. 상인은 농민보다 훨씬 낮은 계층으로 천시되었지만, 막대한 경제력을 기반으로 하여 입신・출세하는 경우도 꽤 있었다. 그리고 이러한 경향은 고려 후기 유통경제의 발달을 배경으로 더욱 두드러져 갔다.

김난옥

KOREA로
불리다

　우리나라를 영어로 표기하면 Korea이다. 우리 역사에서는 고조선을 시작으로 해서 고구려·백제·신라·발해·고려·조선 등의 국명이 보인다. 그런데 왜 영문표기가 Chosun이나 Shilla가 아닌 Korea가 되었을까. 이는 서양에 언제 우리나라가 알려졌는가를 살펴보면 답은 쉽게 나온다. 즉 '고려'라는 국명을 사용하고 있을 때 그들에게 알려졌기 때문에 Korea로 불리게 된 것이다. 그렇다면 누가 이 이름을 알렸을까. 아라비아 상인들과 교역하면서 이 국명이 알려지기 시작했다고 한다.

　지금도 중동이라고 하면 뜨거운 사막의 나라, 석유의 나라 그리고 많은 전쟁이 있는 나라라고 해서 우리에게 그다지 친밀하게 다가오지 않는 낯선 나라이다. 그런데 비행기도 없고 통신수단도 없는 그 먼 고려시대에 우리는 어떻게 아라비아 상인들과 만날 수 있었을까. 그리고 그들은 왜 동방의 작은 나라에 오게 되었을까. 그렇다면 고려시대에는 머나먼 아라비아에서만 상인이 왔을까. 우리는 고려시대에 과연 어떤 나라와 어떻게 무역을 했는지 알아보자.

국제무역항, 예성강변의 벽란도

조수가 들고나매,
오고 가는 배는 머리와 꼬리가 잇대었구나.
아침에 이 다락 밑을 떠나면,

한낮이 채 못되어 돛대는 남만(南蠻) 하늘에 들어가누나.
사람들은 배를 가리켜 물 위의 역마(驛馬)라 하지만
나는 바람 쫓는 준마(駿馬)의 굽도 이에 비하면 오히려 더디다 하리.
어찌 구구(區區)히 남만(南蠻)의 지경뿐이랴.
이 목도(木道 : 배)를 빌리면 어느 곳이고 가지 못할 곳이 있으랴.

이 글은 고려시대의 대문호인 이규보(李奎報)가 예성강에서 선박이 오고 나가는 것을 읊은 글이다. 물론 시이기 때문에 그 자체가 완전한 사실이라고 받아들이기는 어렵겠지만 그만큼 예성강 포구에서 많은 선박의 출입이 있었다는 점은 인정할 수 있겠다. 또한 한낮이 채 못되어 다다르는 남만의 하늘은 단순히 남쪽 하늘이 아니라 바다 저편 남방의 다른 나라를 가리킨 것이다.

예성강의 벽란도는 수많은 외국상인이 개경에 물건을 실어 나르는 항구였다. 고려의 음악 가운데는 예성강에 온 중국상인이 고려의 아리따운 부인을 보고는 그 남편과 도박을 해서 부인을 도박의 대가로 받아 데려가려 하였으나 바다가 이를 허락하지 않아 그 부인을 돌려주었다는 내용을 가진 것이 있다. 당시 예성강에 많은 중국상인이 오고갔음을 나타내는 또 다른 증거가 될 수 있을 것이다.

사신이 오갈 때 무역을 행하다 -조공무역-

고려 광종 11년(960)에 중국은 오랜 혼란기를 극복하고 송이 천하를 통일하였다. 이에 고려는 광종 13년(962)에 이흥우(李興祐)를 파견하고 송이 이듬해 시찬(時贊)을 보내옴으로써 양국간에 국교가 열리게 되었다. 하지만 송나라와 고려의 국교는 계속해서 이어진 것이 아니라 간헐적이었다. 즉 거란의 침입으로 인해서 성종 13년(994)에 국교가 단절되었고, 이후 문종 25년(1071)에 이르러서야 양국간의 관계는 재개되었다. 그러나 1126년 북송이 멸망하고 이듬해 남송이 건국되면서부터는 몇 번의 사신왕래는 있었으나 그다지 활발하지 못했고 결국 1279년 남송이 멸망하면서 양국간의 관계는 단절되게 되었다.

두 나라 사이의 교류형식은 당시 동아시아 국제관계의 의례적인 형태인 조공관계였다. 조공관계에서 고려는 중국에 사신을 파견할 때 선물을 바치면, 중국에서는 답례품을 주었다. 이러한 형태로 양국간의 물품이 교환되는 것을 조공무역이라고 부른다.

조공무역을 통해서 두 나라간에 주고받은 물건은 어떤 것이었을까. 사신을 파견할 때마다 무엇을 가져갔는지는 사료에 정확하게 나타나 있지 않다. 다만 문종 32년(1078)에 송나라에서 안도(安燾)가 왔을 때 100가지가 넘는 종류에 그 수량은 6천 건에 이를 정도의 물건을 가져왔다. 구체적으로는 국왕에게 내린 의복종류·보석류·그릇류 등이었다. 문종 34년(1080) 고려에서 보낸 물건은 생중포(生中布) 2천 필, 인삼(蔘) 1천 근, 송자(松子) 2천2백 근 등이었다. 실로 엄청난 양의 물품이 오간 것이다.

고려가 가져간 이런 물건에 대해서 송나라에서는 일정한 값을 쳐서 회사품을 돌려주었다. 송나라 신종 2년(1079)까지는 공물

고려예빈성대남송첩(高麗禮賓省對南宋牒)
외교를 담당하던 고려의 예빈성에서 남송에 보낸 문서로, 당시 양국은 정식외교 관계를 맺고 있지 못했기 때문에 이 문서는 남송의 상인이 전달했다.

에 가격을 매겨서 대개 만겸(萬縑)을 액수로 보내었으나 이후에는 일일이 값을 매기지 않고 총괄해서 만겸으로 그 액수를 정하였다고 한다.

고려와 송나라 사이의 조공무역은 국교가 단절된 시기가 있었고, 국교를 재개했다고 하더라도 북쪽의 거란과 여진에 대해서 두 나라 모두가 신경을 써야 했기 때문에 민간무역에 비해서는 덜 활발했다고 할 수 있겠다.

오가는 배는 머리와 꼬리가 잇대었구나

고려와 송의 조공무역이 그다지 활발하지 못했던 점에 비해서 민간무역은 매우 활발했다. 양국간의 관계가 단절되었을 때나 연결되었을 때나 송나라 상인의 출입은 계속되고 있다. 송나라 상인의 최초의 고려 내왕은 현종 3년(1012) 육세령(陸世寧)이 토산물을 가지고 온 것이다. 그 후로 현종 때부터 충렬왕 4년(1278)까지 총 126회에 이르며, 매회 온 인원은 50여 명 내외였다. 송나라 상인의 출입은 현종부터 인종까지 빈번하였는데, 특히 문종 때에 매우 활발하였다.

당시의 송나라 상인의 출입이 얼마나 빈번하였던지 문종이 송나라와 정식으로 국교를 재개하려고 하자 내사문하성에서 송나라와 국교를 맺는 것은 북방의 거란을 자극하여 국가에 이롭지 못하며, 나라의 문물·예악이 크게 일어난 지 오래되었으며, 장삿배가 끊임없이 출입하여 보배가 날마다 들어오는데 굳이 중국에 의뢰할 것이 없다고 한 점에서도 여실히 드러난다.

송나라 상인의 내항은 7~8월에 가장 많아서, 전체의 절반가량을 차지한다. 이 시기 서남계절풍을 이용하여 고려에 입국하였다가 팔관회에 참석한 뒤 10~11월의 북풍을 이용하여 송으로 돌아갔을 것이다.

고려에 내왕한 송나라 상인은 대개 중국 남쪽지역, 푸젠성(福建省)의 췐저우(泉州)·밍저우(明州) 출신들이 많았다. 송은 건국 초부터 연운16주를 회복하기 위해 거란과 전쟁을 준비하면서 많은 전쟁비용이 필요했고 때문에 유례없는 중상정책을 쓰게 되었다. 이에 따라 광저우·밍저우·항저우 등의 남중국 해안에 무역항을 지정하여 시박사(市舶司)를 설치하고 상세를 거둬들였다.

고려에 오는 송나라 상인은 밍저우 시박사에서 발급하는 공첩을 가져야 하며, 귀국 때에도 시박사에서 귀환수속을 받도록 규정되어 있었다. 때문에 고려에 오는 많은 상인이 이 지방출신이라고 표기되는 것이다.

이들의 항로는 산둥반도 덩저우에서 동북 직선로에 의해 대동강 어구의 초도를 거쳐 옹진항 또는 예성강에 이르는 길을 사용했다. 그러나 문종대 이후로는 밍저우에서 동북으로 흑산도를 거쳐서 다시 동북행하여 고군산도 등 서해안 도서를 거쳐 예성강에 이르는 항로를 사용했다.

고려와 송나라 사이의 무역품은 매우 다양하다. 수출품은 금·은·구리·인삼·송자·황칠 등의 원료품과 능라·세저포·세마포·백지·향유·금은동기·나전기구·부채·금은장도·송연묵 등 가공품이 중심이고, 유황·도검·청서피 등 일본산·여진산 물품도 포함되었다.

수입품으로는 능견금라·자기·금박·약재·차·서적·악기·금은전 등이며, 향약·서각·상아·산호·호박·수정·소목 등의 서남아시아산의 물품도 송의 중계무역에 의해서 수입되었다. 무역품이 대개 사치품과 무기류가 많은 것은 당시의 국제무역이 귀족의 화려한 생활을 뒷받침하기 위한 것이기 때문이다.

거란·여진과의 무역

고려시대의 외교관계 면에서 거란과 여진이 차지하는 비중은 앞 장에 길게 설명한 송나라의 관계와 같이 매우 컸다. 우리나라는 중국대륙의 국가와 조공관계를 맺고 정치적·경제적·문화적으로 친밀하게 지내왔으나 이 시기에 이르러서 사태는 급박하게 돌아가고 있었다. 즉, 고려 초기에는 거란의 세력이 그리고 중기에는 여진의 세력이 강성하여서 송과 고려의 연결을 경계하며 꺼려하게 되었다. 특히 거란은 성종으로부터 현종까지 3차에 걸쳐서 우리나라를 침범하며 고려와 송의 관계를 끊으려고 하였다. 결국 고려는 송과 국교를 끊고 거란과 조공관계를 맺었다.

하지만 고려와 거란, 그리고 여진간의 경제적인 관계는 매우 소원했다. 이는 송과의 교류를 통해서 우리가 얻을 수 있는 경제적·문화적인 이득 같은 것을 기대할 수 없기 때문이다.

거란과는 그들의 1차침입 이후 목종 8년(1005)에 보주[현재의 의주]에 일종의 국경시장인 각장(榷場)이 설치되어 물품이 거래되기도 하였으나 곧 폐지되고 이후 몇 번의 치폐(置廢)를 거듭하면서 결국은 폐지되고 말았다. 각장무역이 폐지됨에 따라 양국 사이에는 의례적인 조공무역만이 이루어졌고 일부 밀무역도 행해졌다. 무역품목은 금속류와 포백류·공예품·필묵·종이 등을 조공품으로 바치면 능라·단사와 양을 주로 한 가축류 등을 회사품으로 받았다.

여진은 정종 3년(948)에 대광(大匡) 소무개(蘇無盖) 등이 말 7백 필과 방물을 가져와 바치자, 고려에서는 말을 3등급으로 나누어서 값을 지불하였다. 이를 시작으로 여진은 각 부족별로 내조하면서 토산물을 바쳤다. 이들은 말·철갑·화살·선박 등의 군수용품과 번미·표피·수달피·청서피·황모 등의 토산물을 바치고 고려로부터 회사품을 받아갔다. 여진인이 진헌물을 가지고 개경에 오면 객관에 머물게 하고 관리의 입회 아래 물품을 교환하게 하였다. 여진인에 농사에 필요한 소를 요청하기도 해서 고려정부에서 이를 보내준 적도 있다.

그러나 예종 10년(1115) 완안부의 아골타(阿骨打)에 의해서 부족상태로 흩어져 있던 여진인이 통일되고 금이 건국되면서 부족별로 따로따로 토산물을 바치던 관례는 사라지고, 조공관계가 맺어지고 나서는 여진과도 역시 조공무역을 행하게 되었다. 명종 13년(1138)에 매년 금에 가는 사신이 상품교역의 이익을 노려 토산품을 많이 가져가서 운반하는 데 폐단이 생기므로, 이를 없애기 위하여 사신이 휴대할 수 있는 물품을 양을 제한하고 그것을 어기는 사람을 파면시킨다는 것을 정하였다. 그만큼 조공무역을 하는 와중에도 사신들에 의한 개인적인 사무역이 행해졌다고 보여진다.

일본과의 무역

　고려와 일본은 정식국교를 맺지 않았으며, 따라서 고려시대는 그 어떤 시기보다도 관계가 매우 소원하였다. 고려의 대일무역은 제한적이고 거절적인 태도를 많이 보여주고 있다. 고려와 일본의 관계는 송과 고려, 또는 거란·여진과 고려와의 관계처럼 정식 조공무역이 행해진 것도 아니었으며, 국교가 단절되었을 때의 고려와 송나라의 관계처럼 자유로운 민간무역이 행해지지도 않았다.
　선진문물을 가진 고려로서는 일본과의 교류를 통해서 별다른 이득을 기대할 수 없었기 때문에 두 나라 사이의 교류도 매우 소원했다. 다만 표류해서 고려에 들어온 일본인을 돌려 보내준다든가, 반대로 일본에 흘러간 고려인을 보내준다든가 하는 정도의 교류가 보이고 있다.
　매우 소원했던 가운데에서도 양국 사이에 얼마간의 교류가 보이고 있다. 문종 27년(1073) 일본인 왕측정(王則正) 등 42명이 나전·안장·칼·벼룻갑·화병·향로·화살·수은 등을 바치기를 청하였으며, 일기도구당관(壹岐島勾當官)도 사신 등 33명을 보내 토산물을 바치려 하니, 고려가 이들을 뱃길로 개경까지 올 수 있게 허락한 기록이 있다. 이는 고려와 일본의 관계를 보여주는 대표적인 예라고 할 수 있다.

즉 일본의 상인이 개인적으로 고려에 물건을 바치고 회사품을 얻어 가거나[사헌무역] 일부 지방의 지방관이 사신을 보내서 진공하고 사여물을 바라는 약간의 공적인 성격의 무역이 병존했다.

무역품을 보면 일본에서 고려에 진상한 물품으로는 수은·유황·진주·법라·나갑·삼재·해조 등의 원료품이나 경갑·향로·화병 등 공예품, 칼·보도 등의 무기류, 감자·소·말·채단 등이며 소목 등의 남방산 물품이 섞여 있다. 고려의 하사품은 인삼·사향·홍화·호표피·면주·대장경·미곡·약재 등이었다.

하사품 가운데 미곡이 섞여 있는 것은 매우 중요한 의미를 띠는 것이다. 즉 대마도(對馬島)나 일기도(壹岐島) 등은 우리나라와의 교역을 통해서 식량문제를 곧잘 해결해 왔기 때문에 하사품으로 미곡을 내려준 것이다.

KOREA로 불리게 되다－아라비아와의 무역－

고려 현종 15년(1024) 9월에 대식국(大食國)의 열라자(悅羅慈) 등 100여 명이 와서 토산물을 바쳤다는 기록이 보이고 있다. 또한 이듬해와 정종 6년(1040)에도 대식국의 상인들이 왔다고 한다. 여기에서 대식국이란 아라비아, 오늘의 이란[1]을 일컫는 말이다. 지금도 비행기로 10시간 넘게 걸리는 아라비아의 상인들이 어떻게 동방의 끝에 있는 고려까지 오게 되었을까.

대식국인들은 당(唐)나라 이

---

1) 이란 :- 당시에는 페르시아 또는 사라센.

래로 중국 남쪽의 광저우(廣州)를 중심으로 무역을 해왔으며 송나라에 이르러 송의 해외무역 장려책에 힘입어 활기를 띠었다. 때문에 송에서 고려에 대한 풍문을 들어 고려에까지 오게 된 것이다.

그러나 대식국인의 내왕에 관한 기사는 위에 보이는 3회에 그치고 있어서 그들이 고려와 지속적인 무역활동을 했다고는 할 수 없다. 이는 당시 송나라 상인이 고려와 아라비아상인 사이에서 중계무역을 하고 있었으므로 이에 제약을 받았을 것이기 때문이다.

그렇지만 대규모 상인단의 출입과 송나라 상인에 의해 고려에 대해 지식을 갖게 된 이들에게 고려가 알려지면서 고려(KOREA)라는 국명이 서방세계에까지 알려지게 되었다는 점에서 매우 의미있는 교류였다.

이들이 가져온 수은·용치(龍齒)·점성향(占城香)·몰약·대소목(大蘇木) 등은 모두가 동남아시아나 중근동 지방에서 생산되는 것들로서 그 가운데 점성향은 안남지방에서 나는 것이었다. 이것은 대식국 상인들이 자기 나라에서 생산되는 물건을 항해도중 기항하는 동남아시아 지방에서 팔고 다시 점성향과 같은 상품을 사 가지고 와서 고려에 팔았음을 말해 주는 것이다. 고려는 이들을 매우 후하게 대접하고 그들이 돌아갈 때는 비단[金帛]을 많이 주었다고 전한다.

임경희

절에서
술을 팔다

사원의 경제력

고려시대에 사원의 경제가 발달하게 된 가장 큰 요인은 왕실 및 귀족들의 뒷받침이 컸다는 사실이다. 이는 고려의 건국이 불교와 밀접한 관계를 갖고 성립한 데에서 찾을 수 있다. 태조 왕건은 후삼국의 분열을 종식시키고 고려를 개창하였지만 신라와 후백제 지역에 산재하고 있었던 각처의 호족들을 새로운 왕조의 지배체제 속으로 완전히 흡수하지는 못했다. 그러므로 태조는 호족연합정책을 펴나가면서 왕권안정을 위해 노력하였다.

그런데 각 곳에 널려 있던 호족들을 포용한다는 것은 곧 선종 사원들을 포용한다는 의미를 내포하고 있었다. 왕건 자신도 그가 남긴 훈요십조에서 후삼국을 통일하는 데 부처님의 가호가 컸다는 점을 언급하였고 또한 자신의 뒤를 잇는 모든 왕도 불교를 신봉하도록 당부했다.

때문에 태조가 후삼국을 통일한 이후 왕조의 개창과 더불어 불교를 돈독히 신봉한 사실은 널리 알려진 일이다. 또한 역대 왕들도 불교신자가 되겠다는 약속으로서 보살계를 받고 불교를 열심히 신봉함으로써 고려왕조를 일명 불교국가로 불릴 정도로 불교가 차지하는 비중은 컸었다.

이러한 정치적 배경을 바탕으로 승려들은 사실상 귀족적 신분층으로 상승하였고 사원은 많은 토지와 노비들을 소유하여 탄탄한 경제적 기반을 이룩했다. 그리고 사원은 불가의 계율에 위배되는 술·소금·목축·파·마늘·꿀·기름 등을 생산하여 판매함으로써 이익을 남겨 경제력을 증대시키고, 나아가 사원에 소용되는 물품을 자급자족하기 위해 만든 가내수공업적 단계가 전문적 수공업 단계로 발전하면서 잉여품을 판매하여 영리를 도모하기도 하였다. 이에 더해 심지어는 8배 내지 10배가 넘는 고리대 행위를 통해서까지 이윤을 남겨 경제력의 증대에 한몫을 보태기도 하였다.

한편 고려시대에는 수많은 불교 법회가 베풀어졌는데 여기에는 필연적으로 많은 경비가 요구되어 보시가 뒤따르게 마련이었다. 불교에서는 보시와 불사의 공덕을 인정하고 있다. 따라서 승려나 사원에 보시하여 불사를 일으키는 이유는 물론 개인의 소원을 이루고자 하는 뜻이 강했겠지만, 여기에서 남는 경제력을 국가와 백성의 발전과 안녕을 기원하는 용도에 사용하였다면 좀더 바람직한 일이었을 것이다.

그러나 결과는 불교계의 거대한 경제력으로 인해 국가경제는 고갈되고 민생은 도탄에 빠지면서 불교를 배척하는 논쟁을 야기시켜 불교가 쇠퇴하는 하나의 요인을 제공하였다. 이러한 상황은 고려시대 불교만의 일은 아니고 오늘날의 모든 종교계도 너무 지나친 경제력 증대에만 심혈을 기울인다면 현재의 어느 시점에서나 언제든지 똑같은 일이 재현될 수 있다는 역사의 두려움을 되새겨야 할 것이다.

사원의 대토지 소유

불교는 고려사회에 정신적으로 매우 큰 영향을 주기도 하였으나, 반면에 물질적·세속적인 면에서는 너무 많은 재산을 소유하여 비난의 대상이 되기도 하였다. 사원의 경제력을 증대시키는 데 가장 큰 비중을 차지하고 있는 것이 토지였다. 사원의 토지는 사유지와 수조지(收租地)로 구분된다.

사유지는 사원이 본래부터 갖고 있었던 토지, 국왕이 시납한 토지, 귀족과 양민들이 시납한 토지 및 사원이 소유하고 있는 노비노동에 의해 개간한 개간전이나 사원의 재력으로 사들인 토지 등으로 사원이 소유권을 갖고 있는 토지를 말한다. 반면에 수조지는 사원을 국가의 공적 기관으로 간주하여 소유권은 부여하지 않고 단순히 국가의 명에 의해 타인의 토지에다 정해진 비율만큼 조를 거두어들일 수 있는 권리를 위임해 준 토지를 의미한다.

그러면 먼저 사원이 소유권을 갖고 있는 사유지에 대해서 구체적인 기록을 통해 이해해 보도록 하겠다. 후삼국이 통일되기 이전 신라의 여러 사찰은 많은 토지를 소유하고 있었다. 그 뒤 태조 왕건에 의해 후삼국이 통일된 뒤에 신라 이래의 여러 사원이 소유하고 있었던 토지를 국왕의 시납이라는 명분으로 그 소유권을 인정해 주었다.

이에 대해서는 『삼국유사』에 기록된 운문사의 경우에서 찾아볼 수 있다. 즉 태조 왕건이 후삼국을 통일하기 이전 경북 청도지역에서 산적을 만나 어려움에 처했을 때 봉성사에 머물고 있던 보양스님의 도움을 얻어 위기를 벗어날 수 있었다. 그 뒤 왕건이 후삼국을 통일하고 나서 보양스님이 작갑사에 절을 짓고 산다는 말을 듣고 은혜에 보답하고자 태조 20년(937)에 5갑사의 토지 500결을 시납하고 절 이름을 운문선사라 하였다는 것이다. 이 때에 왕건이 시납한 5갑사의 토지 500결은 후삼국의 혼란으로 폐사되기 이전에 5갑사가 소유했던 토지로 이해된다.

비록 왕건이 통일을 이룩하기는 했으나, 아직도 신라나 후백제 지역에 흩어져 있던 호족들이 각 지역을 장악하고 있었기 때문에 수도 개경으로부터 멀리 떨어져 있었던 청도지역의 토지를 국왕 임의대로 시납할 수 있는 상황은 아니었다. 그러나 운문선사의 경우에는 보양스님에 대한 은혜의 보답으로 혼란기에 무너진 5갑사 소유의 토지를 새로운 왕조의 권능으로 법적 소유권을 다시 인정해 준 것에 불과한 것이었다.

이러한 사실은 비단 운문사의 경우에만 해당되는 것은 아니었을 것이고 왕건에게 호응한 모든 사원도 이 같은 특혜를 받았을 것으로 생각된다. 사원의 사유지에 대한 구체적인 기록은 현종 22년(1031)에 작성된 「약목군정토사오층석탑형지기」에서 확인된다. 이 기록에는 형지기가 작성된 연유, 토지의 소유주, 토지의 등급, 토지의 형태, 측량한 토지의 방향, 사방의 경계표시, 토지를 측량한 척의 단위, 총척수 등이 명시되어 있어 정토사가 소유한 토지는 사유지임이 확실하다 하겠다.

또한 국왕뿐만 아니라 귀족과 양민들이 사원에 토지를 시납하는 일도 보편적으로 이루어지고 있었다. 귀족과 양민들이 시납한 경우에는 그들의 사유지를 시납하였을 것이므로 사원의 사유지로 편입되었을 가능성이 크다. 이에 대해서는 성종 때의 명신이었던 최승로의 손자 최제안이 국왕의 만수무강과 국가의 안녕을 빌기 위해 토지를 시납하여 파괴된 경주의 천룡사를 재건하였으며, 팔공산의 지장사에 토지 200결, 비슬산의 도선사에 토지 20결, 서경의 사면산사에 토지 20결을 각각 시납한 사실이 있다.

또 공민왕이 원명국사를 임천 보광사에 주지하게 하자 원명국사의 형인 전농시의 판사로 퇴임한 김영인과 중대광 평양군 김영순이 토지 100경을 시납하였다. 이밖에도 사원의 낙성 및 중창이나 명복을 빌기 위해서 또는 개인의 소원성취 등을 위한 명분으로 고려 일대를 통해 끊이지 않고 시납이 이루어지고 있었다. 이같이 사원에 토지를 시납할 때에는 관의 결재를 받아야 했으며, 시납한 뒤에는 새로이 문서를 작성하고 사원의 사유지로 귀속되었다.

한편 양민들이 토지를 시납한 구체적인 기록은 찾아볼 수가 없다. 그러나 성종 4년(985)·현종 8년(1017)·숙종 6년(1109)에 집을 버려 절로 삼는 것을 금지하고 있고, 공민왕 3년에는 사원에 토지를 시납하지 못하도록 엄격히 규제하고 있다. 이런 사실로 미루어보아 민간사회에서도 사원에 토지를 시납하는 행위가 일반적으로 이루어지고 있었을 것으로 이해해도 별 무리는 없을 것 같다. 이처럼 양민들이 시납한 토지는 그들이 소유한 사유지 즉 민전이었다. 그렇기 때문에 세금이 면제된 사원의 토지가 많아지므로 인해 상대적으로 국가재정의 원천인 민전이 감소되어 국가세수에 막대한 지장을 초래하였다. 따라서 국가재정의 결핍을 막기 위해 법적 조처가 취해지지 않을 수 없었던 것이다.

사원은 본래부터 소유한 사유지나 시납에 의한 사유지의 확대에 만족하지 않고 개간을 통해서도 토지를 넓혀 나갔다. 무신집권기에 수암사는 토지를 개간하여 농지를 확보하기도 하였다. 이외에도 사원은 막대한 재력을 이용하여 좋은 토지를 사들이거나, 사원의 권력을 배경으로 강제로 토지를 빼앗아 점유하는 탈점에 의해서도 사유지를 확대하기도 하였다.

이와 같은 사원의 사유지는 그에 예속된 노동력에 의해 직영되거나, 혹은 소작제 경영에 의해 이루어졌다. 직영제 경영은 사원이 소유하고 있는 노비와 하급승려들이 경작에 동원되었다. 반면에 소작제 경영을 채택한 경우는 사자갑사의 땅을 빌려 경작하면서 만년을 보낸 최해의 예와 같이 전호에 의한 경작을 예상할 수 있다.

또 사원에 부속되어 있던 전호적 존재인 수원승도에 의한 경작도 짐작해 볼 수 있다. 수원승도는 불법을 수행하는 승려도 아니지만, 국가에 세금도 바치지 않는 비승비속의 존재로 사원 주변에 거주하면서 사원의 토지를 경작하는 전호적 계층이었다.

한편 사원에는 소유권에 입각한 사유지뿐만 아니라 사원을 하나의 공적 기구로 간주하고 단순히 조만을 거두어들이도록 한 수조지도 존재하고 있었다. 사원의 수조지는 사원 주변에 위치하고 있는 백정농민들이 소유한 민전 위에 설정하여 백정농민들로부터 민전의 수조율과 같은 10분 1의 전조를 거두어들이도록 위임한 토지이다. 이처럼 사원은 사유지뿐만 아니라 수조권에 입각한 토지까지를 분급받아 대토지를 소유하여 사원경제의 토대를 탄탄하게 다져 나갔다.

사원의 상업활동

고려시대의 사원은 막대한 토지 이외에도 술·소금·가축·파·마늘·유봉밀의 생산판매와 심지어는 고리대라는 방법을 이용하여 사원의 경제력을 증대시켰다.

그러면 불교에서는 원칙적으로 상업활동은 허락하지 않았는가? 본래 인도에서 발생한 불교는 그 초기에 사원이나 승려들의 수행을 위해 필요한 만큼은 상업활동이 허락되었다. 그러나 인도불교의 상업관은 사원공동체의 자급자족을 위한 경제생활 이상의 이윤을 목적으로 한 영리행위를 용인한 것은 아니었다.

그런데 고려시대에는 사원의 승려들이 불교의 교리에 위배되는 물품을 생산하여 판매하는 상행위가 점차 심해지게 되었다. 이에 충숙왕 3년(1316)에는 승려들의 상행위를 금지하는 법적 조치가 취해졌다. 그러면 이와 같은 사원 및 승려들의 상행위에 대한 구체적인 실상은 어떠했는가.

먼저 사원 및 승려들의 상행위에 대한 예로는 양조업을 들 수 있다. 정부는 성종 2년(983)부터 개경에 6개소의 주점을 열어 술의 판매를 장려하였다. 이 같은 국가의 주점설치는 사원의 양조업을 조장하는 결과를 초래하였다. 국가의 정신적인 지주로써 백성들을 계도해야 할 사원이 술을 생산하여 판매함으로써 사회의 비난이 일게 되자, 정부는 이를 규제하는 법적 조치를 취하였다. 즉 현종 원년(1010)에 승려들이 양조행위를 금하는 규제조치가 내려졌다.

그러나 왕의 금지령에도 불구하고 사원에서의 양조는 계속해서 이루어졌다. 이에 현종 12년에 다시 모든 사원의 승려들이 술을 마시고 즐기는 것을 금지하고, 또 사원에서의 양조를 금하였다. 그렇지만 잦은 금령에도 불구하고 양조행위는 근절되지 않고 계속되었다. 이는 국가가 사원에 대해 형식적인 금지령만을 내리고 강력한 법적 조치를 취할 수 없었기 때문으로 사원의 막강한 세력을 짐작케 해주는 사실이라 하겠다.

당시 양조에 소모된 미곡 소비량은 얼마나 되었을까. 이에 대한 기록이 많지 않아 자세한 실상은 알 수 없지만, 현종 18년에 양주(楊州)에서 보고한 내용 속에 "장의사·삼천사·청연사 등의 승려들이 금령을 어기고 양조한 쌀이 360여 가마가 되었다"고 한 것으로 보아 전국의 사원에서 양조가 이루어졌다면 실로 엄청난 양의 미곡이 소비되었을 것이다.

사원에서 생산된 술은 사원 자체에서 소비하고자 한 것이 아니라 이를 상품화하여 판매할 목적에 그 뜻을 두고 있었다. 즉 인종 9년(1131)에 중앙과 지방에 있는 사원의 승도들이 술과 파를 팔고 있었던 기록을 통해 양조된 술이 상품으로서 판매되고 있었다는 사실을 알 수 있다.

다음으로 사원은 많은 염분(鹽盆)을 소유하고 소금을 생산 판매하여 이득을 취해 경제력을 증대시켰다. 염제에 대해『고려사』식화지 염법조에서 국초의 제도는 역사서에서 고찰할 수 없다고 하였으므로, 전기의 염제에 관한 사항을 잘 알 수가 없다. 국가에서 소금에 관심을 갖고 적극성을 띠기 시작한 것은 후기의 일이다.

충렬왕 14년(1288)부터 소금을 전매하게 하였는데 국가의 의도대로 시행되지 못하였다. 그러자 충선왕 때에는 모든 궁원·사원·권세가들이 차지하고 있는 염분을 관청에 납입시키는 조치를 취하였다. 이러한 사실들로 미루어 본다면 소금의 전매제가 실시되기 이전부터 곳곳에 사사로이 염분을 설치하여 소금의 생산판매를 통해 그 이익을 독점하고 있었음을 알 수 있다.

또한 사원은 목축업을 통해 상업활동을 하기도 하였다. 문종 10년에 내린 왕명 가운데 "역을 꾀한 무리들이 사문에 의탁하여 재물을 불려 생계를 경영하며 밭갈이와 축산으로 생업을 삼아 장사하는 것을 풍습으로 삼고" 있다는 사실이 이를 잘 말해 준다. 사원에서 목축한 가축의 종류는 주로 말과 소였다. 당시 수익성이 높은 말과 소를 사육하여 경제적 부를 축적하는 데 힘쓰기도 하였다.

그리고 사원에서는 파·마늘·기름·꿀을 생산하여 판매하기도 하였다. 예를 들어 문종 10년(1056)의 기사에 의하면 "불경을 강의하는 장소를 떼어내서 파밭·마늘밭을 만들었다"고 하였고, 다시 인종 9년(1131)에는 "중앙과 지방에 있는 사원의 승도들이 술과 파·마늘을 팔았다"는 기록이 이를 잘 말해 주고 있다. 또 의종 11년(1157)에 "대부시(大府寺)에서 기름과 꿀이 고갈되었다고 보고하므로 모든 사원에서 징수하여 하늘에 제사지내는 비용에 충당하도록 하라"고 한 사실은 사원에서 기름과 꿀이 생산되고 있었음을 알려주고 있다.

끝으로 사원은 불가의 본질을 외면한 채 고리대와 보의 이식행위로 막대한 부를 축적하기도 하였다. 고려사회에 통용되던 법정이자율은 경종 5년(980)에 정해진 3분의 1이 적용되었으나 잘 지켜지지 않아 성종 원년(982)에는 자모상모(子母相侔)라 하여 원금과 이자가 같은 액수가 되었을 때는 원금 이상의 이식을 취하지 못하게 하는 법이 보완되었다. 그렇지만 이러한 법식은 제대로 시행되지 못하고 후기로 접어들면서 사회·경제 구조의 변화에 따라 양민들의 생활은 더 어렵게 되고 고리대 행위는 한층 심화되었다.

이와 같은 고리대는 지배계층뿐만 아니라 사원에서도 양민들을 대상으로 자행되었다. 즉 명종 18년(1188)에 "거친 포(布)를 강제로 빈민에게 대여해 주고 그 이자를 취하니 모두 금지하라"고 하였고, 또 명종 26년에 최충헌 형제가 이의민을 제거하고 올린 글 속에서 '승려들이 왕의 총애를 기화로 이식행위의 폐단이 적지 않았음'을 지적하고 있다.

그런데 이식행위의 폐단을 비판했던 최충헌의 손자들이 아버지인 최우의 권력을 배경으로 고리대를 자행하였다. 최우는 적자가 없어 기생 서연방에게서 만종·만전 두 아들을 낳았다. 뒤에 최우는 병권을 사위인 김약선에게 물려주고자 하였으나, 만종과 만전이 앙심을 품고 난을 일으킬까 두려워, 두 아들을 송광사에 보내 승려가 되게 하고 선종 승려에게 제수하는 두번째 법계(法階)인 선사(禪師)의 승계를 내려주었다. 그 뒤 만종은 단속사에, 만전은 쌍봉사에 주지하게 되었는데, 이들은 불도를 닦는 데 전념하지 않고 자기들의 주변에 무뢰승을 모아 식리사업에만 주력하여 거만을 헤아릴 정도의 많은 재산을 축적하였다.

더 나아가 이들은 경상도에서 축적하고 있었던 50여만 가마라는 막대한 양의 관곡을 식리사업에 투자하여 그 이자를 착복함으로써 양민들은 남는 곡식이 없어 국가의 조세조차도 여러 번 바치지 못하는 실정이었다.

최우의 두 아들의 고리대 행위가 아버지의 권력을 배경으로 해서 이루어진 특수한 경우라고 할 수 있겠으나, 앞에서 언급한 사실과 관련시켜 보면 당시 사원에서의 고리대 행위는 보편적 현상이었을 것이다. 이 같은 고리대 행위는 말기에 더욱더 심화되어, 공민왕 원년에는 이를 엄히 다스리도록 하는 명령을 내리기도 하였다. 즉 사원에서는 이식을 취함이 일정하지 않고 제멋대로 이율을 정하여 고리를 취하였다. 심지어 양민들은 고리를 감당하지 못해 자녀를 팔기도 하였는데 3년이 넘도록 돌려보내지 않고 노역을 시키는 사원이 많았을 정도로 높은 이자를 받는 이식행위가 심화되었다.

또한 우왕 때에는 승려들이 불사를 빙자하여 강제로 양민들에게 쌀 1말과 포 1척을 빌려주고 각각 1가마와 8척을 거두어들이니 무려 10배 내지 8배에 달하는 높은 이자를 감당하기란 쉬운 일이 아니었다.

한편 사원의 기초적 경제 행위로서 '보(寶)'를 운영하였는데, '보'란 방언으로 전곡을 시납하여 그 본전을 보존하고 이식을 취해 영원히 이롭게 한다고 하여 일컬어진 이름이다. 즉 '보'라는 것은 시납한 전곡을 기본자산으로 하여 그 이자를 취해 어떤 특수목적에 사용하고자 한 것이다. 고려시대에는 여러 가지 명목의 '보'가 설치되어 운영되었다.

그 가운데 사원과 연관되어 있었던 '보'로는 승려들이 불학을 장려하기 위해 설치되었던 '불명경보'와 '광학보', 현화사의 금종을 주조하기 위해 기금을 조성했던 '금종보' 및 반야경의 주조를 위한 '반야경보', 공신들의 공덕을 기리기 위해 설치했던 '기제보' 등이 있었다. 그러나 승려들은 '보' 본래의 목적을 망각하고 이를 이용하여 고리대 활동을 자행하기도 하였다. 이는 성종 원년(982)에 최승로가 올린 시무책 28개 조항 가운데에서 불보의 전곡을 여러 절의 승려들이 각각 주와 군에 사람을 시켜 관장하면서 해마다 장리(長利)를 주어 백성을 괴롭히고 있으니 이를 금지하도록 요청한 사실이 이를 잘 입증해 주고 있다.

지금까지 살펴본 바와 같이 사원은 불교의 계율에 얽매이지 않고 이윤을 남길 수 있을 만한 세속적인 상업활동을 도모해 오히려 백성들로부터 비난의 대상이 되어 불교계가 쇠퇴하는 한 요인이 되었음을 현금의 모든 종교계는 거울삼아야 할 것이다.

통도사 이야기

　통도사(通度寺)는 자장율사가 당나라에서 부처의 가사와 사리를 받아 가지고 귀국하여 선덕여왕 15년(646)에 창건하였다. 창건당시에는 대웅전·적멸보궁·법당 등의 건물이 있었다. 절이름에 대해서는 다음과 같은 재미있는 설이 전해지고 있다. 첫째 통도사가 위치한 이 산의 모습이 부처님이 설법하시던 인도 영축산의 모습과 통하므로 통도사라 했고, 둘째 승려가 되려는 사람은 모두 이 금강계단을 통해야 한다는 의미에서 통도라 했고, 셋째 모든 진리를 회통하여 일체 중생을 제도한다는 의미에서 통도라 이름 붙여졌다는 것이다. 이러한 해석을 누가 내렸고 언제부터 세상에 유포되기 시작했는지는 알 수 없어도 통도사의 성격을 잘 나타내 주는 표현이라 할 수 있겠다.

　자장율사가 이 절에 금강계단을 쌓고 진신사리인 부처님 몸을 모셨기 때문에 법보사찰인 해인사, 승보사찰인 송광사와 더불어 불보사찰로서 삼보사찰의 하나를 이루게 되었다. 통도사의 건물배치를 보거나 창사의 정신적 근거를 찾을 때 이 절의 중심은 금강계단에 있는데 이에 대해 승 일연은 『삼국유사』에서 민간사회에 전해 오는 이야기라고 하면서 다음과 같이 기록하고 있다.

> 옛날 고려에서 전후로 두 명의 안렴사가 와서 금강계단에 예를 올리고 사리를 봉안한 돌 뚜껑을 들고 들여다보니 처음에는 큰 구렁이가 돌 함 속에 있는 것을 보았고, 두번째는 큰 두꺼비가 돌 위에 쪼그리고 앉아 있는 것을 보았다. 그 뒤부터는 이 돌 뚜껑을 감히 들어보지 못했다.

　이 사실과 같이 승 일연이 이러한 전승을 들었던 시점까지 금강계단의 사리탑은 몇 번 열려져 공개되면서 신이한 사건이 일어났다는 이야기이다. 그 뒤 고종 22년(1235)에 상장군 김리생과 시랑 유석이 금강계단의 사리탑을 들어내고 돌상자 속의 사리를 꺼내 예를 올렸다는 사실이 『삼국유사』에 기록되어 있다.

그러다가 고려 말 국세가 극도로 미약해진 틈을 타서 잦은 왜구의 침입으로 금강계단은 일대 수난을 겪게 되었다. 고려 말의 대학자였던 이색이 지은 「양주통도사석가여래사리기」에는 왜구에 의한 사리약탈의 의도가 상세히 전해지고 있다. 왜구들은 불교의 성스러운 물건을 일종의 재보로 여기고 항시 중요한 약탈대상으로 여기고 있었다.

이 당시 통도사의 주지였던 월송스님은 왜구로부터의 약탈을 모면하기 위해 1379년 석가여래의 정골·사리·가사 등을 가지고 서울로 피신해야 할 정도로 금강계단에 보존하고 있던 사리는 고려인들의 대표적인 신앙의 대상으로 여겨졌던 것이다.

신라시대의 가람배치는 남북 일직선상에 일 법당, 일 탑을 세우는 것이 정형으로 되어 있는데 통도사는 그것과는 달리 대웅전 바로 뒤 북쪽에 위치하고 있는 금강계단이 중심이 되면서 동서로 여러 전각이 배치되어 있다. 특히 중심건물인 대웅전은 정방형 법당 외부 4면에 각각 다른 이름의 현판이 걸려 있다. 동쪽에는 대웅전, 서쪽에는 대방광전, 남쪽에는 금강계단, 북쪽에는 적멸보궁이라고 써 있다.

물론 이러한 말은 표현만 다를 뿐 그 내용은 하나다. 부처님의 진신사리를 봉안했기 때문에 적멸보궁이라 했고, 그 사리탑은 깨뜨릴 수 없는 금강계율의 근본도량이 되기 때문에 금강계단이라 했으며, 이러한 곳은 진리의 몸인 법신불이 상주하는 대화엄의 근본도량이므로 대방광전이라고 한 것이다.

대웅전은 석가모니 세존을 모신 법당을 말하는데, 대웅이란 큰 영웅이라는 의미로 원래 석가모니불을 가리키는 말이다. 대웅전 법당 내부에는 불상이 없고 다만 거대하고 화려한 불단이 조각되어 있는데 이는 뒤편의 금강계단에 부처의 사리를 봉안하고 있기 때문이다.

이 절에는 많은 문화유산이 산재하고 있는데 그 중에서도 고려시대의 것으로는 금속공예기술의 우수함을 엿볼 수 있는 은입사 향로와 당시의 토지경제를 이해하는 데 중요한 단서를 제공해 주고 있는 국장생석표 2기가 남아 있다.

장생표와 장승

장승의 기원은 선사시대까지 거슬러 올라가 선돌에서 찾아볼 수 있으며 명칭 또한 시대의 변화에 따라 지역마다 다르게 불렸다. 신라와 고려시대에는 장생(長生)·장생표·국장생석표(國長生石標)·석적장생표·석비장생표 등으로 표기하였고, 조선시대에는 장생(長栍)·장생우(長栍偶)·후(堠)·장승·장성·장선생·장선·당승·쟝승·장신 등으로 기록하고 있다.

그러면 먼저 고려시대에 보이고 있는 장생표에 대해서 살펴보기로 하겠다. 장생표에 관한 기록으로는 청도 운문사와 양산 통도사의 사적에서 참고할 수 있다. 『삼국유사』에 의하면 태조 왕건이 후삼국을 통일하고 난 직후인 태조 20년에 토지 500결을 운문사에 시납하였는데 여기에 장생표 11개가 946년(정종 1)에 세워진 것으로 전하고 있다. 여기에 세워진 장생표는 왕건이 시납한 토지 500결의 지배범위를 나타내는 경계표시였을 것으로 이해하고 있다.

또한 장생표에 의하여 경계표시가 명시된 사원의 영역으로서는 통도사의 토지가 주목을 받고 있다. 유명한 『통도사사리가사사적약록』에 의하면 대체로 14세기 초엽의 통도사는 12개의 장생표에 둘러싸인 주위의 둘레가 4만 7천 보쯤 되는 광대한 토지를 지배하고 있었다. 통도사가 어떠한 과정을 거쳐 그 방대한 토지를 지배하게 되었는지는 잘 알 수 없지만 국가·왕실의 보호를 받아 형성하여 유지되었을 것이라는 것은 충분히 짐작된다.

이를 뒷받침해 주는 사실로 통도사의 국장생석표에 새겨진 명문이 그 단서를 제공해 주고 있다. 이 석표는 절을 중심으로 사방 열두 곳에 세웠다고 하는데 현재 두 곳에 석표가 남아 있다. 그 하나는 양산군 하북면 답곡리에 있는데 보물 74호로 지정되어 고려시대 사원의 토지경제를 이해하는 데 매우 중요한 학술적 가치를 지니고 있다. 이 국장생석표는 통도사에서 동남방 2km지점 국도변에 위치하고 있고 높이 166cm, 폭 60cm의 화강석 돌기둥에 해서체로 다음과 같은 내용이 음각되어 있다.

> 통도사 손내천의 국장생표 일좌는 통도사의 보고에 대하여 상서호부로부터 을축년 5월 일에 통도사에 통첩하기를 앞서 결정한 대로 고쳐 세우라고 분부하여 왔기 때문에 이 장생표를 세운다. 대안 원년 을축 12월 일 기록함.

이 기록 가운데 대안 원년은 고려 선종 2년(1085)에 해당한다. 또 다른 하나는 울주군 삼남면 상천리에 있는데 통도사에서 약 4km 지점에 위치하고 있다. 크기는 양산군 하북면의 국장생석표와 비슷하고 명문의 내용도 같은 것으로 간주하고 있다.

통도사의 국장생석표에서 주목되는 것은 장생표의 건립에 국가의 기관인 상서호부가 개입하여 그 지시와 명령에 따라 장생표가 세워졌다는 사실이다. 이것은 통도사의 방대한 토지가 국가·왕실의 보호아래 형성되었기 때문에 통도사가 독단적으로 장생표를 세우지 못하고 국가적 권력의 인가가 필요하였던 것이다. 그러므로 국장생석표는 국가에서 인정한 통도사의 토지영역을 확인해 준 경계표시의 의미를 담고 있었다고 할 수 있겠다. 이러한 이유로 고려시대의 장생표는 조선시대와는 달리 사찰의 지배영역을 표시하는 계표로서의 기능을 갖고 있었다.

반면에 조선시대에 와서는 장생(長栍)으로 표기하다가 16세기경 최세진이 『훈몽자회』에서 후(堠)를 '댱승후'로 풀이한 이후부터 장승이라는 명칭이 사용된 것으로 생각된다.

장승은 전국적으로 분포된 마을 공동체의 신앙대상물로 나무기둥과 돌기둥에 사람얼굴 또는 신장(神將)의 얼굴을 그리거나 조각하고 하부 몸통에는 천하·지하 대장군, 5방위 신장 등의 글자를 쓰거나 새겨넣어 마을입구에 세워 마을을 지키게 하는 수호신상이다.

장승은 솟대·선돌·서낭당·산신당·당목 등과 함께 마을공동체의 숭배물로 동제(洞祭)신앙을 형성하는 대표적인 민간신앙물이라 할 수 있다. 이들에 대한 신앙과 의식은 마을공동체 구성원의 사회적 유대와 공동생활의 협동과 단합을 증대시키는 한편, 구성원들에게 정신적 위안을 주기도 하였다.

장승의 기능은 마을의 안녕과 질서를 지켜주는 마을의 수호신, 풍농·풍어를 축원하는 신격대상물·풍수지리적 비보물·이정표·경계 표시 등 복합적인 기능을 갖고 있다. 그러나 역시 장승의 기능은 마을 공동체의 신앙의 대상으로써 수호신 및 축원대상의 기능이 강했던 우리 민족의 대표적인 민간신앙물이었다고 할 수 있을 것이다.

이상선

몽골과의
문물교류

　13세기 초 징기스칸이 몽골의 여러 부족을 통일한 뒤 세계정복에 나선지 불과 1세기도 안 되는 짧은 기간 안에 그의 후예들은 인류역사상 가장 넓은 영토의 대제국을 건설하였다. 초기에는 중앙아시아의 여러 부족과 중국 북부의 여진족이 세운 금(金)나라가 주요 공략대상이었으나 곧 서유럽을 제외한 전 유라시아 대륙은 몽골의 침략에 시달리게 되었다.

　고려 역시 예외는 아니어서 수도를 강화도로 옮기면서까지 몇 십년간 항쟁을 계속하였으나 결국에는 굴복하지 않을 수 없었다. 몇 차례의 대대적인 몽골의 침략에 고려의 경제와 사회는 피폐해졌고 항복 이후에는 몽골의 무리한 경제적 요구에 시달리게 되었다. 하지만 또 한편으로는 고려가 대몽골제국의 한 부분으로서 자유로운 교류를 제한하거나 차단하는 국경이 없어지면서 역사상 그 어느 때보다도 외국과의 물적·인적 교류가 활발하던 때이기도 하였다. 고려와 몽골과의 공적·사적 교역은 양국에 어떠한 영향을 주었을까?

고려 전기의 조공무역

　원래 전근대 동북아시아 대외관계사에서의 조공제도란 각 왕조간

평화로운 관계를 유지하려는 정치적 성격의 것이었다. 그리고 이러한 공식적인 관계에서 서로 교환하는 조공품과 회사품은 각국의 특산물이나 토산물을 성의의 상징적인 표현으로 보낸 것이기에 대개 그다지 큰 규모의 물적 교류의 목적은 없었다. 하지만 다른 한편으로는 중국의 왕조가 민간교역을 자유롭게 허용하지 않는 상황에서는 이 조공체계에는 경제적 교류라는 부차적인 기능을 가지고 있었다.

특히 중국의 주변국가는 중국으로부터의 '하사품'이 그들이 바치는 소량의 '조공토산물'보다 더욱 큰 가치가 있었기 때문에 적극적으로 조공체제에 응하였는데 이들에게서 조공형식을 따른다는 것은 중국물건을 얻기 위해 지불하는 단순한 형식적인 복종의 표현이었다. 즉 대부분의 중국 주변국가에서 중국과의 관계는 무엇보다도 경제적인 교역을 위한 것이었고, 중국에서는 교역의 기본이 조공이었다. 사실상 중국은 이른바 상국(上國)이나 종주국의 위엄을 보이기 위해 막대한 경제적 대가를 치러야만 했던 것이다.

고려시대의 조공무역은 자료의 부족으로 자세한 내용을 알 수 없다. 그러나 대체로 원간섭기 이전에는 고려가 형식상의 작은 규모의 토산물을 보내는 데 그치고 거기에 상응하는 회사품의 대가는 충분히 받았다. 그러므로 고려조정은 대외관계에서 조공 때문에 재정상 부담이 없었던 것 같다.

그리고 고려의 조공품은 송나라가 거란의 요나라 여진의 금나라에 매년 납부해야 했던 세폐(歲幣)와는 품목이나 규모가 전혀 다른 것이었다. 이는 훗날 원간섭기와 조선시대에 중국으로 보내는 조공비용이 국가의 주요지출로 나라재정을 심각하게 압박했던 것과는 성격이 달랐음을 알 수 있다. 원나라가 조공제도를 통하여 고려로부터 수탈한 물적 규모는 어마어마하였고 조선 역시 항상 명이나 청에게 보낸 조공품이 받은 회사품보다 몇 배, 많게는 10배까지도 많았다.

고려는 건국 후 곧 중국 5대 여러 왕조와 교역했고 이어서 송·요·금과 계속해서 조공제도에 입각한 공식관계를 맺었다. 이 가운데 직접 국경을 맞대고 있지 않던 송나라와의 관계는 군사적 충돌의 위험이 적어서 다른 나라와의 관계보다 훨씬 원활하였다. 고려의 입장에서 볼 때 송과의 교역의 주요목적은 중국문화를 받아들이고 조공체제에 부수되는 무역에서 경제적인 이득을 취하는 것이었다.

고려는 사실상 조공을 통하여 송으로부터 충분한 보상을 받았고 고려사절에 대한 송의 지출은 아주 방대해서 유명한 당대의 문장가인 소식(蘇軾)을 포함한 몇몇 송 관리로부터 항의를 불러일으킬 정도였다고 한다. 뒤에 고려는 조공무역이 없이도 빈번히 왕래하는 송나라 상인들을 통해 중국의 문화적·경제적 물품을 얻을 수 있게 되자 공식적인 조공관계를 유지할 필요가 없어진데다가 요나라의 군사적 압력도 있어 몇 십 년간 송과의 관계를 단절하기도 하였다.

송과의 관계가 무역을 중심으로 전개되었다면 요나라와 금나라와의 관계는 서로 맞대고 있는 고려 북쪽국경의 안보유지가 주된 목적이었다. 여기에서도 조공체제의 틀 안에서 대외관계가 이루어졌다. 고려가 새해와 황제의 생일을 축하하는 사신을 보내면 그쪽에서도 답례

13세기 원제국(元帝國)의 마패
파스파 문자로 된 이 마패는 원제국내에서 외교사절 등이 제지 없이 통과할 수 있는 현재의 여권과 같은 기능을 가지고 있었다.

가 있었는데 그 대표적인 것이 고려왕의 생일을 축하하는 사절인 생신사(生辰使)였다. 이 생신사 이외에도 고려왕에게 황제의 선물을 가져오는 횡선사(橫宣使) 혹은 횡사사(橫賜使)라고 불리는 정기사절이 있었다. 횡선사가 가져오는 황제의 선물은 주로 양 2천 마리 정도였으나 때로는 수레·말·옷감·안장·활·화살, 그리고 불교경전도 포함되었다.

금나라는 3년 간격으로 고려와 함께 탕구트족이 세운 서하국(西夏國)에 4월이나 5월에 횡선사를 파견하였고 이들은 6월 혹은 7월에 그 목적지에 도착하였다고 한다. 그리고 고려의 국왕은 공식적으로 책봉을 받을 때에도 황제의 선물을 받았다. 현존하는 사료의 소략함 때문에 이러한 교류에 상호교환되었던 품목의 정확한 양을 산출하는 것은 어렵지만, 고려는 공식적인 조공체제의 일환으로 이루어졌던 이러한 경제적 교환에서는 재정적인 피해가 없었던 것 같다.

원간섭기의 조공무역

이러한 조공무역은 13세기에 동북아시아의 모든 지역이 몽골의 통치하에 놓이게 되자 근본적으로 바뀌게 되었다. 몽골은 그들에게 예속된 고려에게 그 이전에는 볼 수 없던 과중한 물적 의무를 강요했다. 원나라 조정은 고려에게 어떠한 호혜도 베풀지 않으면서도 조공국가로서의 모든 책임수행을 강요한 것이다. 즉 동북아시아 관계에서의 호혜주의라는 원칙은 원간섭기에 들어서면서 더 이상 존재하지 않게 되었다. 형식상이나 표면상으로는 이 시기의 고려와 원의 관계가 이전의 고려와 요·금·송과의 관계와 유사한 듯하지만 고려에 대한 원의 정치적 간섭과 조공체제를 통한 일방적인 경제적 수탈은 유례가 없는 것이었다.

우선 몽골은 고려를 포함한 그에 복속된 모든 나라에게서 소위 육사

(六事)라고 하는 여섯 의무조항의 실행을 강요하였다. 이 여섯 가지 의무는 대체로 원나라 조정에 왕족을 인질로 보내는 '납질(納質)', 몽골군의 전쟁작전에 파견하는 군사, '조군(助軍)'와 군수물을 조달하는 '수량(輸糧)', 몽골제국의 육로교통망을 잇는 역참(驛站)을 설치하는 '설역(設驛)', 자국의 인구조사를 보고하는 '편호적(編戶籍)', 그리고 몽골의 감시관인 달로화적(達魯花赤 : 다루가치)을 설치하는 '치장관(置長官)'이었다. 이러한 요구는 물론 그들이 속국으로부터 더 많은 수탈을 하기 위한 것이었다.

몽골과의 수십 년간 항전으로 피폐해진 고려로서 이러한 원의 요구는 견디기 어려운 것이었다. 그러나 항복한 고려로서는 요구에 응하지 않을 수 없는 처지였다. 두 차례에 걸친 일본원정에 많은 물자와 인력을 제공하였고 계속해서 공녀(貢女)나 환관(宦官) 등의 인적 조공은 물론 몽골의 물적 요구는 그 품목과 양에서 그 이전에는 볼 수 없었던 것이었다. 금이나 은 등의 귀금속·비단 등 여러 옷감·수달피 이외에 여러 동물가죽·인삼·도자기·화문석·종이 등의 고려 수공업 제품과 특산물이 대량 징수되었고 몽골 귀족층이 즐기던 사냥에 필요한 말과 해동청(海東靑)이라 불린 사냥매도 징발했는데, 고려는 이 원나라의 사냥매 요구를 충족하기 위해 응방(鷹坊)이라는 기관을 설치하기도 하였다.

응방의 관원들은 원나라의 위력을 빌려 온갖 권력의 남용을 자행하여 고려사회에 많은 폐해를 낳기도 하였다. 이에 더 나아가서 원나라 조정은 때로는 직접 관리를 고려에 파견하여 1만 명도 넘는 고려백성을 동원하여 금·은의 채광에 나서기도 하였다.

원나라와의 공식적인 관계에서 고려는 이전과 같이 새해와 황제의 생일에 계속 축하사절을 보냈지만, 원조정은 요나 금과 같이 고려왕의 생일을 축하하는 생신사나 따로 선물을 보내던 횡선사 같은 사신을 보내지 않았다. 간혹 고려국왕은 원나라 황제가 각 제왕(諸王)에게 하사하는 선물로 금·은·보초 등을 받기도 하였지만 원으로부터의 회사품은 고려가 보낸 것에 비해 극히 형식적인 비교도 안될 만큼 미미한 양에 지나지 않았다.

고려는 일방적으로 수탈당했던 것이다. 예전에는 1년에 한번이었던 방물을 진상하는 사신도 이제는 1년에 수 차례씩 보내야 했는데 『고려사』의 기록을 살펴보면 요나라와의 210년간 152번의 사신[이 가운데 방물을 진상하는 사신은 26회], 금나라와의 120년간 245번의 사신[방물을 진상하는 사신은 38회]을 파견한 데 비해 원과는 109년 동안 총 345회의 사신을 보냈고 그 가운데 137회의 사신은 방물을 진상하기 위한 것이었음을 보면 원간섭기 조공관계의 특징이 극명하게 드러난다.

원간섭기의 민간무역

원간섭기 민간교역에 관한 기록은 매우 단편적이고 소략하지만 이것만으로 곧 그 시대에 민간무역이 활발하지 않았다고 단정할 수는 없다. 오히려 원나라는 기본적으로 대외무역에 매우 적극적인 태도를 가지고 있었고 고려가 몽골제국 내의 일부분으로 중앙아시아와 그밖에 세계시장에 연결되어 있었음을 감안하면 이 때의 교역은 그 이전 어느 시대보다 더욱 활발하였을 것으로 보인다. 이것은 고려에서 멀리 떨어진 지금의 내몽골지역에서도 고려 도자기의 흔적이 보이고 중국의 강남지역에서는 고려의 특산물인 차·화문석·묵·종이·도자기 등이 애호되었다고 하는 기록에서도 알 수 있다.

원의 제왕과 황족·재상들은 사적으로 고려왕에게 선물을 보내고 물품과 심지어는 동녀(童女)를 구했다는 하는데, 이 역시 일종의 교역이라고 할 수 있다. 또 고려의 왕실은 직접 무역에 나서기도 하였는데 특히 13세기 말 14세기 초 충렬왕·충선왕·충숙왕·충혜왕 때에 왕실에서 사적으로 관리를 원에 파견하여 고려에서 가져간 물건을 팔고 필요한 물품이나 원나라의 보초(寶鈔)를 가지고 오는 등 직접적인 상거래 기록이 보인다.

여기에 원나라 상인이 고려에 진출한 기사도 몇 군데 남아 있는데 이러한 기록은 송나라 상인의 고려진출 기록에 비하면 수가 매우 적지만 이것으로 원대의 무역규모나 활동이 송대에 못 미쳤다고 단정할 수 없다. 그 이유는 『고려사』의 기록이 한쪽에 편중되어 있기 때문인데, 고려는 송과 공식관계가 없을 때 비공식적 사신역할도 했던 송 상인의 고려행 기록을 비교적 상세히 적어서 송과의 무역기록이 『고려사』에 많이 남게 되었다고 할 수 있다.

광대한 원제국의 여러 지방에는 적지 않은 고려인들이 살고 있었는데 그 중에도 고려와 인접한 요동지방과 원나라 수도인 대도(大都 : 중국 북경)에는 몇 십만의 고려인이 살고 있었다고 추정된다. 특히 심양지역에는 원나라 조정이 심양등처고려군민총관부(瀋陽等處高麗軍民總管府)라는 고려인만을 통치·관리하는 지방행정기구를 설치할 만큼 많은 고려인이 거주하고 있었다. 이전시기에 요나라와 금나라와의 민간교역을 고려조정에서 엄금할 때에도 사사로이 무역이 행해졌었는데, 이제 경제교역을 관할 통제하는 실제적인 국경이 없던 원간섭기에는 비록 직접적인 기록이 사료에는 나타나지는 않지만 간접적으로나마 이 곳에 활발한 경제교역이 있었음을 추정할 수 있다.

원나라와의 교류가 끼친 문화와 경제적 영향

이러한 문물교역은 당연히 고려에 많은 영향을 끼쳤는데 특히 몽골의 언어와 풍습은 사료에서도 종종 찾아볼 수 있다. 먼저 충선왕을 시작으로 원간섭기의 모든 고려국왕은 그들의 유년기를 원나라의 수도에서 보내고 몽골황실의 공주를 왕비로 맞으면서 몽골어에 능통하였다. 그리하여 이 시기의 고려국왕들은 물론 다른 많은 고려인들이 몽골어로 된 이름을 가지고 있었는데 지금 한국사회에서 영어로 된 이름을 가진 사람들을 간혹 볼 수 있는 것과 비슷한 양상이라고도 하겠다.

간단히 예를 들면 공민왕의 몽골명은 백안첩목아(伯顔帖木兒) 혹은 몽골발음으로 바얀테무르였는데 부유하고 쇠처럼 강하다는 뜻을 지니는 이름이었다. 홍건적의 침입 때 큰공을 세운 안우(安祐)의 어렸을 적 이름은 발도(拔都), 몽골발음으로 바타르로 '영웅'이라는 뜻을 가지고 있다. 바얀테무르·바타르는 몽골이름 가운데서도 아주 흔한 것으로서 『원사(元史)』에 등장하는 중요인물 속에 테무르라는 이름을 가진 자만 124인에 달한다.

또 1세기 동안 계속된 원간섭기에 활발한 교류를 통해서 많은 몽골어가 고려에서 자연스럽게 사용되었다. 이런 몽골어휘는 그 시대 특성에 걸맞게 몽골의 유목문화와 깊은 관련이 있는 말이나 매 같은 짐승의 이름, 관직이나 궁중의 음식, 의복의 이름에서 특히 많이 보인다. 우리에게 이미 익숙해진 몽골어로부터의 차용어를 몇 가지 예를 들자면 얼룩말·노새·보라매·송골매·수라·사발 등이 있다. 그리고 우리말의 '사돈'이란 단어 역시 몽골어에서 차용된 듯한데 몽골에서는 혼인관계의 두 집안이 아닌 그냥 친척이란 뜻을 가지고 있다.

어쩌면 그 시대의 몽골인과의 친척관계는 혼인으로 이루어졌기에 '사돈'이란 단어의 뜻이 고려에서는 결혼으로 맺어진 상대가족을 지칭하게 되었는지도 모르겠다. 특히 제주도는 몽골의 직접적인 통치를 오래 받았기에 몽골 언어와 풍습의 영향이 비교적 깊었고 다른 지방사람들이 알아듣기 힘든 제주방언에는 몽골어의 자취를 많이 볼 수 있다고 한다.

이외에 원나라가 준 문화적 영향으로 현존하는 기록 가운데 가장 먼저 눈에 띄는 것은 고려에서 유행한 호복(胡服)이라 불린 몽골식 복장과 변발이다. 충렬왕 즉위년(1274)에 이미 왕을 비롯한 거의 모든 대신이 몽골식의 머리모양과 옷차림을 하였고 충렬왕 4년(1278)에는 고려 조정에서 공식적으로 몽골식 복장의 착용을 명령한다.

이는 원간섭기 동안 계속되었으며 원의 간섭으로부터 벗어난 우왕 시기에도 찾아볼 수 있다. 우왕은 명나라에 대한 요동정벌에 앞서 명의 연호를 폐지하고 모든 고려 백성에게 몽골식 복장을 할 것을 명했는데 『고려사』에는 이러한 왕의 칙령이 내려오기 전에 벌써 많은 개경사람들이 그들의 머리양식을 몽골식 변발로 바꿨으며 원나라 복식을 착용하고 있었다고 적혀 있다.

하지만 이러한 문화적 영향은 결코 일방적인 것은 아니었다. 아직 한국어와 몽골어에 대한 본격적인 언어학적 연구는 초기단계에 있으나 현대 몽골어에서도 한국어에서 빌려간 '인두'나 '귤'과 같은 단어를 찾을 수 있으며 고려의 풍습도 원에 진출한 고려인들에 의해서 특히 원나라 궁중과 상류층에 적지 않은 영향을 주었다.

원나라 말엽의 학자인 도종의(陶宗儀)가 쓴 이 시기의 중요한 사료 『남촌철경록(南村輟耕錄)』에는 이러한 고려의 모자·신·복장·장신구 등의 양식을 고려국양(高麗國樣)이라 표현하고 원나라에서 크게 유행하였다고 적혀 있다.

마지막으로 몽골과의 교류가 미친 경제적 영향으로는 몽골화폐의 고려유입을 들 수 있다. 고려가 몽골의 정치권·경제권 안에 놓이니 자연스럽게 대량의 몽골화폐가 유입되어 고려에서 유통되었다. 원나라는 초기부터 교초(交鈔)라고 하는 지폐를 발행했지만 이러한 지폐유통은 원 세조(世祖: 쿠빌라이) 때 가장 성행하였다. 이 때에 발행된 지폐가 지원통행보초(至元通行寶鈔)이다. 이 보초는 고려에도 대량 유입되었고 원과의 교역, 고려왕실의 각종 경비는 물론 고려국내의 일반 경제활동에도 많이 쓰여졌다.

조금은 단순한 견해이기는 하지만 원나라 지폐의 대량유입은 곧 고려물자의 국외유출로 이어져 열악했던 고려경제가 더 악화되었다고도 볼 수 있다. 그러나 이보다도 더 심각한 것은 계속되는 인플레이션이었다. 화폐가치가 떨어지자 사람들은 원나라의 보초를 당연히 기피하게 되고 이를 막기 위해서 원나라 조정은 금과 은의 유통을 금지하기도 하였지만 상황은 점점 더 악화되었다. 급기야 원나라의 마지막 황제인 순제(順帝: 1333~1368) 때에 와서는 마구 찍어낸 보초로 인한 걷잡을 수 없는 인플레이션으로 화폐가치는 폭락하여 14세기 후반 이후에는 일말의 가치도 남지 않은 무용지물이 되었다.

이러한 원나라 말엽의 통화혼란은 같은 경제권에 있던 고려에도 물가의 폭등과 같은 경제악화를 초래하였고 결국 고려로서는 원에서 남발한 보초의 피해를 일방적으로 당했다고도 할 수 있다. 그러므로 원나라의 일방적인 수탈과 고려물자의 국외유출을 강요한 경제적 교역은 고려 경제구조의 기반을 무너뜨려 고려왕조 몰락의 한 요인이 되었다고도 볼 수 있다.

윤영인

고려 장인의 혼이 담긴
청자

관청수공업과 민간수공업

관청수공업은 정부의 용도와 수요에 따른 생산활동을 말하거니와, 각 관청에는 이를 위해 해당 기술자인 공장을 전속시켜 놓고 있었다. 예를 들면, 정부의 건축 및 토목공사를 담당하는 기관인 선공시에는 석공·목공·토공 등이 소속되어 있었고, 주로 무기를 제조하는 기관인 군기시에는 창을 만드는 기술자, 긴칼을 만드는 기술자, 소뿔로 활을 만드는 기술자, 화살을 만드는 기술자 등이 소속되어 있었다.

이밖에 여러 관서에도 각종 전문기술자들이 속하여 있었는데, 이들은 관청의 수공업장에 전속된 관속공장으로 300일 이상 출근해서 일을 하는 조건으로 숙련도에 따라 최고 쌀 20가마로부터 최하 벼 7가마에 이르기까지 녹봉에 해당하는 별사(別賜)대우를 받았다.

한편 중요한 생산분야에 종사하는 공장 가운데 기술이 뛰어난 장기 근무자에게는 무산계를 수여하고 토지 17결씩을 지급하기도 하였다. 요컨대 관속공장에 대한 별사미·도의 급여와 같은 것은 이제 이들이 신라 때 노예적 예속형태에서 벗어나 임금을 받는 형태의 공장으로 전환되고 있음을 말해 주는 사실로서 매우 중요한 의미를 지니는 것이다.

관청수공업은 중앙관청의 수공업이 대표적인 것이었지만 지방관청에서도 금기방·잡직방·갑방 등과 같이 중앙관청에 제공할 공물을 위한 것과 지방관청 자체의 수요를 위한 것 등 두 종류의 물품을 생산하였다. 이들 관속공장은 일종의 호적이라 할 수 있는 공장안(工匠案)에 의해 철저히 파악되고 있었다.

반면에 민간수공업은 대체로 자가 수요를 위한 옷감류와 관부에 납부하기 위한 직물류를 생산했고 몇몇 수공업 분야에는 전업적 수공업자인 공장이 존재하였다. 이들 공장은 종종 지방관청의 수공업생산에 동원되거나 공병부대인 공역군으로 징발되어 기술노동을 제공하기도 했으며 평상시에는 나름대로의 분업체계를 가지고 농촌사회의 주문생산을 담당하였다.

지방의 전업적 민간수공업자들은 직물부문의 경우 능·라 등을 공세(貢稅)로 바쳐야 했으므로 금장·능장·나장 등의 기술자가 있었음을 알 수 있다. 금속부문의 경우에는 우왕이 거울을 주조하는 방법을 배울 목적으로 경장을 궁정으로 불러들인 사실이 있어 경장이 하나의 전문적 업종으로 존재했을 가능성을 엿볼 수 있다. 또 금박장도 민간수공업의 전문업종으로 자리잡고 있었다. 노비출신인 전영보는 금박으로서 대호군[정3품]의 벼슬을 하사받기도 하였다.

이밖에 피혁부문에는 홍정장, 무기 생산부문에 궁장과 시장, 목공부문에는 목장, 대공예 부문에는 죽장, 종이 부문에는 지장 등이 민간수공업의 전문업종으로 자리잡고 있었다. 이러한 민간수공업의 전문업종이 다양하게 존재하였지만 크게 발전하지는 못했던 것 같다. 그 이유는 국가나 귀족층이 필요로 하는 물품은 주로 관청수공업이나 소의 생산품으로 해결하였고, 게다가 이들 수공업자들은 국가의 역에 자주 징발되어 기술발전을 이루기가 어려웠기 때문이다.

그리고 농민들에 의한 가내수공업도 빼놓을 수 없는 민간수공업 생산활동의 하나였다. 농민들의 가내수공업은 대체로 자가수요를 위한 의료생산과 관부에 납부하기 위한 포물류(布物類)의 생산이었다. 농촌

지역의 직조수공업에서 중요한 자리를 차지한 것은 베와 모시였다. 베는 농민들의 기본적인 옷감으로서 사회적 수요가 많았으므로 광범하게 발전했다. 이와 함께 모시도 비교적 광범위한 소비대상을 갖고 있었다.

이러한 직조품은 상품으로써 널리 유통되었으며 그 가운데서도 베는 현물화폐로 중요한 가치를 지니고 있었다. 이리하여 직조업과 시장과의 관련이 긴밀하게 되었고, 그것이 직조수공업의 발전을 자극한 요인이 되었다.

이처럼 농민들의 직조수공업이 발전한 것과 함께 각 지방의 재료생산 조건을 바탕으로 경상도 양산은 참대수공업, 안동은 자리수공업, 전주는 제지수공업의 명산지로 발전하게 되었다.

민간수공업자들은 일종의 호적이라 볼 수 있는 공장안에 의해 파악되고 있었으며, 노동생산물을 공물로 내야 함은 물론이고 국가가 정한 일정기간 동안 수도의 성곽축조·궁전건축·사원건립 등의 공사에 징발되어 무상으로 기술노동을 제공하였다. 또한 일품군이라는 명목으로 일종의 기술노동부대인 공역군으로 복무하기도 하였다.

이와 같이 생활여건이 열악한 처지에 놓여 있었던 민간수공업자들은 사회적으로 천대를 받고 경제적으로 가혹한 수탈을 당해 생활형편은 매우 비참했다. 그러나 민간수공업자들은 어려운 생활여건 속에서도 생산활동을 지속적으로 펴나가면서 적지 않은 기술을 개발시켰다.

관청수요 물품을 생산하기 위한 관부들

관청수공업의 행정적인 관리 운영체계상에서 최고의 담당기관은 상서성 예하의 공부(工部)였다. 공부의 기능은 산택의 관리와 수공업자인 공장을 통제하며 토목건축과 관련된 영선을 맡아보았다. 공부가 관장하는 수공업관청은 중앙 관청수공업과 지방 관청수공업으로 나뉘어 있다. 중앙 관청수공업은 개경의 중앙관청에서 조직·운영하던 수공업장으로 군수품 및 국가행사에 필요한 물품, 그리고 왕실이나 귀족들에게 필요한 여러 가지 필수품·사치품을 생산하였다. 지방 관청수공업은 금기방·잡직방·갑방 등과 같이 중앙관청에 제공할 공물을 위한 것과 지방관청 자체에 수요를 위한 것 등 두 종류의 물품을 생산했다.

중앙의 수공업관청 가운데 선공시는 일명 장작감(將作監)이라고도 하며 정부의 건축 및 토목공사를 담당하고, 석공(石工)·목공(木工)·토공(土工) 등의 기술자들이 소속되어 있었다. 군기시는 일명 군기감(軍器監)이라고도 하며, 주로 무기를 제조하는 기관으로 갑옷·창·칼·활·화살을 만드는 기술자들이 소속되어 있었다.

장복서(掌服署)는 상의국(尙衣局)이라고도 하며 수·신발·허리띠를 만드는 기술자들이 소속되어 있었다. 공조서(供造署)는 중상서(中尙書)라고도 하며 귀족들에게 수요되는 각종 장식품을 제조하는 기관으로 소목장·나전장·조각장·칠장 등이 소속되어 있었다. 도교서(都校署)는 뒤에 잡작국(雜作局)이 설치되었던 것에서 알 수 있는 것처럼 궁중과 궁부에서 여러 가지 세공품을 제조하는 기관으로 석장·조악장·장복장·나장 등이 소속되어 있었다. 장야서(掌冶署)는 각종 쇠붙이를 녹여 그릇 만드는 일을 담당한 기관으로 은장·화장·백동장·금박장 등이 소속되어 있었다.

도염서(都染署)는 각종 염료를 제조하고 염색작업을 담당하던 기관으로서 어떤 때는 잡직서와 병합하여 직염국(織染局)이 되기도 하였는데 염료장·염색장이 소속되어 있었다. 잡직서(雜織署)는 각종 직물의 제조를 담당한 기관으로 계장·수장이 소속되어 있었다. 액정국(掖庭局)은 국초에는 액정원으로 불렸고 궁중에서 왕명을 전달하고 왕이 사용하는 문방구와 열쇠 등의 관리 및 궁중용 견직물 등을 관장했으며,

금장・라장・능장 등이 소속되어 있었다.

　봉거서(奉車署)는 상승국(尙乘局)이라고 했으며 왕실용의 거류(車類)를 관장하던 기관으로서 대첩장・안비장・안고장・내장 등이 소속되어 있었다. 내궁전고(內弓箭庫)는 왕실의 활과 화살을 관장하던 곳으로 각 궁장이 소속되어 있었다. 태악관현방(太樂管絃房)은 국가의 음악을 취급하는 관청이었다. 태복시(太僕寺)는 국왕이 타는 가마와 말을 관리하였으며, 대첩장・안욕장・피장 등이 소속되어 있었다.

　이들 수공업관청들의 등급은 단순히 생산의 규모나 중요성에 의해서만 규정되는 것이 아니라, 어느 계층에 수요되는 제품을 생산하는가에 따라서 규정되었다. 그리고 수공업관청들의 비중에 따라 최고 정3품의 판사로부터 최하 정9품의 승을 통해 행정적으로 지휘하고 통제하였다. 즉 판사・감・경・소감・소경・영・승・주부 등이 배치되어 행정적으로 지휘하였으며, 실무적인 일은 서리 출신의 감작・감사・사・서령사・서사・기관・산사・계사 등이 책임지도록 하였다.

　이러한 행정체계・관리체계와 함께 생산 관리체계도 잘 갖추어져 있었다. 관청수공업은 업종별로 우수한 수공업자를 선발하여 배치하였다. 그러나 선발된 자들 사이에도 기술적인 차이가 있어 국가는 그들을 차등을 두어 관리하였다. 우수한 기술을 가진 상층 수공업자에게는 낮은 기술을 가진 공장들을 기술적으로 지도・통제하는 임무가 부과되어 있었으며, 그들은 그에 대한 대가로 지유・행수・교위 등의 직위를 받았다.

　한편 지방 관청수공업으로는 각 도에서 운영하던 금기방・잡직방・갑방 등이 있었다. 금기방・잡직방・갑방의 생산조직은 지방관청의 수요를 위한 것이 아니라 중앙관청의 수요를 충족시키기 위하여 설치되었으므로 그 관리체계가 중앙의 그것과 비슷하였다. 또한 지방관청 자체의 수요를 위한 수공업장도 있었으나, 그 수나 규모 면에서는 중앙의 관청수공업에 비해 상대적으로 미미하였다.

공장에 대한 무산계 지급

고려시대에는 관인들의 지위나 신분을 나타내는 국가의 공적 질서 체계인 관계(官階)가 있었다. 관계에는 향직(鄕職)·문산계(文散階)·무산계(武散階)가 있어 그 기능을 하였다. 향직은 성종 14년부터 정식으로 당의 산관제도인 문·무산계를 도입하여 정식으로 채택하기 전 고려의 관인들에게 수여한 관계였다. 그러다가 성종 14년부터 당에서 사용한 제도와는 달리 문무반에게 문산계를 수여하여 향직을 대신하게 하였다.

향직은 명칭 등이 외형은 관계와 같았으나 그 기능에는 큰 차이가 있었다. 즉 향직은 향리나, 벼슬이 없는 노인, 무산계를 가진 자, 군인·양반·서리 및 여진의 추장 등에게 준 작위(爵位)와 같은 의미를 지닌 조직이 되었다.

그런데 고려에는 향직과 유사한 조직이 하나 더 있었다. 종1품의 표기대장군 이하 종9품 하 배융부위까지 29등급의 무산계가 그것이었다. 원래 당에서는 무반에게 무산계를 수여하였으나 고려에서는 그렇지가 않았다. 무산계는 그와 달리 향리나 탐라[제주]의 왕족·여진의 추장·노병사·공장·악인들에 수여되었다. 이것 또한 문무관료층과는 구별되는 특정인들에게 주어진 영예적인 칭호였다.

관청의 수공업장에 소속된 관속공장은 300일 이상 일을 하는 조건으로 최고 쌀 20가마로부터 최하 벼 7가마에 이르기까지 녹봉에 해당하는 별사(別賜)대우를 받았다. 한편 이 같은 별사 이외에 무기제조 등 중요한 생산분야에 종사하는 공장 가운데 기술이 뛰어난 장기근무자에게는 전지가 지급되었다. 문종 30년에 병설된 별정전시과의 하나인 무산계전 규정에 보이는바 대장(大匠)·부장(副匠)·잡장인(雜匠人)에게 전 17결씩을 지급토록 하고 있다. 그러나 이것은 모든 장인에게 해당되는 것은 아니었고 무산계를 받은 몇몇 사람에게 한정된 것이었다.

공장안에 의한 공장에 대한 국가의 파악

관청수공업의 인적 구성에서 중요한 자리를 차지한 것은 양인 및 노비신분의 수공업자들과 소(所)출신의 수공업자들이었다. 관청수공업자들 가운데서, 지방에 존재하였던 양민출신의 수공업자는 말할 것도 없지만, 소출신의 수공업자들이 일정한 비중을 차지하게 된 것은 수공업을 위주로 하는 수공업 소들이 적지 않았고, 이들이 관청수공업장에 징발되기도 하였기 때문이다.

한편 노비신분 수공업자들 가운데는 원래의 노비들과 함께, 전쟁포로서 노비가 된 수공업자들도 있었다. 후삼국 통일과정에서 신라의 반항세력이나 후백제와의 전쟁과정에서 붙잡은 포로들을 노비로 만들어 관청수공업의 공장으로 만들었다. 더욱이 통일과정에서 지방의 호족세력들이 소유하고 있던 노비신분 수공업자들이 관청수공업자들을 보충하였다. 이밖에 대외전쟁에서 붙잡은 포로들도 관청수공업의 노동력으로 충당되었다. 이러한 사정으로 국내의 전쟁에서 얻은 포로들의 적지 않은 부분이 관청수공업장의 구성원이 되었다. 또한 그 수가 많지는 않지만 외국인으로써 귀화한 수공업자들도 있었다.

이와 같이 당시에 가장 기술이 뛰어난 공장은 양민·노비·소출신이든 간에 상관없이 대부분 관청수공업장에 동원되었다. 정부는 수공업자들을 파악하기 위해 일종의 호적이라 볼 수 있는 공장안(工匠案)을 만들어 그들을 등록시키고 그들의 신분상승을 막기 위하여 벼슬자리에 오르는 것을 엄격히 제한하였다.

즉 『고려사』 선거지 한직조에 의하면 "공장과 상인들은 기술을 취급하여 그 직업에 전념해야 하므로 선비와 같이 벼슬길에 나아갈 수 없다"고 하고 있다. 이같이 정부는 수공업자들의 명부인 공장안을 만들어 기술인력이 빠져나가는 것을 엄격히 통제하였다.

소 수공업 – 특정물품 생산을 위한 특수행정집단으로서의 소

소(所) 수공업은 관청 및 민간 수공업과 함께 고려시대 수공업에서 중요한 부분을 차지했으며 민간수공업에 비하여 한층 전문적이었고 생산품의 질도 더 우수했다.

소는 신라의 향·부곡과는 달리 고려조에 들어와 처음 발생하였다. 향·부곡은 주로 농경에 종사한 반면 소는 국가에서 필요로 하는 금·은·동·철 및 종이·도자기·묵 등 특정공납품을 생산했다. 그리하여 전국 군과 현에 지리적 조건에 따라 특정공납품을 생산하기 위해 국가에서 관리하는 특수 행정촌락이 형성되었다.

그것은 『신증동국여지승람』 여주목 등신장 고적조에 의하면 소에는 광산물을 생산한 금소·은소·동소·철소 등과 명주실을 생산한 사소(絲所), 기와를 생산한 와소(瓦所), 숯을 생산한 탄소(炭所), 소금을 생산한 염소(鹽所), 벼루에 사용하는 묵을 생산한 묵소(墨所), 미역을 생산한 곽소(藿所), 도자기를 생산한 자기소, 물고기를 잡아 바치던 어량소(魚梁所), 생강을 생산한 강소(薑所) 등이 있었고 또한 소에는 토성(土姓)을 가진 리(吏)와 민이 있었다고 전하고 있다.

소 가운데서도 자기소·염소·어량소·곽소가 비교적 많은 비중을 차지하였으며 그밖의 소는 그리 큰 비중을 차지한 것은 아니었다.

금소·은소·동소·철소는 장식품이나 무기 및 농기구의 제작을 위해 필요한 광물을 캐내야 했기 때문에 주로 산간지대에 인접한 지역과 하천유역에 위치하고 있었다. 특히 금소의 수공업자들은 채광기술이 크게 발달하지 못해 사금채취를 기본으로 하고 있었으므로 모래사장에서 간단한 함지박이나 삽·괭 등으로 모래를 일어 사금을 채취하는 고된 노역을 했다. 이러한 사실은 충렬왕 3년(1277)에 충청도의 홍주·직산 등지에서 1만여 명을 동원하여 사금을 채취했던 기록으로 알 수 있다.

이러한 수공업 소의 규모는 대체로 촌락 정도의 범위로 형성되어 있었다. 즉 충렬왕 때에 충청도 가림현에 있던 금소촌을 비롯한 수많은 촌들이 각 군현과 중앙관청에 소속되어 있던 관계로 주민들이 부역을 담당하기가 어렵다고 국가에 상소한 사실에서 금소가 촌락으로 이루어진 규모였음을 짐작할 수 있다.

이 소의 주민들이 생산한 공물은 정기적으로 바치는 상공(常貢)과 국가의 필요시에 비정기적으로 바치는 별공(別貢)으로 나누어져 있었다. 이것을 국가에 제공해야 되는 소민들은 공납품 생산자체가 무거운 부담이었으므로 조세나 요역 등은 부과하지 않은 것으로 이해된다.

소에는 토성(土姓)을 가진 향리가 배치되어 소의 거주민들을 감독하고 생산된 공물을 모아 국가에 바치는 의무를 지니고 있었다. 국가는 소의 일차적인 통치를 향리에게 맡겼으며, 향리는 혈연적 색채를 띤 소 내부의 관계를 파악하여 소에 대한 지배를 관철시켰다. 향리들은 이러한 역을 수행하는 대가로 국가로부터 향리전을 지급받았다.

소의 주민들은 국가의 필요에 의해서 부과된 역을 지고 있었기 때문에 신분적으로는 양인의 범주에 들어가지만 이들의 역은 천역으로 간주되어 사회적으로는 거의 천인에 가까운 대우를 받았던 것으로 이해된다. 소민들의 수공업 생산활동은 노예노동적인 것은 아니고, 소민들의 자체적인 경영에 의하여 이루어졌다.

하지만 그들에게 부과된 공납품의 생산은 상당한 노동력을 필요로 했으므로 그들의 역은 천역화하였다. 또한 그들이 속해 있는 중앙관청·소속 군현, 그리고 소의 향리에게까지 이중삼중으로 수탈당하였기 때문에 자기가 살던 곳에서 떠나는 현상이 심해졌고 결국은 명학소민들처럼 집단적으로 국가에 항거하는 결과를 초래하기도 하였다.

사원의 수공업

불교가 성행하고 사원경제가 증대되면서 사원의 수와 승려의 수가 증가함에 따라 사원의 승니[1]들은 사원에서 소용되는 물품을 자체에서 생산하여 자급자족하면서 사원의 수공업이 발달하였다. 사원의 수공업은 주로 직조업과 제와업, 그리고 불상이나 불구의 제작업 등에서 발달하였는데 처음에는 가내수공업 수준에서 점차 생산이 증대하여 전문적인 수공업 단계로 발전하여 민간의 수요품을 조달하기에 이르렀다.

『고려사』열전 제국대장공주전의 기사에 의하면 충렬왕의 비인 제국대장공주에게 한 여승이 백저포(白苧布)를 바쳤는데 가늘기가 매미날개와 같고 꽃무늬가 섞여 있어 그 아름다움과 섬세함이 빼어났다고 한다. 그리고 이 백저포를 시전상인에게 보였더니 시전상인들도 전에 보지 못했던 것이라 할 만큼 우수한 직물이었다고 한다. 어디에서 얻은 것인가를 물으니, 여승의 여종이 짠 것이라고 대답하자 그 여승을 보내 달라고 하여 공주에게 여종을 보내지 않을 수 없었다고 한다.

또한 『조선불교통사』에 의하면 "미타사(彌陀寺)의 여승들이 모두 가는 면포 짜는 것을 생업으로 삼고 있었다" 하고 있고, 또 "북

---

[1] 승니(僧尼):- 비구와 비구니.

도의 육진과 각 군의 재가승려들도 마포를 직조하였다" 한 것으로 보아 사원의 노비나 여승들이 직조업에 종사하여 우수한 수공업 제품을 생산하고 있었다는 사실을 알게 해준다.

사원에서는 이러한 직물 이외에도 기와를 굽는 승려도 있었다. 『고려사』에 의하면 충렬왕이 승려 육연(六然)을 강화도에 보내 유리기와를 굽게 하였는데 육연은 광주의 의안토(義案土)를 가져다가 황단(黃丹)을 많이 사용해서 유리기와를 구웠는데 품질과 색상이 아주 뛰어나 남쪽의 시전상인들이 파는 것보다 뛰어났다고 한다.

이밖에도 사원은 불상이나 불구의 제작을 위해 목공기술과 금속가공기술을 소지한 자들을 다수 거느리고 있었다. 고려 후기의 전영보(全英甫)는 제석원의 종으로써 금박을 하여 삶을 영위하였다. 이같이 사원은 수공업기술을 가진 노비나 승려들을 거느리고 다량의 물품을 생산하여 자신들을 위해 소비하고 남은 잉여품은 상품화하면서 상업의 발달에도 큰 역할을 담당하였다.

도자기의 생산과 장인

고려시대의 공예 가운데 가장 두드러지게 발전을 이룬 부분은 도자기 공예였다. 그렇다면 도자기란 무엇을 말하는가? 찰흙으로 원하는 모양을 만들어 섭씨 5백~1천 도의 높은 온도에서 구워내면 질그릇[토기]이 되고, 다시 질그릇의 표면에 반질반질한 유리와 같은 효과를 내기 위해서 유약(釉藥)을 발라 섭씨 1,200도 전후의 높은 온도에서 다시 구워내면 도자기가 된다.

도자기의 바탕흙은 고령토인데 주성분은 규석과 알루미나이다. 유약은 낮은 온도에서 녹는 연유 계통과 높은 온도에서 유리질화하는 석회유 계통이 있다. 그런데 삼국시대에는 연유를 발라 사용하였고, 고려시대 이후에는 석회유를 사용하였다. 유약은 우리말로 잿물이라고 하는데 소나무·싸리나무, 그리고 볏짚과 같은 화본과 식물의 재를 물에 탄 것을 말한다. 재에는 규산·산화칼슘·나트륨·알루미늄 등의 화학성분이 있어 초보적인 유약이 되지만, 높은 온도를 받으면 유리질로 변할 때 뭉쳐서 흘러내리기 때문에 여기에 장석이나 석영을 갈아넣으면 고급의 석회유가 된다.

이 같은 석회유를 사용하여 신라 때의 토기나 도기보다 질이 좋은 자기류의 그릇을 생산하게 되는 시기는 대체로 고려 초기인 10세기 전반기로 보인다. 우리나라에서 처음 자기를 생산하는 데 영향을 끼친 나라는 중국이었다. 우리나라의 초기 도자기를 굽던 가마터 가운데 청자를 구운 곳으로는 전남 강진군 대구면 일대가, 그리고 백자를 구운 곳으로는 경기도 용인군 이동면 서리가 유명하며 이 곳에서 생산된 도자기는 남중국 월주의 가마에서 생산된 것과, 관련이 깊은 것으로 알려져 있기 때문이다. 하지만 이후 점차 고려 장인의 재능이 드러난 우수한 자기를 생산하게 되었다. 또 귀족사회의 발달과 함께 귀족들의 취향에 맞는 청자가 백자보다 많이 제작되면서 고려 도자기를 대표하는 명성을 갖게 되었다.

한편 도자기를 굽던 자기소(瓷器所)는 전국의 각지에 설치되어 있었다. 자기소의 대표적인 곳으로는 강진의 대곡소·대구소·칠량소가 있었다. 이밖에도 전라도의 무안, 황해도의 송화와 옹진, 충청도의 대전 등지에서도 고려 때 가마자리들이 발견되어 고려자기가 적지 않게 발굴되었다. 그리고 고려 장인들의 실체에 대해서는 확실한 자료를 남기고 있지 않아 그 실상을 이해하기는 어려우나 지금까지 전해 오는 청자의 명성을 보면 고려 장인의 기술이 뛰어났음을 알 수 있다.

다행히도 1989년 북한의 황해남도 봉천군 원산리 청자가마터에서 발굴된 제사그릇에 새겨진 글에 의하면 성종 11년(992)과 12년(993)에 태조 왕건의 사당인 태묘에서 사용하기 위해 향기장인(享器匠人) 왕공탁(王公托)과 최길회(崔吉會)가 제조했음을 알려주고 있어, 고려 장인들의 모습을 엿볼 수 있을 뿐이다.

그러나 관청수공업이 비교적 활발히 운영되었던 고려의 실상으로 볼 때, 귀족들에게 수요가 많았을 것으로 생각되는 도자수공업을 소홀히 했다고는 볼 수 없을 것이다. 또 지금까지 전해 오고 있는 우수한 청자유물을 감안해 볼 때 뛰어난 기술을 가진 도공들이 많았을 것이라는 것은 능히 짐작할 수 있을 것이다.

이상선

사람은 서울로,
말은 제주도로

민·관의 말사육 성행

우리 속담에 '말은 나면 제주도로 보내고, 사람은 나면 서울로 보내라'는 말이 있다. 이는 제주도가 말을 기르는 데 최적의 자연환경을 갖추어 사육이 성행했기 때문에 생겨난 이야기이다. 이 곳이 말 사육의 전통적 고장으로 알려지게 된 계기가 된 시점은 고려시대부터였다. 또한 여기에는 고려가 몽골족의 나라 원의 심한 내정간섭을 받아 자주성이 크게 위축되는 시기에 처해 있었고, 제주도는 원의 직할령화가 이루어졌던 역사적 사연도 깃들여 있다.

말이 사육되기 시작한 것은 청동기시대부터였다. 기원전 1세기~기원후 7세기경에는 키가 3척 정도밖에 되지 않아 타고서 과실나무 아래를 지날 수 있어 과하마(果下馬)로 불려진 말이 북만주 지역의 부여에서 비롯해 고구려·백제·신라 지역까지 퍼져 사육되고 있었다. 소형의 과하마가 전래된 이후 북방의 유목민 말갈·동옥저 등을 통해 마종이 확실치 않은 중형의 '양마(良馬)'가 들어왔다. 한편 호마(胡馬)라 불리는 대형·중형의 마종도 흉노·거란·여진 등을 통해 계속 유입되었다. 그래서 고려시대에 이르러서는 전국의 민가가 말을 활발하게 사육했으며, 국가도 말 사육에 적극적으로 나섰다.

고려 때는, "흥화진(興化鎭: 신의주 지역)은 도적들의 노략질을 당해 민가에 모두 기르는 소가 없으니 바라건대 관이 갖고 있는 소를 빌려 주어 농사를 돕게 하소서"라는 현종 9년(1018) 도병마사(都兵馬使)의 상주문과 "뭇 배 [강화도에] 와서 닻을 내리자 거리 가득, 골목 붐벼 매매가 사뭇 손쉬우니, 말짐·소짐 무엇하리"라는 최자의 시 「삼도부(三都賦)」 등의 예에서 보듯이, 전국 어디서나 소를 이용한 밭갈이 농경이 보편적으로 이루어졌으며, 소와 말을 이용한 짐 운반도 널리 행해지고 있었다.

짐 운반 이외에 말은 전투·수렵·승마·농경 등의 용도에도 쓰여졌다. 중국과 여진 등과의 대외관계에 있어서도 주고받는 양과 질에 따라 양국의 긴장과 우호관계 여부를 좌지우지할 만큼, 말은 주요한 비중을 차지하는 진상의 품목으로 취급되었다. 매매도 활발하게 이루어져 수요에 비해 공급이 딸릴 때는 가격이 폭등하곤 했다.

말값은 노비보다 2배 내지 3배보다도 더 비싸게 매겨졌다. 이 때문에, 공양왕 3년(1391)에 올려진 상소문에는 "노비가 비록 천하지만 역시 사람인데, 재물과 같이 쳐서 공공연히 사고 팝니다. 이 때 혹은 말이나 소와 교환하는데, 말 한 필에 노비 2·3명씩 주고도 오히려 말값이 모자라니, 이것은 말이나 소를 사람의 생명보다 중하게 여기는 것입니다"고 이야기되었다. 조선시대에도 말 한 필의 가격이 통상 노비 3명의 값에 해당하였다.

상당한 고가품으로도 취급되고 있었지만, 말은 민가에서 널리 길렀다. 특히 상급 지배계층과 사찰이 꽤 많은 말을 보유·사육하고 있었다. 이는 국가가 전마(戰馬) 등이 딸렸을 때 주로 상급 지배계층과 사찰로부터 차출해 충당했으며, 그것도 자주 이루어졌던 사실을 통해 엿볼 수 있다. 또한 많은 일반 민가에서도 말은 기르고 있었다.

지방관과 향리, 지방에 간 사신 등이 백성들에게 함부로 거두어들여 민폐를 끼치는 경우가 많았다. 이 때 수탈대상으로 자주 삼았던 것

제주도 한라산 중산간지대 말목장

이 말과 아울러 소였다. 이는 말과 소의 사육이 일반민가에서 널리 행해져야 가능한 일이다.

국가에서도 일찍이 수도 개경과 여기에서 가까운 광쥬[경기도 광쥬]·동쥬[강원도 철원] 등 지역에 10개 국립목장을 마련했다. 여기에서는 말 외에 소·낙타·나귀·노새 등의 가축도 길렀다. 병부(兵部)·전목사(典牧司)·공역서(供驛署)·사복시(司僕寺)·상승국(尙乘局) 등은 이들 가축사육을 전담해 전투·수렵·승마·통신전달·농경·수송 등의 용도에 따라 제공하는 임무도 맡았던 중앙관부였다.

이 가축들이 풀이 무성한 청초절(靑草節 : 5~9월)에는 주변지역의 목초를 뜯어먹거나, 다른 지역에서 베어다 준 목초를 먹었다. 그리고 피·콩 등의 곡류도 먹이로 주었다. 그러다가 풀이 나지 않은 황초절(黃草節 : 1~4·10~12월)이 되면, 이전에 베어 말린 목초를 먹이로 주었는데 청초절에 비해 피·콩 등의 곡류가 더 소모되었다. 그러나 민가에서는 주로 생(生), 또는 말려둔 목초를 먹였을 것이다. 궁궐에서도 기르는 가축과 동물에게 곡류를 먹이다가 비용이 부담스러워 섬에 풀어놓았던 적이 있었다.

사실 섬 지역은 국가적 차원의 말 사육이 성행했던 한편, 연안지역의 민가에서도 말 등의 가축먹이를 구하러 자주 드나들었던 곳이었다.

섬 지역의 말 사육과 국가 관할형태

고려는 섬 지역에 말을 사육하는 체제를 갖추고 있었다. 이를 통해 고려는 필요로 했던 말의 상당량을 섬에서 공급받았다. 이러한 섬 가운데 제주도는 최대의 말 공급처였다.
고려가 건국되는 태조대의 중앙군 가운데 주력부대의 역할은 4만 명에 달하는 마군부대가 담당했다. 이 마군부대의 유지는 상당한 말의 확보가 필수적이다. 때문에 고려는 태조대부터 섬에서 말을 길러 조달받고 있었다. 사실 국가가 섬에서 말을 사육했던 것은 삼국시대부터였고, 조선시대에도 한반도 서남해의 여러 섬 지역에 목장을 설치해 말 등을 길렀다. 이는 섬이 대체적으로 산림이 무성한 가운데 목초가 풍부하게 자생하는 지역이기 때문이었다.
고려 때도, 최자가 지은 「삼도부」라는 시에

> 대부(大夫)가 말하되, 시장(市場)이 형성된 곳이
> 포구이니 문밖이 바로 배이로다.
> 꼴 베러가거나 나무해 올 때에도
> 조금만 배에 둥실 실어 육지보다 길 빠르니
> 땔감 부족 없고, 마소 먹이 넉넉하여
> 힘 덜 들고 쏠쏠이 넉넉하다.

는 내용이 보이듯이, 연안지방의 주민이 기르던 우마 등의 먹이용으로 목초를 베러 섬에 오곤 하였던 것이다.

특히 고려는 섬지역을 도(島)의 호칭이 따라붙는 별도의 행정단위로도 설정하고, 초창기부터 섬 지역에서 말을 길러 국가수요에 충당하고 있었다. 이들 섬 지역의 말은, "도거(島阹)에서 말을 기르는데 능히 잘 보살피지 못해 죽게 한 자는 담당한 도리(島吏)의 죄를 헤아리고 주진(州鎭)의 관마(官馬)를 쇠약케 하거나 손실이 생기게 한 자는 공수둔전(公須屯田)의 수입으로써 말을 사 보충케 하라"는 사실이 『고려사』에서 확인되고 있듯이, 산 계곡 사이를 막아 설치한 우리인 도거에서 길러졌다.

고려는 섬지역 안에서 목초가 풍부하게 자생하는 곳을 방목지로 택하고, 거기에 울타리를 쳐 말을 풀어놓았을 것이다. 말이 관리소홀로 죽었을 때는 도리(島吏)가 처벌을 받았다. 이들 도리는 토착세력으로서 별도의 행정단위 형태로도 운영되던 도(島)의 향리층이었다. 만약 방목하는 말의 손실이 생기면, 섬지역 주민이 기르던 우마로써 보충해야 했다. 이들 섬지역 주민도 울타리가 쳐진 그 방목지에서 말을 길렀을 것이다.

중앙정부와 지방관아는 도라는 행정단위의 형태로 편제된 섬지역에서 해산물과 소금·목재·특용작물, 가축 등을 세금으로 취했다. 이 가운데 말은 용도별로 제공되었거나, 10개 국립목장 및 중앙과 지방관아에 배속된 채 계속 사육되는 경우도 있었으며, 고급관인에게 하사되기도 했다.

마종으로는 전마로도 활용되었지만, 주로 승마와 부림말 등에 쓰여진 소위 향마(鄕馬)라는 재래종과, 거란·여진·몽골 등의 북방에서 들여와 전마·수렵·승마용 등에 주로 이용한 이른바 호마(胡馬), 혹은 적마(狄馬)라고 하는 외래종, 이렇게 두 품종의 말이 있었다. 섬에서 길러진 말은 이들 용도에 전부 쓰여졌다. 섬에는 향마와 호마라는 두 품종의 말이 다 사육되고 있었던 셈이라 하겠다.

그런데 향마가 기원전 1세기~기원후 7세기경부터 전래·사육된 과하마와는 어떠한 관계였는지 불분명하나, 조선시대에 들어와서는 과하마를 향마로 보고 있다. 과하마와 향마는 거의 동일한 마종이거나 아니면 과하마의 개량종이 향마였을 것이다.

고려는 여러 섬에 풀어놓아 사육·번식시킨 말을 세금으로 거둬 국가수요에 충당해 왔으나, 원종 14년(1273) 이후부터는 전과 같지 않아 말을 조달하는 대책마련에 부심해야만 하는 상황으로 빠져들었다. 이는 원종 14년에 여·원연합군이 3년 전부터 제주도에 들어와 있었던 마지막 항몽세력 삼별초(三別抄)를 평정한 뒤, 원이 이 곳을 직할령으로 삼았기 때문이었다. 즉 원종 14년 이전까지는 여러 섬 가운데 제주도의 말 세금납부량이 가장 많고 컸었는데, 제주도가 원나라의 영역에 속한 뒤에는 고려가 여기에서 말을 거둘 수 없어 국가에 필요한 말의 충당에 차질이 생기게 되었던 것이다.

제주도에서 말의 사육이 성행하고, 그 산출이 어느 지역보다도 가장 많아졌던 것은 원이 여기에 목마장을 설치한 데서 비롯되었던 일처럼 통상 이해하고 있으나, 실상은 원의 목마장이 제주도 지역에 설치되는 충렬왕 2년(1276)보다도 훨씬 이전부터 이미 시작된 사실이었다.

원나라의 제주도 목장설치

고려는 인류역사상 단일국가로서 최대판도를 형성한 몽골족 원의 침략에 강화도로 천도해 30여 년간 끈질기게 맞섰으나, 역부족이라 굴복해 강화를 맺고 개경으로 다시 돌아오기에 이르렀다(1270). 이후 고려는 국가의 자주성이 크게 위축되는 원간섭기로 들어갔다. 이 시기에 원은 직할령으로 삼기도 했던 제주도에 목장을 설치해 말 등을 기르고,

100여 년간 이들을 관할했다. 이를 계기로 제주도의 말사육과 그 산출 규모가 이전보다 더욱 커지게 되었다.

원은 원종 14년(1273)에 직할령으로 삼은 제주도, 그리고 다른 한반도 연안 섬지역에 전마 등을 충당키 위해 충렬왕 2년(1276)과 5년에 각각 말을 방목했다. 이 가운데 제주도의 말이 가장 번성했다.

특히 원은 제주도를 방성[1]이 임하는 곳으로 여겼다. 제주도가 직할령이 된 직후에 파견된 원의 관인은 전통적인 유목민족이었기에 이 곳이 방목지로서는 좋은 조건을 갖춘 지역임을 한눈에 알아채고, 이를 본국에 보고했던 것 같다. 이에 본국에서는 충렬왕 2년에 제주도 관할의 최고책임자로 새로이 부임하는 '다루가치(達魯花赤)' 탑자적(塔剌赤)에게 몽골말 160필을 가져가 기르게 했으며, 그는 이 말을 제주도의 동쪽 수산평[2] 일대에 풀어놓았다. 이로써 몽골식 목마장이 충렬왕 2년에 최초로 설치되었던 것으로 보인다. 그리고 다음해에는 서쪽 북제주군 한경면 고산리 일대로 목마장이 확대 분화되었던 것 같다. 여기에서는 말뿐만 아니라 낙타·소·양·나귀·고라니도 길렀다.

원은 말이 잘 번식하자, 황태후의 마구간 말을 보내는 등 제주도 말사육에 더욱 박차를 가했다. 그래서 충렬왕 26년(1300) 무렵에는 제주도의 동·서 지역에 설치되었던 목마장이 동·서 아막(阿幕)으로 일컬어졌고, 이것은 이미 원의 14개 국립목장 가운데 하나로 자리를 잡았던 것 같다.

말 등의 방목은 아막에 배속된 '하치(哈赤)'가 주관했다. '하치'는 몽골인 중에서도 목축기술이 뛰어나 선발되어 제주도에 왔던 자들이었고, 목호[3]로도 일컬어졌다. 이들은 고려의 반원정책이 단행되는 공민왕 5년(1356) 이후 제주도에서 반기를 자주 일으킬 만큼 강력한 영향력을 행사하던 장본인이기도

1) 방성(房星) :- 수레와 말 신의 별자리.
2) 수제평 :- 남제주군 성산읍 수산리.
3) 목호(牧胡) :- 달달목자(達達牧子).

했다.

　전통적으로 몽골족은 유목지로 적합한 몽골고원에서 농경생활을 거의 하지 않은 채 가축에 의존해 생필품을 구하는 유목생활을 영위했다. 이들은 여름과 겨울에 거처하는 각각의 하영지(夏營地)와 동영지(冬營地)를 따로 정하여 봄에는 하영지로, 가을에는 동영지로, 말떼 등을 몰아 바삐 옮겨다녔다. 특히 동영지는 월동을 위해 남겨둔 방목지였다.

　이들 유목민은 농경민과의 거래를 통해 곡물을 얻었기 때문에 상당한 규모의 말떼 유지와 더불어, 경제적 효용가치를 높이기 위해 열등한 수말을 도태시키고, 우수한 수말을 남겨 번식시키는 종자선택이라는 두 측면의 관리가 매우 필요했다. 그래서 몽골족은 종자수말 이외에 나머지 수말은 거세하는 거세술을 발명했던 것이다.

　제주도에 왔던 '하치'도 몽골족의 전통적 방목방식에 익숙하였음에 분명하다. 그리고 제주도는 시기별로 목초의 자라기와 시들기 등이 지역별로 뚜렷이 구별되는 곳이다. 이에 '하치'도 시기별로 목초가 풍부하게 나는 지역을 찾아 말 등을 몰고 다니고, 이들 말은 전마충당용이므로 거세술을 행하는 방목방식을 취했을 것이다. 이들은 제주도 전 지역을 방목지로 활용하고 있었던 셈이다. 이는 충렬왕 26년(1300)에 "말이 크게 번식해 산야에 가득했다"라는 『탐라기년(耽羅紀年)』의 기록을 통해서도 엿볼 수 있다.

　그런데 제주도 지역은 겨울철 3개월 동안, 생(生)목초가 부족한 편이다. 그래서 제주민은 전통적으로 울타리가 없이 해안지대나 한라산 중산간 지대에 우마를 방목하다가도 겨울철이 되면 한곳으로 몰아 미리 마련해 말린 목초와 곡초를 먹였다. 또한 전적으로 산간지대에 방목한 '야우(野牛)·야마(野馬)'가 다른 형태의 방목으로 기른 우마에 비해 출산율이 저조했는데, 이것도 겨울철 목초의 부족으로 인한 영양상태의 부실 때문이었을 것이다.

해안지대와 한라산 중산간 지대, 그리고 전적으로 산간지대 등에 방목하는 3가지 제주도의 전통적 우마 사육방식 가운데 해안지대의 방목형태는 원 지배기 이전부터 이미 행하고 있었다. 원의 '하치'는 제주도에 와 이 곳의 우마사육을 보고, 더 나아가 산야를 둘러보아 확인한 결과, 겨울철 방목지가 몽골고원과는 달리 양호하지 않다는 사실을 알았을 것이다. 이에 이들은 동영지로 옮겨가 말떼 등을 방목해 월동하는 몽골고원의 전통적 방식 대신에 목사인 아막을 설치하고, 겨울철에는 말 등을 몰아넣어 미리 마련해 말린 목초와 곡초, 또 곡류도 먹였던 것으로 보인다.

물론 이 사료는 제주민에게 부과한 세금으로 충당되었다. 제주민은 '하치'가 기르는 말 등이 번식해 많아짐에 따라 막대한 양에 달하는 월동사료를 강제적으로 대는 고충이 점점 더 커갔던 셈이다.

제주민도 '하치'가 행한 말 등의 사육방식으로부터 많은 영향을 받았다. 『조선세종실록』을 보면, 제주 말이 세종 3년(1421)에는 5~6척에 이르는 깊은 눈 쌓인 중산간 지대 이상에서 얼어죽은 일이 일어났음을 알 수 있다. 이 일이 일어난 시기는, 본국 원이 중국의 주인자리를 명(明)에게 넘겨준 뒤, 몽골족 '하치'가 명의 제주 말 2천 마리 요구에 반발해 반기를 일으키자, 고려의 중앙정부가 명의 요구를 들어주고자 최영 장군을 보내 '하치'의 반기를 평정한 1374년으로부터 50년도 채 지나지 않은 때였다. 이에 중산간 지대 이상에서도 우마를 방목하는 제주도의 전통적 방식은 '하치'가 한라산 전 지역을 돌아다니며 우마 등을 방목하는 것을 본 이후부터는 확실히 행해졌다고 할 수 있다.

제주민은 '하치'의 방목방식을 수용해 방목지역을 넓혀 나갔으나, 말을 몰고 다니며 방목하는 몽골족의 전통적인 방식은 취하지 않았다. 이 점은 몽골족이 전적으로 목축에 의존해 생활하였던 유목민이었던 반면에, 전통적으로 제주민은 반농반어, 혹은 반농반목 형태의 생활을 영위하는 주민이었던 차이에서 비롯된 것이라 할 수 있다.

　방목지 확대 이외에도 제주민은 '하치'의 말 사육방식에 적지 않은 영향을 받았을 것이다. 이 점은 '구렁물'과 '적다물'이라는 이 곳 말 명칭이 각각 몽골어 '무렁모리'와 '져걸터모리'에서 유래하였고, 전통적 말안장도 몽골족의 그것과 유사한데다가, 우마낙인은 '하치'가 행한 것에서 유래했으리라는 추측 등이 이를 뒷받침하고 있다. 그러나 '하치'가 행하였을 거세술은 그다지 받아들여지지 않은 듯하다.

　조선시대 중앙관료는 제주 말이 원의 '하치'가 기르던 시대에 비해 체구가 작아졌고, 품질도 떨어진데다가, 양마의 수효도 훨씬 줄어들었다고 보았다. 이렇게 된 데는 여러 가지 이유가 있지만, 그 가운데 하나가 말의 교잡 때문이다. 제주민은 종자수말 이외에 나머지 수말은 거세하는 몽골족의 전통적 사육방식인 거세술은 행하지 않았던 것이다. 이 점은 원 '하치'가 주로 전마를 충당하기 위해 말을 길렀던 데 비해, 제주민은 농경과 운반 등 실생활에 이용하거나 혹은 그 용도로 팔기 위해 말을 길렀다는 차이에서 연유한 것으로 보인다.

　제주민은 생업활동의 유형과 말 사육목적의 차이 때문에 몽골족 '하치'의 방목방식 가운데 일부만을 제한적으로 수용해 우마를 길렀던 편이다. 그리고 제주도의 '하치'도 목사인 아막을 설치해 몽골고원과는 다른 자연환경에 적응하는 한편, 제주민의 우마 사육방식 가운데 일부를 수용했다.

　제주민과 몽골족 '하치'가 서로 영향을 주고받으면서 말 등을 기르게 된 이후 "말이 크게 번식해 산야에 가득했다"고 할 만큼의 상태가 되었다. 구체적으로 말하자면, 당시 제주도의 인구는 대략 3만여 명 정도로 여겨지는데, 말도 이와 맞먹는 2~3만 필에 달한 것으로 보는 수치도 있다. 그리고 고려는 고압적으로 말을 요구하였던 명에게 우왕 5년(1379)부터 멸망하는 공양왕 4년(1392)까지 3만여 필의 말을 바쳤는데, 이 가운데 절반이 훨씬 넘는 2만 필 이상이 제주 말이었던 것으로 보인다.

원의 제주도 목장설치는 말 사육규모를 이전에 비해 훨씬 확대시키는 계기로 작용하기도 했지만, 아막에서 월동하는 말 등에게 막대한 사료를 강제적으로 대야했던 제주민의 고초도 이만저만이 아니었을 것이다. 또한 본국 원이 밀린 뒤에도 여전히 위세를 자랑하던 몽골족 '하치'와, 명의 과도한 말 요구를 충족시키기에 급급했던 고려의 중앙정부가 맞부딪쳐 일어난 반기와 평정의 와중에 많은 제주민이 희생되기도 하였다.

그럼에도 불구하고, 원 지배기의 말 사육규모와 경험은 조선시대 이후에도 제주도의 민·관에 계속 이어져 내려갔다. 이에 '말은 나면 제주도로 보내고, 사람은 나면 서울로 보내라'는 옛말이 나오게 되었던 것이다.

김일우

어부의 생활

바다와 인간

어부 하면 어떤 생각이 떠오르는가. 허만 멜빌의 소설 『백경』처럼 거센 파도를 헤치면서 흰 고래와 싸우는 에이흐브 선장의 남성적인 모습이 떠오르는가 아니면 배를 타고 근해 바닷가에서 고기를 잡고 석양 무렵이면 노을 속에 돌아오는 낭만적인 삶인가? 그러나 어민에게는 밤이 새도록 불을 밝혀 고기를 잡고 새벽이면 찬바람을 맞으며 돌아오는 고달픈 삶, 그리고 풍랑을 만나면 어이없이 죽음을 맞아야 하는 내일을 기약할 수 없는 삶일지도 모르겠다.

오늘날 우리가 사는 지역에서의 어민은 많은 어려움에 처해 있다. 어업기술의 발달에 따라 너무 많이 잡아먹어 전반적으로 물고기의 수가 줄어들었고, 오염물질로 인해 물고기가 살 수 없는 강이 늘어났으며, 공해와 지구 온난화 현상으로 바다도 예전 같지 않다. 그러다 보니 원양어선을 띄워 넓은 바다로 나아가야 하는데 이제는 자연재해보다는 자기 나라 근해의 어획량을 확보하려는 각국의 이해관계로 인해 자유로운 어로활동이 금지되고 있는 상황이다.

농사가 어린아이 키우듯 씨뿌리기부터, 김매기·수확에 이르기까지 세심하게 돌봐야 하는 데 비해 어업은 낚시·그물·어랑을 설치하여 잡아올리기만 하면 되므로 어쩌면 신이 우리에게 준 가장 큰 선물의 하나라 볼 수 있다. 특히 조개류는 움직임이 적고 해안가에 살고 있어 선사시대부터 조개무덤이 생길 정도로 많은 조개를 잡아먹고 살았다.

역사적으로 살펴보면 신라의 탈해왕은 고기잡이를 생업으로 삼아 양어머니를 봉양했다고 하며, 『삼국유사』 연오랑 세오녀조(延烏郞細烏女條)에는 신라 아달라왕 때 연오가 동해 바닷가에서 해조류를 채취했다고 한다. 그리고 고구려에서는 태조왕이 고안연(孤岸淵)에 가서 붉은 날개가 달린 흰 고기를 낚았으며, 대무신왕은 연못에서 잉어양식을 한 기록이 보인다. 또한 백제는 개로왕이 위나라에 면포와 해물을 바쳤으며, 법왕은 불교를 혹신하여 어렵도구(漁獵道具)를 불태우게 했다고 한다. 발해의 경우에도 곤포(곤포 : 다시마) · 숭어(鯔魚) · 해표피(海豹皮) · 마른 문어[乾文魚] 등이 당나라와의 무역품으로 나타나고 있다. 그러면 여기에서 고려시대 어업은 어떠했는지 살펴보자.

고려시대 어민들의 고기잡이 모습

『고려도경』에 의하면 "어부는 썰물이 질 때에 섬에 닻을 내려 고기를 잡는다. 그러나 망을 잘 만들지 못하여 어망을 성긴 천으로 만들어 고기를 걸러서 잡으므로 힘은 많이 들지만 수확은 적다. 굴과 같은 패류는 조수가 빠져도 이동하지 못하므로 이를 많이 포획해도 그 자원은 다함이 없다"라고 기록하였다.

고려시대는 해변에서 쉽게 잡을 수 있는 굴 같은 조개류의 수확이 많았고, 고기를 잡을 때 강에서는 주로 낚시를 하거나 작살로 잡은 데 비해, 바다에서는 배를 타고 투망을 하거나 발을 막아 어량을 설치하였음을 알 수 있다.

죽방렴

죽방렴은 말 그대로 대나무로 만든 어살(漁箭)이다. 먼저 수심이 별로 깊지 않은 바다 속에 길이 5~10m가량 되는 참나무 말뚝을 'V'자 형태로 박는다. 이처럼 부채꼴로 박은 말뚝을 '살[삼각살]'이라고 하는데, 이것의 한 변은 길이가 무려 80m에 이른다. 그리고 살 안쪽의 뾰족한 부분에는 참나무 말뚝을 둥그렇게 박은 다음 대나무로 촘촘하게 벌[籬]을 쳐서 불통을 만든다. 불통과 살 사이에는 대나무를 엮어 만든 문짝이 매달려 있다. 이 문짝은 밀물 때에는 조류의 힘으로 활짝 벌어져 있다가 썰물 때에는 축 늘어져서 꽉 닫히게 된다. 그러므로 일단 불통 안으로 들어온 고기들은 다시 빠져나갈 수가 없다. 불통 안에 갇힌 고기는 하루 두번씩의 물때에 맞춰 후릿그물이나 뜰채로 떠올리기만 하면 된다.

    이들은 어획도구나 배의 크기가 작아 연안지대에서만 고기를 잡을 뿐이어서 어획량이 미미했을 것으로도 생각되나 오늘날과 같이 오염이 없던 시절이므로 그리 적게 잡히지는 않았을 것이다. 그러나 배의 크기나 시설로 보아 일기예보가 발달하지 못했던 그 시절에는 바다 가운데로 나가서 풍랑을 만나면 모험을 해야 하며, 최악의 경우에는 목숨을 빼앗기는 참담한 지경이 빈번하였다.

    어부의 어획량 수취여부는 그때그때 고기떼의 움직임이나 자연조건에 전적으로 매달려 있으므로 그들이 안정적인 풍족함을 누리지는 못했으리라 판단된다.

그러나 어량을 설치하여 고기를 잡는 것은 상당히 안정적이었을 것이다. 어량이란 대나 기타 재료를 이용하여 만든 발을 설치한 정치어구이다. 하천에 설치하여 상류에서 내려오는 어류나 새우류 같은 것을 잡는 원시적인 것도 있고, 해면에 설치하여 여러 수산물을 잡는 것도 있는데 그 형태는 조류를 가로막아 발을 방사형으로 좌우에 설치하고 좌우의 발이 한 곳에 모이는 곳에 원형 또는 사각형의 함정을 설치한 것이었다. 고려사회에서 어량소까지 설치된 것으로 보아 아마 후자를 가리킨다고 생각되며, 어량이 설치된 지역은 그물로 고기를 잡는 것보다 위험이 적고 더 많은 수확을 거두었을 것이다.

서민들도 즐겨 먹을 수 있었던 단백질

고기잡이가 성행함에 따라 주민들은 육류보다 생선의 가격이 저렴하여 부담없이 즐겨 먹었다. 『고려도경』에서 서긍은 "고려풍속에 양과 돼지가 있지만 왕공이나 귀인이 아니면 먹지 못하며, 가난한 백성들은 해산물을 많이 먹는다. 미꾸라지·전복·조개·진주조개·왕새우·문합(文蛤 : 모시조개)·붉은 게·굴·거북이다리로부터 바다풀·다시마에 이르기까지 귀천을 막론하고 즐기지만 냄새가 비리고 맛이 짜므로 오래 먹을 것은 못된다"고 하였다.

오늘날과 달리 고려사회는 양과 돼지 등 육류식품이 훨씬 귀한 식품이었으며 생선 종류는 백성들도 쉽게 접할 수 있었던 식품이었다. 그러나 생선과 해조류는 강이나 바다 등 한정된 지역에서만 생산되고 쉽게 부패하는 산물이므로 특히 여름에는 선도를 유지하며 운송하는 데 큰 어려움이 있었다. 부패를 방지하기 위하여 일반적으로 가장 많이 취하는 방법이 말리는 것 즉 포(脯)와 소금에 절이는 것 즉 해(醢)였다.

따라서 바닷가 가까이 사는 사람들이 아니라면 대부분 말리거나 절인 해산물을 섭취하였다. 그러나 귀족층에게는 절이거나 말린 식품이 맛있거나 귀한 식품은 아니었던 것 같다. 서긍이 말하는 짠 해산물은 소금에 너무 많이 절여져 제 맛을 잃어버린 탓일 것이다. 그러나 아무리 절였다고 하더라도 빠른 운송체계가 미흡한 당시에는 오랜 시간이 경과하지 않을 수 없었으므로, 신선도가 떨어져서 비린 냄새가 났을 것이다.

일국 사신으로 온 서긍이 이같이 오래된 해산물을 접했던 것으로 보아 육지에서 생활하는 사람들 대다수가 짜고 비린 음식을 먹지 않을 수 없었을 것이다.

이에 국왕을 위시한 왕실이나 고위관리에게는 다른 방법이 강구되었다. 즉 얼음을 넣어 보관하거나 운송하는 것이다. 이제현의 『익재집』에는 서경유수 경재신이 동어(凍魚)를 보내왔다는 기록이 보인다. 충렬왕대에는 모든 사람들에게 얼음저장을 허용했다고 한다. 이와 같이 고려시대에는 왕실 그리고 일부 지배층이나 사원을 중심으로 식품의 부패를 방지하기 위해 얼음이 사용되고 있었음을 알 수 있다.

바닷가 지역이라고 모두 어량소가 설치된 것은 아니다

고려시대는 금소・은소・동소・철소・사소(絲所)・지소(紙所)・와소(瓦所)・탄소(炭所)・어량소 등 지방특산물을 생산하는 소가 있었다. 고려정부가 각 소에서 거두어들인 공물을 소의 특수성을 감안하여 주현과 별도로 수취하였는지, 아니면 주현의 공부(貢賦)에 같이 포함시켰는지는 논란이 있다.

그러나 어량소의 경우에는 빠른 수송을 통해 해산물의 신선도를 유지시켜야 한다는 점에서 다른 소의 공물이 중앙의 지시에 따라 지방관에 의해 일괄적으로 수취되었다 하더라도 어량소의 어물은 중앙에서 직접 수취했으리라 생각된다.

그밖에 어량소 주민은 해산물의 운송과 가공을 했을 것이다. 고려시대 각 군현에서 거두어들이는 해산물은 곤포·곽(藿: 미역)·해태(海苔: 김)·건합(乾蛤: 마른 백합)·전포(全鮑: 마른 전복) 등이 보이는데 이는 오랫동안 보관이 용이했기 때문이었다.

또한 우리나라는 일조시간이 길고 공기가 건조하여 건조품 제조에는 좋은 조건을 구비하고 있어 가공식품이 발달되었으리라 추정된다. 고려 때 문종은 흥왕사의 완공을 기념해서 살생을 금지시킨다는 명목으로 생선포의 공납을 금지하였는데 바꾸어 말하면 이는 생선포를 공물로 바쳐왔음을 보여주는 것이다.

어량은 원래 하천에 설치되었던 고기잡이 도구[漁具]였다. 어구는 운용어구(運用漁具)와 고정어구(固定漁具)로 나누어진다. 고정어구는 다시 한 번 수확을 거두면 자유로이 위치를 변경할 수 있는 것과 일단 고정시키면 상당기간 동안 그 위치를 변경하지 않고 어로활동을 계속하는 것의 둘로 나뉘어지는데 후자를 특히 정치어구(定置漁具)라 한다. 하천어량은 이 정치어구에 속한다.

그러나 고려시대 어량의 상당수가 바다에 면한 지역인 것으로 보아 주로 바다에 어량을 설치한 것으로 판단된다. 바다에 어량을 설치하는 것은 하천에 어량을 설치하는 것보다 많은 노동력을 필요로 하였다. 이것이 어업을 개별적인 업무가 되게 하지 못하고 강가나 바닷가의 취락 집단에 어량소를 설치하게 된 이유였다.

고기를 잡는 데는 어량뿐만 아니라, 고기떼가 먼 곳에서 와서 한군데로 모여드는 길목에다 배를 대고 그물을 쳐서 잡는 어수(漁㪺), 넓은 바다 한복판 고기떼가 모이는 곳에 크고 작은 어선으로 물을 따라 그물을 치는 어장(漁場), 지형적으로 고기잡이에 알맞은 곳에 종선(宗船: 母船)을 띄우고 종선 좌우에 여러 배가 날개처럼 벌여 고기를 잡는 어종(漁艅: 漁基) 등이 있다.

예컨대 영광군에 소는 보이지 않으나 어량이 대서호(大西湖) 망운도(望雲島)를 중심으로 13개가 있었으며, 파시전(波市田)은 매년 봄에 경외(京外)의 상선(商船)이 사방에서 모여들어 그물을 던져 고기를 잡아 판매하는데 서울 저자와 같이 떠드는 소리가 시끄럽다고 했다.

그리고 황해도 연안도호부는 어염(魚鹽)의 이익이 많아 주민들이 어염으로 생계를 이어갔으므로 염주(鹽州)로 불렸음에도 어량은 불과 2개밖에 보이지 않으며 소도 보이지 않는다. 해주목은 어량이 4곳에 있는데 토산물은 연평평(延平坪)에서 생산되는 조기(石首魚)로서 봄과 여름에 여러 지방의 고깃배가 모두 이곳에 모여 그물로 잡는다고 했다.

또한 함길도의 문천군은 대구·고등어·연어가 주로 많이 잡히면서도 어량은 보이지 않는다. 이로 보아 어류가 많이 잡히면서도 어량소가 설치되지 않았던 지역도 상당수 있었음을 짐작할 수 있다. 즉 중앙정부는 여러 어량 가운데 특별히 소로 설정된 어량은 국가의 관할하에 각 기관에 분배하여 각자 거두어들이게 하거나 정부에서 필요로 하는 물품은 소리(所吏)를 통해 직접 수납하였으며 그밖에 어량은 현물 대신 쌀[米]이나 포(布)로 거두었던 것이다.

어량의 권력층 독점

고려시대는 각지에 어량소가 있어 신선도가 떨어지기 전에 다양한 물고기를 정부나 왕실에 바쳤다. 어량소는 귀족들이 소유하고 싶어하는 재산이었다. 어량소를 소유하거나 수조권을 가지고 있으면 많은 경제적 이익을 확보할 수 있을 뿐 아니라 물고기를 안정적으로 식탁에 올려놓을 수 있기 때문이었다.

고려 초기 국가가 소를 설치할 경우에는 모두 왕실이나 정부에 예속시켰는데 어량소의 경우도 예외는 아니었다. 그리고는 국가의 관리 하에 두고 편의에 따라 하사하거나 회수하였다. 고려 현종은 아들을 낳았다고 하여 연경궁주[김은부의 딸]에게 어량을 하사하였는데 이는 관례에 따른 것이었으며, 문종은 경창원에서 관리하던 어량을 정부의 소속으로 바꾸어 관원들의 반발을 사기도 하였다.

이 같은 어량이 눈에 띄게 수탈대상으로 떠오르게 된 것은 원간섭기에 들어서였는데, 몽골이 고려에 과도한 공물을 요구한 상황과 결부되어 더욱 어민들의 생활을 괴롭게 했다. 즉 원종 때 달로화적(達魯花赤 : 다루가치)은 원나라 중서성의 첩(牒)으로 신루지(蜃樓脂) 즉 고래고기 기름을 구했으며, 충렬왕대 원은 사신을 파견하여 탐라에서 진주를 구하는 등 민폐가 거듭되었는데 이를 틈타 충숙왕대의 신훤은 자신이 치부하기 위해 원의 공물이라 하여 더 많은 해산물을 거두고 있다. 이로 보아 어민들이 지배층의 수탈로 크게 피해를 당했음을 알 수 있다.

고려 전기에는 국가에 직접 예속되어 있는 어량소가 지배층이나 소속관청에 의해 어물을 약탈당했다면, 고려 후기에 가서는 어량 전체가 수탈대상이 되었다. 그러나 이같이 부패한 상황도 아직까지는 권세가가 어량 자체를 빼앗으려 하지는 않아 소유권에 대한 논의는 보이지 않는다.

그런데 공민왕 이후부터는 어량이 권세가들에 의해 특산물을 과도하게 빼앗으려는 수탈의 대상에서 소유의 대상으로 바뀌고 있었다. 즉 어업이 발달함에 따라 많은 이익을 남기게 되니 일부 어민들은 배의 필요성을 느끼게 되어 어선의 조달에 주력하였고 이는 권세가들의 주목의 대상이 되었다.

중앙의 정치권력이 지방에 미치지 못하는 틈을 타서 권세가들은 토지탈점과 마찬가지로 어량의 탈점에도 적극적으로 나서게 되었다. 이미 원간섭기에 들어서면서 권세가들은 토지를 겸병하여 농장을 설치함과 마찬가지로 어량을 점유했던 것이다. 이에 공민왕은 산림에 대한 조처와 더불어 어량을 사재감에 소속시켜 관유화하였다.
　공민왕의 이 같은 조처는 기철일파 등 부원세력이 제거된 직후에 시행된 것으로서, 이는 부원세력이 중심이 된 권문세가들이 어량을 독점하고 있었음을 보여주는 것이다.

어민의 생활

　　바늘낚시 하나가 쟁기와 호미 대신하니
　　그대 집 풍년은 오직 고기잡이에 있네
　　천이랑 농사에도 먹고살기 어려운데
　　강집 살림살이 언제나 묵은 양식 남았다오.
　　　　　　　　　　　　[이규보의 「어부4수(漁父四首)」]

　농경이 생계유지의 가장 중요한 산업이 되어 어업이 그 부수적 위치로 전락한 지 오래지만 바다를 통한 이익도 만만치 않았다. 위의 기록은 이규보가 어촌의 모습을 그린 것으로, 흉년에 농민들이 굶주릴 때에도 어민은 여유분의 양식이 남아 있음을 노래했다. 또한 『신증동국여지승람』 울주군[울산]에 의하면 "이 곳은 땅이 기름지고 또 물고기와 소금이 많이 나기 때문에 백성 가운데 앉아서 부자가 된 자가 여럿 있다. 이로 인해 군국(軍國)의 비용이 여기서 나는 것이 수천 금에 이르고 해산물을 바치는 것 또한 적지 않다"고 하여 농업보다 어업이 더욱 풍족한 생활을 약속하고 있는 듯이 보인다.

이는 흥해군(興海郡)·태안군(泰安郡)도 마찬가지였다. 그러나 울산의 경우와는 달리 농토는 전혀 없이 어업에만 주력하는 섬 주민들은 상당히 생활하기가 힘들었다고 한다. 이는 외딴 섬이라는 특수성으로 인해 주민 등이 어량을 설치할 자본과 기술이 없어서 어업이 영세성을 아직도 벗어나지 못했기 때문이었다.

일반적으로 수공업 기술수준이 낮고 원료의 산지가 편재되어 있어서 양질의 수공업품을 안정적으로 확보하는 것이 어려웠던 당시의 상황하에서, 국가는 중앙부서나 왕실에서 필요로 하는 물품을 생산하기에 적합한 조건을 갖춘 지역을 소라는 특수수공업 생산집단으로 편성하여 그로부터 필요한 수공업품을 안정적으로 확보하였던 것이다. 따라서 어량소의 경우에도 초기에는 잡히는 것이 일정하지 않고 상업이 발달하지 않아 왕실과 국가기관 등에 일정량을 지속적으로 공납하기 어렵다고 보았으므로 설치하였던 것이다.

이제 일정량의 어물이 확보되자 어민들은 일부 어량소민을 제외하고는 대부분 국가에 일정액의 어량세를 지불하고 나머지 생선은 자유로이 처분하여 생계를 이어 가게 되었다. 어민들은 필요한 물자를 구하기 위해 주로 물물교환을 했다. 특히 어촌장터는 배가 돌아오는 새벽에 열렸다.

그러나 상업이 발달하여 교역을 통한 이익이 증대됨에 따라 권세가들은 토지겸병에 발맞추어 어량소에도 손길을 뻗치기 시작했다. 권세가의 어량 독점현상은 어업의 발달을 시사한다. 이미 무신집권기부터 농업생산에 기반을 두고 있던 연해 주·군의 농민들 가운데서도 점차 진전되는 권세가의 토지탈점으로 인해 어염을 전업으로 하는 자들이 늘어나고 있었다.

특히 대몽항쟁기에 들어서면서 정부는 수도를 강화도로 옮기고 백성들에게는 산성이나 섬으로 옮겨 몽골의 공격을 피하도록 하였다. 특히 몽골이 물을 두려워한다고 하여 섬으로의 이주가 해를 거듭할수록 더욱 장려되었다. 이에 피난을 갔던 농민들이 경작지가 부족하게 되자 바다로 눈을 돌리게 되었고 그들은 어염을 통해 생계를 이어갈 방책을 강구하게 되었다. 이 과정에서 어업의 발달이 촉진되었다.

후대 자료이기는 하지만 조선 성종 17년(1486) 3월 상당부원군 한명회의 말에 "각 도 어전(魚箭)을 국가가 빈민에게 주었으나 힘이 미약하여 스스로 설치하지 못하니 인근의 호민(豪民)이 이를 설치하여 이익을 나눈다"고 하였다.

어전은 어량을 말하는 것이다. 이는 고려 전기의 가족경영에 의한 영세한 형태에서 대규모로 바뀌었음을 의미하는 것이고 이 같은 경영형태는 고려 후기부터 시작된 것이라고 볼 수 있다. 권세가들은 설치에 많은 자금과 노동력이 소요되는 대규모의 어량이 필요로 함에 따라 자연스럽게 어업에 뛰어들게 되었으리라 생각된다.

원래 어량이 잘 구비되어 있던 소는 물론이고 그밖에 해산물 획득이 용이한 바닷가에는 권세가들에 의해 어량이 새로 설치되기도 하였다. 이와 더불어 권세가들은 어선에도 관심을 기울였다.

고려 후기의 어민은 농민들이 토지겸병으로 유리되거나 농장의 전호가 되는 것과 마찬가지로 어량이나 배를 소유하고 있지 못하는 한 그 소유주에 예속될 수밖에 없었다. 이리하여 어량소가 권세가의 소유 영역으로 확대되어 감에 따라 국가의 조세수입은 감소하고 어민들은 이제 국가가 아닌 권세가의 지배를 받게 되었다.

어량소의 해체

고려 후기에 들어와서 권세가의 비호하에 발달하던 어업은 고려 말에 이르러서 왜구의 빈번한 침입으로 붕괴되기 시작하였다. 이미 고종 10년(1223)부터 시작된 왜구의 침입이 본격적으로 감행되기 시작한 것은 충정왕 2년(1350)부터인데 이어 공민왕대부터는 매해 수 차례 침입하였으며 우왕대에 이르러서는 한해에 54차례나 침입할 정도로 극심하였다.

이에 바닷가에 사는 어민들은 육지로 이주하여 살길을 찾지 않으면 안되었다. 정부도 조운을 육로로 운반하도록 조치하였으며 심지어는 조세창고를 내륙으로 옮기도록 하였다. 또한 왜구로 인해 해안 가까이에 있는 도요지는 육지로 이전되었다.

왜구의 직접적인 침탈을 받기에는 어량소는 더욱 심각했다. 생산관계의 특수성으로 인해 어량소는 도요지와는 달리 해안에서 벗어날 수가 없었다. 이에 따라 어량소는 완전히 무너져 국가의 소를 통한 특산물 공급은 불가능하게 되었다.

이에 정부는 농민에게 특산물을 공납하는 체제로 전환시켰으니, 이는 소의 붕괴를 기정 사실화한 것이다. 우왕 14년 5월에 위화도회군으로 정권을 장악한 이성계 등 무장세력과 정도전으로 대표되는 사대부들은 어업을 활성화시키면서 군인들을 회유하는 수단으로 어량을 군인 장교들에게 나누어주어 군인들로 하여금 해도를 식읍으로 가지게 하여 녹봉을 대신하게 하였다.

이는 조선왕조 성립 이후에도 계속되어 태조는 고려 말에 왜구격퇴에 큰 역할을 한 기선군(騎船軍)에게 복무의 노고를 생각하여 어염의 이익을 보장해 주는 시책을 계속하였다.

그러나 조선왕조 체제가 정비되면서 어염의 이익은 없어지고 그 역만 부과되었으며, 어염은 차츰 권세가의 수중으로 넘어가게 되었다. 이와 같은 상황은 세종대의 기록에서 짐작할 수 있다. 즉 세종은 어량의 사점이 금지되어 있음에도 호민이 사람을 모집하여 어량을 설치하여 그 이익을 독점하고 있는 데 대해 금지령을 내리고 있다.

그러나 고려 후기부터 어량의 규모가 커짐에 따라 많은 자본과 인원을 동원할 수 있는 세력가나 부호가 아니면 어량을 제대로 운영할 수 없다는 데에 국가의 고민이 있었으며 이것이 조선시대까지 계속되고 있었다.

한편 정부는 어량소 해체의 대안으로 한강 주변에 거주하는 어부로서 해산물을 진상하는 생선간(生鮮干)을 두어 정부나 왕실의 수요에 충당하였다. 조선 초기에도 특정물자를 납부하거나 특정기관에 예속되어 정역을 바친 자를 간이라고 불렀는데 염간(鹽干)·철간(鐵干)·생선간 등이 보이며, 그들에게는 역에 대한 대가로 잡역을 면제해 주었다. 그리하여 정부가 필요로 하는 해산물은 생선간을 통해 조달하고, 그밖에는 조선사회가 비록 어량 국유제를 표방하였으나 사실은 권세가의 소유로 넘어가는 것을 국가와 지배층의 이해관계가 크게 대립되지 않는 한 그대로 방치하는 이중구조를 형성하고 있었다.

이정신

제4장
사회제도와 민란

귀족과 양반
노(奴)와 비(婢)는 왜 가격 차이가 있었나
사는 지역에 따라서도 신분에 차이가 있었다
고려시대의 여러 의료시설
공경장상의 씨는 따로 있다
신라와 백제를 되살리자

귀족과 양반

혈통이 개인의 운명을 좌우하다

고려는 어느 개인의 권리와 의무가 그 자신이 속한 신분에 따라 좌우되는 신분제 사회였다. 신분이란 법제적·사회적인 불평등 지위로서, 요는 그것이 원칙적으로 혈통에 의해 정하여져 세습된다는 데 커다란 특징이 있었다. 그러므로 개인은 어떤 혈통, 즉 어느 가문·집안에서 태어나느냐 하는 것이 매우 중요하였으며, 그렇게 하여 정해진 지위를 세습의 원리에 따라 대대로 이어갔던 것이다. 다시 말하면 누구나 할아버지·아버지가 속했던 집단의 신분을 잇게 되고, 다시 그것을 아들·손자도 이어가게 마련이었으며 그런 가운데에 자기가 속한 집단의 신분적 지위에 따라 어떤 사람은 특권을 누리고, 또 어떤 사람은 차별대우를 받아야 했던 것이라 하겠다.

고려사회의 그 같은 신분을 구분함에 있어 혹자는 법제에서 기준을 구하여 크게 양신분(良身分)과 천신분(賤身分)의 둘로 나누기도 한다. 이렇게 법률에 근거하여 신분을 나눌 때의 장점은 그 구분이 매우 명료해진다는 점이다.

하지만 그것은 너무 경직된 기준이어서 사회의 현실을 제대로 반영하지 못하는 한계가 있을 뿐더러 근대 이전의 사회에서 모든 사람을 양·천 곧 천인과 비천인[양인]으로 나누는 것은 어느 시기, 어느 나라에나 적용될 수 있는 구분법이기 때문에 사회계층론으로서는 적절치 못하다는 비판도 있다.

그러므로 혹자는 관습·관례 내지는 사회적 인식에서 비롯되는 차별성도 감안하여 신분을 좀더 탄력성 있게 규정하는 것이 옳다는 주장을 펴고 있다. 이와 관련하여 종래 많이 하여 왔던 구분이 지배신분층과 피지배신분층으로 나누는 방식이었다. 이 양자의 견해를 고려 때의 구체적인 신분계층에 적용시켜 보면 다음의 도표와 같다.

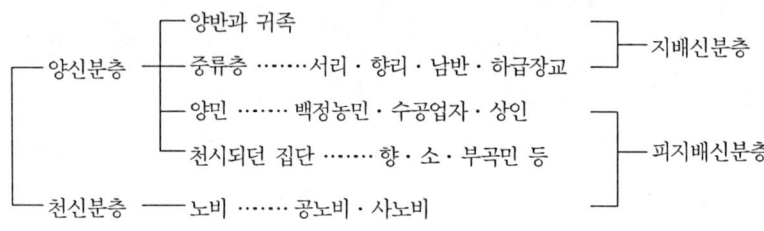

이들 두 구분 사이에서 가장 큰 차이가 나는 것은 양민을 어디에 포함시키느냐 하는 데 있다. 전자는 양민을 양반·귀족과 동일한 신분층으로 파악하고 있는 데 비해 후자는, 하나는 지배신분층으로 다른 하나는 피지배신분층으로 이해하고 있는 것이다. 후자의 입장인즉, 양반·귀족과 일반양민은 사(士)·서(庶)로써도 표현되듯이 현실사회에서 상호 대칭되는 신분층으로, 이들 사이의 상하·귀천의 질서는 양·천의 그것에 못지 않게 중요하였다는 주장이다. 기준에 따라 신분계층론도 이렇게 달라지고 있음을 알 수 있다.

양반의 의미

　기준을 어디에 두든 간에 양반과 귀족은 최고의 신분층이며 지배층이었다. 이 가운데에서 양반이란 말은 우리들이 흔히 '이 양반'·'저 양반'이라고 하듯이 마구 쓰고 있지만 원래는 상당히 제한된 범위의 인원을 뜻하는 용어였다. 즉 국왕은 방향상으로 가장 높은 북쪽의 자리[북좌:北座]에 앉게 되므로 자연히 남쪽으로 면하게[남면:南面] 되고, 그 왕을 중심으로 동쪽에 서는 문신의 반열(班列)을 동반, 서쪽에 서는 무신의 반열을 서반이라 불렀으며, 이렇게 반열이 두 개라는 뜻에서 양반이라 하였고, 그들은 곧 문·무신료층을 지칭하였던 것이다. 동반을 문반(文班), 서반을 무반(武班)이라 부르는 것도 여기에서 비롯된다.

　이들은 국왕으로부터 동쪽의 첫 자리에 품계가 제일 높은 문신의 정1품이, 그 다음 종1품, 이어서 정2품 등으로 내려가 종9품까지 자리잡았으며, 서쪽은 더 말할 필요도 없이 무신이 그 같은 순서로 자리잡는 형식이었다.

　우리나라에서 문반과 무반이라는 용어가 공식적인 기록상 처음으로 나타나는 것은 경종 원년(976)에 제정된 토지를 나누어주는 제도인 전시과에서였다. 그 뒤 성종 14년(995)에 이르러서는 관제상의 양반체제가 갖추어지지마는, 이처럼 양반이란 처음에는 문·무 신료층만을 지칭하는 용어였다.

　그런데 이 양반은 국가체제의 정비와 더불어 점차 신료뿐만 아니라 그 가족과 가문까지를 포함하는 하나의 지배신분층을 뜻하는 용어로 전용되게 되었다. 그렇다면 이렇게 양반이 지배신분층을 나타내는 뜻으로 쓰이게 된 것은 언제부터였을까?

　이 시기를 둘러싸고 논자 사이에 의견이 엇갈리고 있지만 유교적인 통치이념에 지배된 사회에서는 신분적 특권이 통치요원 본인과 함께 일정한 범위 내의 그들 가족에게까지 확대 부여된다는 견해가 있고 보면 그 때는 고려 초까지로 앞당겨지게 될 가능성이 많다.

고려에서는 이미 성종조에 유교정치 이념에 입각한 양반관료체제가 기틀을 잡아갔다고 이해되고 있기 때문이다. 이렇게 보면 고려를 양반사회라고 규정하더라도 잘못된 이야기는 아니라고 할 수 있다. 고려의 정치적·사회적 지배세력은 이들 양반이었던 것이다.

귀족사회의 여러 요소

오늘날의 고려사회에 관한 서적을 보면 보통 그것은 귀족사회였다고 설명되어 있다. 특권적 신분층으로서의 귀족들이 대부분의 국가요직을 차지하고 정책의 결정이나 가치의 배분을 자기네 중심으로 운영하여 간 사회라는 이해인 것이다.

그렇다면 이들 귀족과 양반은 어떤 관계일까? 같은 신분층인가, 아니면 구분되는 신분층일까? 여기에서 다시 귀족에 대한 정의의 문제가 대두되는데, 그들을 서양의 역사에서 잘 드러나고 있는 것처럼 공작·후작·백작 등의 작위귀족으로 한정시킬 수 있다면 문제는 간단하다. 이들은 각각의 작위를 자자손손이 세습적으로 이어가면서 거기에 따르는 정치적·경제적·사회적 특권을 누리는 특수 신분층이었던 것이다.

고려에도 그와 비슷한 작위의 제도가 있었다. 그러나 우리의 경우 왕족을 제외한 이성(異姓)으로 작위를 받은 사람들을 보면 대체적으로 왕실과 인척관계에 있는 고위관료나 국가에 특별한 공로가 있는 몇몇 인물에 한정되고 있으며 또 그것이 자손에게 세습되지도 않은 것 같다. 따라서 고려에서는 작위와 같은 명목상의 기준에 의해 귀족의 여부를 판가름하기는 어려운 것이다.

이런 데에 난점이 있긴 하지만 요컨대 귀족이 특권신분층이라는 사실에 다른 의견이 있을 수는 없는 것이겠다. 그런데 그 특권적 신분은 사회의 대전환이 있을 때 새로이 취득되기도 했지마는 보통은 혈통, 곧 출생 가문에 의해 얻어지는 것이었다. 그리하여 귀족은 경제적인 부를 누림과 동시에 사회적으로 인정을 받는 존재였는데, 그것이 표면으로 드러난 하나의 현상이 좋은 집안과 혼인할 수 있다는 것이었다. 귀족들은 자기네끼리 중첩되는 혼인을 하여 폐쇄적인 통혼권을 형성하기도 했던 것이다.

그런데 동양의 여러 나라가 그러했지만 고려에서도 이런 특권층으로 행세하는 데 근원이 되는 것은 벼슬, 곧 관직이었다. 귀족은 대체적으로 관직보유자로써, 그들에게 있어 관직은 정치적 권력의 원천이요 경제적 수입원이며 사회적 위세의 상징이었던 것이다. 따라서 관직의 여하는 곧 그 사람의 신분과도 연결되어 있었다. 그렇기 때문에 우리들은 '관직귀족'이라는 말을 쓰고 있기도 하다.

그러나 관직은 가변적인 것이었으므로 서양의 고정되어 있는 작위귀족과는 좀 다른 특수성이 있었다. 그런 점에 약간의 문제가 있긴 하지마는 관직이 절대적으로 중요한 위치에 있었던 것도 사실인만큼 이 부분을 감안하면서 생각해 보면 문·무 양반은 곧 귀족이었다고 이해해도 좋을 것 같다.

사환권[1]이 없는 신분층과 비교할 때 이들은 특권신분층임에 틀림없었기 때문이다. 그러나 고려 때는 서리나 향리 등도 벼슬길에 나갈 수 있는 길이 공식적으로 트여 있었다. 그리하여 서리나 향리의 자제가 품관(品官)으로 진출하는 경우에도 역시 그들을 귀족이라고 보기는 어려우므로 이런 측면에서 생각

---

1) 사환권(仕宦權):- 벼슬길에 나갈 수 있는 권리.

하면 문·무 양반 전체를 귀족으로 이해하는 데는 얼마간의 난점이 따르게 된다.

그런만큼 귀족은 양반 가운데서도 남다른 특권을 보장받고 있는 사람들로 한정하는 게 좋겠다는 견해도 나와 있다. 그럴 때에 한 지표로 제시되고 있는 것이 음서제(蔭敍制)이다. 음서제란 조상의 음덕에 따라 그 자손에게 벼슬을 주는 일종의 사환보장제도로, 조종묘예[1] 및 공신 자손과 5품 이상 고급관료의 자손에게 음직을 주는 세 종류가 있었다.

이 가운데 앞의 두 종류는 좀 특수한 경우이고, 보다 중요한 의미를 지닌 것은 세번째 종류인데, 여기에는 다시 정기적·항례적으로 벼슬을 주는 일반 음서와 국왕의 즉위와 같은 경우에 벼슬을 주는 특사음서(特賜蔭敍)가 있었다.

어떻든 신료들은 5품 이상의 고급관료가 되면 그들 자손에게 별다른 제약없이 벼슬을 줄 수 있는 특권을 부여받고 있었던 것이다. 현재 이 같은 특권을 한 신료가 1회에 한하여 인정받고 있었느냐 아니면 여러 번 부여받았느냐의 문제를 둘러싸고 논쟁이 있기는 하지만, 음직을 받는 대상이 아들·손자·외손자·사위·조카·외조카·동생 등이었으므로 그 범위가 매우 넓었다고 할 수 있다.

그런데다가 실제사례를 보면 음서를 통해 벼슬길에 나간 사람들이 대부분 다시 5품 이상으로 진급하고 있다. 그러면 다시 이들에 의해 자손들은 벼슬을 받을 수 있었겠으므로, 결국 음서를 통해 관직의 전수가 행해지고 있는 것이나 마찬가지였다는 이야기가 된다.

이처럼 음서제는 대대로 관직을 이어가게 하는 기능을 하였고, 그렇게 하여 형성된 가문·문벌 출신들이 고려를 운영하여 간 중심이었으므로, 그것은 고려 귀족사회를 유지·발전시켜 간 중요한 제도였다고 보고 있는 것이며, 그리하여 그 특권에 참여할 수 있는 5품

---

1) 조종묘예(祖宗苗裔):- 국왕족의 후손.

이상관을 귀족으로 이해하자는 의견이 제시되어 있는 것이다. ///당해
어느 가문·문벌이 혈통이 아니라 관직을 매개로 하고 있는 데서
비롯되는 제약성은 인정된다. 그러나 그 관직도 당해 가문·문벌-즉
혈통-에 태어났으므로 해서 획득될 수 있는 것이었으므로 음서제에
기반을 둔 위의 주장도 그런대로 수긍할 수 있는 게 아닌가 한다.
　고려시대에 이 음서제와 함께 벼슬길에 나아갈 수 있는 중요한 방
식은 과거에 급제하는 것이었다. 그런데 이는 다 아는 대로 학문적인
능력을 시험하여 관리로 선발하는 것이었으므로 음서제 원리와는 서로
반대되는 제도였다. 그러므로 혹자는 이 제도에 근거하여 고려는 귀족
사회가 아니라는 주장을 펴기도 한다.
　그러나 과거제가 원리상으로는 비록 그러하였으나 실제적으로는
고려의 귀족사회체제에서 그렇게 동떨어지게 운영된 제도가 아니었다
함은 앞서의 기회에 설명해 두었다.
　다음으로 음서제와 같은 원리에서 고려의 귀족사회를 뒷받침하여
주는 제도의 하나로 종래에는 공음전시법(功蔭田柴法)을 들어왔다. 이
공음전시법은 국가의 여러 일에 복무하는 신료들에게 토지를 나누어주
던 제도의 하나인데, 그 가장 커다란 특징은 다른 토지들의 경우 본인
이 죽은 뒤에는 국가에 반환하게 되어 있었으나 이것은 자손에게 세습
할 수 있도록 한 데 있었다. 그리하여 공음전시는 역시 5품 이상의 귀
족관료들에 한하여 지급해 주어 그들의 특권적 생활을 세습적으로 누
릴 수 있도록 경제적 토대로 마련된 것이라 설명하여 왔던 것이다.
　그런데 근자에는 그것은 5품 이상관이 아니라 전 관료를 상대로 한
토지분급제라는 주장이 나와 현재 어느 것이 옳은지 단정하여 말하기
는 어렵다. 하지만 종래에는 이 역시 귀족제설의 한 논거로 들어지곤
하였다.
　이러한 제도적 측면뿐만 아니라 고려의 귀족사회 모습은 구체적인

귀족관료들의 가계(家系)와 관직 및 통혼권 등을 통해서 설명되기도 한다. 그 한 예로 고려의 대표적인 문벌귀족가문인 경원이씨[인주이씨]가 자주 거론되었다.

이 가문에서는 10여 대에 걸쳐서 5명의 수상과 20명에 가까운 재상을 배출하고 왕실 및 주요 귀족가문들과 인척관계를 맺고 있다. 역사서에는 이 집안을 '벌열(閥閱)' 또는 '해동갑족(海東甲族)' 등으로 표현하고 있거니와, 그만큼 많은 재상을 배출할 수 있었던 데에는 가문이 크게 작용하지 않았나 생각된다.

그 같은 분위기는 우선 음서출신자가 다수라는 사실에서 쉽게 느낄 수 있다. 뿐만 아니라 경원이씨를 크게 일으킨 이자연은 왕실에 딸을 들이면서 벼슬이 높아지고 그의 처 김씨는 대부인(大夫人)을 제수받는데, 이 때에 그의 아들 의·호·전에게도 특별히 관직이 수여되며, 이들 가운데 의와 전은 재상의 지위에까지 오른다.

그리고 이자겸의 경우에도 공작에 봉함을 받을 때 그의 여러 아들들에게도 동시에 관직상의 승진조처가 있었다. 이런 일은 귀족사회가 아니고서는 있을 수 없는 사실이다.

한편 혼인관계를 보면, 왕실과는 이자연의 세 딸이 모두 문종비(文宗妃)가 된 것을 비롯하여 이정·이예의 딸이 각각 선종비, 이호의 딸은 순종비, 그리고 이자겸의 한 딸은 예종비, 두 딸은 인종비가 되고 있으며, 또 당대의 명문인 경주김씨·안산김씨·해주최씨·청주이씨·강릉김씨·광양김씨·수주최씨·남평문씨·정안임씨·수주이씨 등과 인척을 맺고 있다. 당시의 모든 귀족가문들은 왕실과 혼인하여 외척이 되기를 바랐으며, 설령 그렇게는 되지 못하더라도 자기들 상호간에 중첩되는 연인(連姻)을 맺어 폐쇄적으로 귀족신분의 범위를 지키려고 애썼었다. 우리들은 경원이씨 집안에서 그와 같은 귀족사회의 여러 특성을 잘 엿볼 수 있는 것이다.

지금 설명한 경원이씨 및 그와 혼인을 맺은 집안 이외에 정주유씨·경주최씨·파평윤씨·평산박씨·철원최씨·영광김씨·전주유씨·청주한씨·직산최씨·공암허씨·개성왕씨 등도 귀족가문들로 알려져 있다. 특히 고려 전기에는 이들 귀족가문 출신들이 거의 모든 정부요직을 차지하고 있었다고 해도 지나친 말은 아닌 것이다.

역시 고려는 정치적·경제적·사회적 특권신분층인 소수의 문벌귀족가문이 나라의 중요한 직위를 점유하고 그들 중심으로 국가를 운영해 간 귀족사회였다고 이해된다.

박용운

노와 비는
왜 가격차이가 있었나

 우리는 '인간은 평등하다'는 명제를 당연하게 받아들이고 있다. 그러나 전근대사회에서는 '귀한 사람과 천한 자가 따로 있다'고 믿어졌다. 태어날 때부터 이미 신분이 정해졌다. 고려시대에도 마찬가지였다. 그 가운데 제일 낮은 계층은 노비였다. 노비는 남자종인 노(奴)와 여자종인 비(婢)를 합친 말인데, 통상적으로 남녀 구분없이 쓰기도 한다.
 노비는 사람은 분명하되 사람대접을 받지 못하는 '말하는 도구'였다. 팔고 살 수도, 물려줄 수도, 다른 사람에게 증여할 수도 있는 재물로 간주되었으며, 거의 대부분 성(姓)도 없었다.

물건처럼 팔리는 사람, 노비

 고려시대의 노비는 누가 소유하는지에 따라 공노비(公奴婢)와 사노비(私奴婢)로 나뉘어진다. 공노비는 국가나 관청 같은 공공기관에 소속된 노비였으며, 사노비는 개인의 소유였다. 절에 딸린 사원노비 역시 사노비의 범주에 포함된다. 공노비와 사노비 모두 신분상 천인이라는 점은 같지만, 존재형태는 조금 차이가 난다.
 사노비는 솔거노비와 외거노비로 구분된다. 거느리고 산다는 솔거(率居)의 의미에서 짐작할 수 있듯이 솔거노비는 주인집에 함께 거주하였다. 같은 울타리 안에 살면서 음식을 만들거나 땔나무를 베어오는 등 갖가지 잡다한 일을 맡아보았다. 외거(外居)는 밖에 산다, 따로 산다는 뜻이다. 외거노비는 솔거노비와는 달리 주인과는 따로 살면서 주로 농경에 종사하였다.

사노비는 주로 경제적인 이유로 인해 발생하였다. 흉년이 들거나 가난이 너무 심하여 딸·아들을 노비로 팔거나 스스로 부잣집에 종으로 들어가기도 하였다. 그러나 일단 노비가 되면 그 자손은 대대로 천인의 멍에를 벗어날 수 없었다. 굶주림을 면하기 위한 가슴아픈 선택이었다.

또 권세가가 권력을 이용해 양인을 멋대로 노비로 삼는 압량위천(壓良爲賤) 같은 불법적 행위로 인해 노비가 생겨나기도 하였다. 국가에서는 노비가 양인이 되는 일도 물론 용납하지 않았지만, 특히 양인이 노비로 전락하는 현상을 앉아서 보고만 있지는 않았다. 국가재정의 원천은 거의 대부분 양인의 다수를 차지하는 백정농민층으로부터 나왔기 때문이다. 만약 어떤 사람이 강제로 양인을 노비로 삼아 부릴 경우, 다시 양인으로 돌리고 또 그 동안 부려먹은 대가를 보상하도록 하였다.

공노비는 국가나 관청에 속한 노비다. 이들은 다시 관청에서 주로 심부름이나 잡다한 일을 맡아보는 공역노비(供役奴婢)와 국유지를 경작하는 외거노비(外居奴婢)로 나눌 수 있다.

공역노비는 공공기관에서 일하는 반대급부로 별사(別賜)라는 이름의 급료를 받아 생계를 이어갔다. 외거노비 가운데는 수공업이나 상업에 종사하는 자들도 있었지만, 대개는 농업생산에 종사하였다. 토지경작에서 얻어지는 수입 가운데 일부는 몸값으로 납부하고, 그 나머지로 가계를 꾸려나갔다.

공노비는 60세가 되면 역(役)에서 면제되는 정로제(丁老制)에 의해 노역에서 벗어날 수 있었다. 아울러 사노비와는 달리 국가나 관청의 재

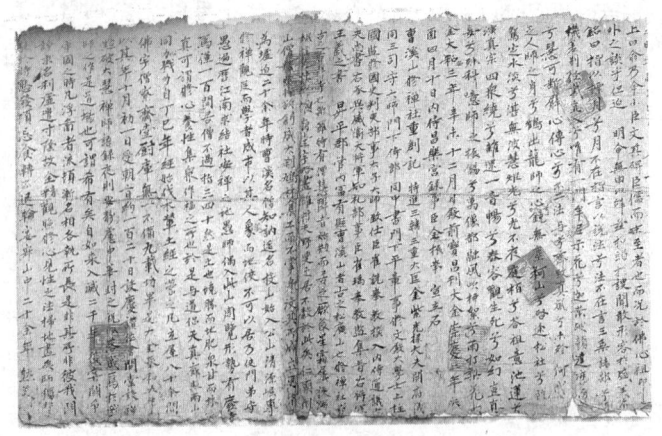

송광사 노비문서
전라남도 승주군 송광면 신평리에 소재한 송광사(松廣寺)에 관한 문서인데, 노비첩이 아울러 수록되어 있어 고려시대 노비에 관한 연구에 중요한 사료로 이용되고 있다.

산이므로 매매의 대상이 되지 않았다. 이 점에서 사노비보다는 처지가 좀 나은 형편이었다고 할 수 있다. 그러나 면역은 노역의 중지에 불과하였다. 신분적인 해방은 결코 아니었다.

공노비는 전쟁포로에서 얻어지기도 하였지만, 대부분 반역이나 이적행위와 같은 중대한 범죄를 저지른 사람과 그 자손이 관청에 몰수되어 생겨났다. 공노비 가운데 성(姓)을 가진 자들이 간혹 보이는 것은 이러한 사실과 관련이 깊다. 그리고 당연히 범죄자의 사노비는 국가에 공노비로 몰수되었다.

겹겹이 쌓인 굴레 속에서

노비는 정상적인 인간의 대우를 받지 못하였다. 그들의 열악한 처지는 호적에서도 드러난다. 사노비는 독자적인 호적이 없고 거의 대부분 주인의 호적에 실렸다. 호적에는 노비의 이름과 나이가 기재되었다. 그리고 그 노비가 누구로부터 상속되었는지를 명확히 밝혀놓았다. 어머니 쪽에서 전하여 왔는지[모변전래(母邊傳來)], 아버지로부터 물려받았는지[부변전래(父邊傳來)], 전래된 주체를 기록하였다. 나중에 이들 노비를 상속할 때 생겨날 문제를 미리 막기 위해서였다.

아울러 노비 배우자의 신분도 밝혀야 했다. 본래 고려시대는 양인은 양인과, 천인은 천인끼리 결혼해야 하는 동색혼(同色婚)의 원칙을 고수하고 있었다. 이에 따라 노비는 노비하고만 혼인하여야 했다.

하지만 원칙이 늘 지켜지는 건 아니었다. 노비가 양인과 결혼하는 경우가 꽤 있었다. 그러다 보니 남자 종의 아내[노처(奴妻)]나 여자 종의 남편[비부(婢夫)]이 양인일 수도 있었다. 따라서 노처와 비부가 양인인지 천인인지 반드시 기재하였다.

이는 양인과 천인의 혼인[양천교혼(良賤交婚)]에서 생겨난 자식문제를 해결하기 위한 것이었다. 노비가 양천교혼할 경우, 일천즉천[1]의 원칙에 따라 그 소생은 모두 노비가 되었다. 그리고 노비의 자식은 천자수모법[2]에 의해 어머니 소유주의 재산이 되었다.

사노비는 주인을 배반할 수 없었다. 도망가거나 양인이라고 호소할 수도 없었다. 또 주인을 경멸·반항하거나 모함할 처지도 못되었다. 주인이 반역과 같은 중대한 범죄를 저지른 경우를 제외하고는 관가에 고발할 수도 없었다. 주인이 멋대로 자신을 때리거나 벌을 주어도 그저 참을 수밖에 없었다. 사노비는 살해를 제외한 가해행위로부터 법적인 보호를 받을 수 없었다. 노예주는 노비를 살해하지만 않으면 처벌을 받지 않았던 것이다.

사노비는 정상적인 가족을 유지하기도 어려웠다. 호적을 보면 어머니와 아버지가 모두 함께

1) 일천즉천(一賤則賤) :- 부모 가운데 하나라도 천인이면 자식은 천인이 되는 제도.
2) 천자수모법(賤者隨母法) :- 천인은 어머니쪽의 소유로 하는 제도.

거주하지 않는 노비가족이 많다. 여기저기로 팔려가거나 혹은 서로 다른 사람에게 상속되어 가족이 뿔뿔이 흩어져 버렸기 때문이다.

노비의 질곡은 자손에게도 그대로 이어졌다. 어머니와 아버지 가운데 하나라도 천인이면 자식은 천인이 되어야 하였다. 노비는 계속 노비를 재생산하였다. 물론 노비가 양인이 될 길이 전혀 없지는 않았다. 전쟁에서 큰공을 세워 천인신분을 벗어나거나, 주인이 노비에서 해방시켜 주는 경우도 있었다. 그러나 전쟁에서 큰 공로를 세운다는 일은 그리 흔한 일이 아니었다. 또한 주인이 노비를 가엾게 여겨 해방시켜 주어도 그걸로 모든 고난이 끝나지 않았다. 만약 해방된 노비가 주인이나 그 친척들에게 공손하지 못한 태도를 보이면 다시 노비로 되돌아가야 했다.

최하층 신분인 노비에게는 여러 가지 제약이 가해졌다. 노비는 사환권[1]이 주어지지 않았다. 과거에 응시할 수도 없었고 교육기관에 입학할 자격도 주어지지 않았다. 앞서 설명한 바와 같이 동일한 신분인 노비하고만 혼인하여야 했다.

노비의 실체는 팔고 살 수 있는 재물로 취급되는 현실에서 적나라하게 드러난다. 노비는 공정가격이 매겨져 있었다. 성종 때 기준으로 남자 종의 가격은 15세 이상~60세 이하는 포 100필, 15세 이하와 60세 이상은 50필이었다. 여자 종은 15세 이상~50세 이하는 120필, 15세 이하와 50세 이상은 60필로 정해져 있었다.

가장 비싼 노비는 15세부터 50세 이하의 여자 종이었다. 자식을 낳을 수 있는 연령층이기 때문이다. 여자 종이 아이를 많이 낳으면 낳을수록 그 주인은 그만큼 재물이 늘어나는 것이다. 그런데 노비의 값은 말에 비하면 싼 편이었다. 조선 전기의 기록에 의하면 말 한 필과 노비 2~3명이 같은 가격으로 거래되었다. 고려시대도 크게 다르니 않았을

---

[1] 사환권(仕宦權) :- 벼슬할 수 있는 권리.

것이다. 가축보다 가치가 떨어지는 인간, 그들이 바로 노비였다.

주인이 죽어야 내가 산다

　점차 시일이 흐르면서 신분질서가 문란하여졌다. 특히 무신정권기에 들어오면서 이러한 경향이 심하여졌다. 귀한 자와 천한 자, 양인과 천인이 종전처럼 엄격하게 구별되지 못하였고, 하극상의 풍조가 만연하였다. 이의민(李義旼)은 어머니가 절의 종이었음에도 불구하고 무신정권기 최고실력자인 무인집정이 되었다. 기생을 어머니로 둔 조원정(曹元正)은 추밀원부사[정3품]에까지 승진하였다. 이처럼 천인계통 출신이 고위관직에 진출하는 사례가 속출하였다.
　부지런히 재산을 모아 신분상승을 이룬 노비도 있었다. 대표적 인물이 평량(平亮)이다. 그는 본래 평장사[정2품]를 지낸 김영관의 종이었다. 그 아내 역시 소감[종4품]관직을 지낸 왕원지의 종이었다. 돈을 많이 번 평량은 권세가에게 뇌물을 주어 천인에서 해방되어 양인이 되었고, 비록 낮긴 하지만 산원동정직의 벼슬도 얻었다. 신분상승의 꿈을 이루었던 것이다.
　그런데 마침 평량 아내의 본주인인 왕원지가 집이 가난하여 가족을 이끌고 와서 의지하였다. 그러자 평량은 이들을 후하게 대접하고 서울로 돌아가라고 권유하였다. 그리고서는 몰래 처남들을 시켜 도중에 기다리고 있다가 왕원지 가족을 몰살하였다.
　평량은 이제 주인이 없어져 영원히 양인이 될 수 있다고 스스로 다행하게 여겼다. 하지만 일이 발각되어 처벌받음으로써 평량의 희망은 물거품이 되었다. 법적으로 양인이 되었음에도 불구하고 평량은 혹시라도 노비로 되돌아가게 될까봐 두려움에 떨었다. 노비라는 질곡에서 벗어나기가 현실적으로 얼마나 어려웠는지를 잘 보여준다.

　노비는 인격이 부정된 존재였다. '말하는 도구'에 지나지 않았다. 자신의 의지와는 상관없이 매매·증여·상속되었다. 물론 열심히 농사를 지어 어느 정도의 경제력을 갖추어 농민과 사회-경제적 처지가 거의 같은 노비도 있었고, 수공업이나 상업을 통해 재산을 모은 사례도 있었다.

　그러나 노비의 굴레는 끝없이 대물림되었고, 특별한 경우를 제외하고는 양인이 될 수 없었다. 고려 후기에 신분상승을 향한 천민들의 봉기가 자주 일어났지만, 거의 대부분은 실패로 돌아갔다. 노비의 완전한 해방, 진정한 인간으로의 복귀는 1894년 갑오경장에서야 실현되었다.

김난옥

사는 지역에 따라서도
신분에 차이가 있었다

전근대사회는 신분제 사회

동·서양을 막론하고, 전근대사회에는 사람들이 타고날 때부터 특권, 혹은 제약을 지녔고, 이 때문에 선택할 수 있는 직업도 제한받는 등의 생활을 하였다. 이는 신분제가 존재해 사람들의 생활을 규제했기 때문이다.

신분제는 고대사회로부터 사람들 사이에 지배와 피지배의 정치·사회적 관계가 생기고 난 이후, 국가권력이 발생하는 과정에서 만들어진 제도이다. 이로써 모든 사회구성원은 신분을 지니게 되었고, 신분에 따라 몇 개의 집단으로 나뉘어졌다.

신분도 계층과 계급처럼, 불평등한 사회에 살고 있는 구성원을 집단으로 분류하는 단위인 것이다. 이 가운데 계층은 학생계층이나 지식인계층처럼 사회적 지위의 차이, 계급은 노동자 계급이나 자본가 계급과 같은 경제적 지위의 차이를 기준으로 각각 사회구성원을 나누어 파악하는 용어이다. 그리고 각 계층과 계급은 자기의 자유의사와 노력에 따라 바뀔 수가 있다.

이에 비해 신분은 태어난 혈통에 따라 지니는 사회적 특권이나 제약에 규정받아 갖게 되는 사회적 지위의 차이를 기준으로 사회구성원을 구분·파악하는 용어이다.

여기서 구분기준이 되는 사회적 지위는, 영원토록 유지되지 않고 제한된 세대에 그치거나, 혹은 태어날 때부터 갖는 것이 아니라 능력과 여건에 따라 얻은 성취적 성격의 사실이라 할지라도, 대대로 이어지는 세습성을 특징으로 하고 있다.

그런데 각 신분이 세습적으로 지니게 되는 사회적 특권과 제약은 법률만이 아니고, 관습과 관례로도 정해졌다. 통상 귀족이니 평민이니 하는, 신분의 구분도 법제상뿐만 아니라 사회적·관습적으로 행해졌던 차등의 측면도 고려해 이루어져야 할 것으로 본다. 즉 신분은 세습적으로 지니게 되는 법제적·사회적 불평등한 지위를 말하는 것이다.

전근대사회에서는 사람들이 태어날 때부터 속하게 되는 자신의 신분에 따라 사회적 특권이나 제약을 지녔고, 그에 좌우되어 결정되는 직업 등의 사회적 지위를 가졌다. 이는 모든 사람이 법 앞에서는 평등하며, 자신이 어떠한 집안에 태어나더라도, 법제적·사회적으로 그에 얽매이지 않고, 능력과 노력 혹은 여건에 따라 직업 등을 택할 수 있는 근대 이후의 사회와는 크게 차이가 나는 점이다. 그래서 우리가 살고 있는 현재 사회를 신분해방사회라고 말하고 있는 것이다.

우리나라에서도 신분제는 삼국시대부터 조선시대까지 유지되다가, 근대사회로 들어와 해체되었다. 이들 가운데 고려시대의 신분제는 사는 지역도 차별대우의 근거로 삼는 특색을 지니고 있었다.

주거지역의 분류형태와 그 이동의 제약

지금도 사람들을 서울 출신·경상도 출신·전라도 출신 등과 같이 출신지별로 분류하곤 한다. 여기서의 출신지는 나고 자란 지역이거나, 아니면 본적을 둔 곳의 행정단위를 뜻한다. 현재는 출신지가 현 거주지

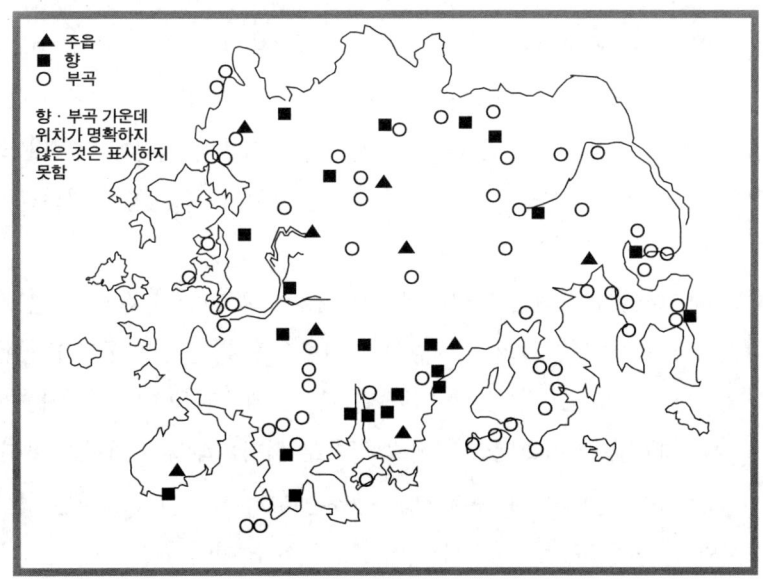
전라남도 지역의 향·부곡의 분포를 보여주는 지도

와 같을 수도 있고, 다를 수도 있다. 고려 때도 사람들의 출신지가 행정단위별로 파악되었던 것은 마찬가지였다.

그런데 고려시대 사람들의 출신지는 그들이 나고 살았거나 사는 지역, 혹은 태어나거나 살지는 않았지만 자신의 조상이 살았던 지역을 뜻했다. 또한 이 때는 출신지에 얽매어 특별한 경우가 아니면, 다른 곳으로 이동해 사는 것을 제한받았다.

고려는 건국되는 태조대부터 사람들을 출신지별로 파악하는 조처를 취하였다. 그리고 이 조처는 신라말 고려초에 발생한 지방사회의 동향과 국가의 지방지배 실시와도 관련을 맺고 있었다.

신라말 고려초 지방사회에 등장한 지방세력은 호족이라 일컬어진다. 이들은 정치적·군사적·경제적으로 지배력을 행사하는 자신의 지배영역을 지니고 있었다. 이들의 지배영역은 신라가 지방행정 단위로 운영한 군현 내에 들어가 있는 지역이기도 했다. 신라 이래로 이들 지역은 주·군·현 등의 호칭이 따라붙는 읍호를 지니기도 했던 것이다.

이에 후삼국 통일전쟁 과정과 통일 이후 고려 태조는 지방세력의 지배영역을 행정단위로 만들 때 그 지역을 이전부터 일컬어 왔었던 군현의 명칭을 수용하거나, 혹은 주·부·군·현 등의 호칭이 따라붙는 새로운 군현명칭으로 제정하기도 했다.

이와 더불어 고려는 지방세력에게 김씨·오씨 등과 같은 성(姓)을 내려줌과 동시에, 이들의 지배영역을 기반으로 만들어진 군현을 본관(本貫)으로 부여하고, 그 곳에 대한 연고권과 기득권을 인정해 주는 대신, 지방세력을 향리층으로 편제해 국가의 지방지배에 종사하게 했다.

안동김씨·나주오씨 등과 같은 분류는 고려 태조대에 실시된 성씨 수여와 본관제정으로부터 확산되어 오늘날에도 이어지고 있는 것이다. 본관이 제정된 이후, 고려는 지방세력뿐만 아니라 이들의 지배영역에 살던 주민들을 본관별로 파악하는 한편, 천인에 해당하는 노비를 제외한 주민을 본관별로 만들어진 기록대장인 적(籍)에 올렸다. 그래서 사람들의 출신지는 자신이 본관으로 삼은 경주·안동부(安東府)·우봉군(牛峯郡)·봉화현(奉化縣) 등처럼 군현단위별로 분류되고, 각각 경주인·안동인·우봉인·봉화인 등으로 불려졌다.

그런데 고려의 지방행정단위는 군현형태만이 아니고, 향(鄕)·부곡(部曲)·소(所)·장(莊)·처(處)·역(驛)·진(津)·도(島) 등과 같은 형태도 있었다. 이들 가운데 향과 부곡은 신라시대부터 존재해 왔었던 것이지만, 나머지는 고려시대부터 비로소 생겨난 특수한 지방행정 단위였고, 대체적으로 그 기원은 고려가 건국되는 태조대부터 비롯했던 것으로 보인다.

이들 특수 지방행정 단위는 지역간 불균등한 농업생산력의 차이와 그에 따른 계층적·분업적 편제, 특정 역(役) 담당과 특정물품 공급인력의 계속적 확보를 위한 사회분업적 지역편제 등이나, 고려건국 당시 반왕조적 집단의 편제, 또한 반국가적·반인륜적 주민범죄에 대한 집단적 처벌을 도모하기 위한 편제, 섬 지역 편제 등등의 연유로 설치되었던 것으로 보인다. 여기에 살던 주민들도 군현단위의 주민과 마찬가지로, 몇 개의 촌락을 이루어 살며, 농경활동을 하였다.

이밖에도 국가 직속지, 혹은 세금에 해당하는 소출이 왕실과 사원에 들어가는 장(莊)·처전(處田) 등과 같은 특정 토지경작, 또는 국가에 바치는 철과 구리 등의 광산물이나 소금과 해산물, 특정농산물인 차·생강·콩, 전업적 수공업품인 먹·자기·종이 등처럼 특정물품의 생산·제조, 아니면 사람과 물자이동을 신속히 도모하기 위해 동원되는 천하며, 고된 역역(驛役) 등과 같은 특정한 역(役) 등등에도 종사했다.

이러한 이들에게도 고려는 이들이 살던 각각의 특수 지방행정단위를 본관으로 부여했다. 즉, 이들은 향·부곡·소 등의 호칭이 따라붙는 지방행정단위를 각자의 본관으로 삼게 되었던 것이다. 그래서 이들 지역주민은 출신지가 각각 본관으로 삼았던 향·부곡·소 등의 형태로 파악되는 한편, 군현단위와는 달리 각각의 특수 지방행정 단위별로 마련된 기록대장인 적(籍)에 올려져 군현인과는 차별화되고 있었다.

한편 사람들은 과거에 합격해 관료가 되거나 군인이 되어 다른 지역에 거주하는 것 등을 제외하고는, 출신지이자 거주지로 파악되는 본관지역을 떠나지 못했다. 설사 출신지를 벗어나 다른 곳으로 도망가 살더라도, 찾아내 강제로 본관으로 돌려보내곤 했다. 그러다가 사회-경제적 모순의 심화로 유망현상이 확산된 12세기 후반 이후에는 출신지에서 벗어나 거주하는 사람들을 현 거주지의 적(籍)에 올리는 조처가 취해지기 시작했다.

특히 지방 출신이 관리가 되어 수도 개경으로 올라가 살고, 이어 후손이 관리가 되어 누대에 걸쳐 개경에 살더라도, 이들의 출신지도 모두 선대가 본관으로 삼았던 지역이 되는 것으로 보았다. 이는 관리가 죄를 범했을 때 관직에 나아갈 수 있는 자격과 그 권리도 박탈당하고, 본관 지역으로 유배가는 귀향형(歸鄕刑)의 처벌을 받곤 했던 사실에서도 엿볼 수 있다.

고려시대는 출신지가 통상적으로 현 거주지이면서도, 조상 대대로 본관으로 삼아왔었던 행정단위별로 파악되는 한편, 사람들이 거주지를 옮기는 일이 있더라도 출신지는 대대로 변하지 않은 채 이어지는 것으로 보았다.

향·부곡·소 등의 지역출신에 대한 차별대우와 그 신분

현재에도 특정지역 출신을 우대하고, 다른 지역 출신을 푸대접하는 지역차별이 공무원 인사 등에서 작용한다는 이야기가 종종 들린다. 그러나 이러한 지역차별은 있다손 치더라도, 암암리에 음성적으로 행해지는 사실이라 할 수 있다.

이에 비해, 고려시대는 출신지에 따라 공개적으로 이루어지는 차별대우가 존재했다. 즉, 출신지가 향·부곡·소·장·처·역 등의 지역이었던 사람들을 통틀어 잡척(雜尺)이라고도 일컬었는데, 이들은 군현단위 출신에 비해 신분적 차별대우를 받았던 것이다.

향·부곡·소 등은 개별적 영역을 지닌 행정단위로 파악되기도 하지만, 한편으로는 군현단위가 관할하는 지역으로도 간주되고, 각각의 관할군현을 통해 중앙정부와 연결되었다. 향·부곡·소 등은 군현에 종속되거나, 또는 하위의 위치를 차지했던 행정단위이기도 했던 것이다.

이 점은 "최사위가 아뢰기를, '향리의 칭호가 혼잡하니 지금부터 여러 주·부·군·현의 이(吏)는 그대로 호장(戶長)이라 칭하고 향·부곡·진(津)·역의 이는 다만 장(長)이라 칭하십시오' 하니 이를 따랐다"

든가, "왕이 친히 영파역(迎波驛)에 나아갔다.… 금으로 만든 꽃 팔찌를 강감찬의 머리에 몸소 꽂고 왼손으로 그의 손을 잡고 오른손으로 술잔을 잡아 위로하면서 칭찬하기를 그치지 아니하였다. 감찬은 절하고 사례하면서 어쩔 줄 몰라했다. 드디어 영파역의 이름을 바꿔 흥의역(興義驛)으로 고치고 역리들에게 관대(冠帶)를 내려 주현의 향리와 더불어 같게 했다"고 하는 『고려사』에 나오는 기록의 예 등에서도 엿볼 수 있다.

향·부곡·역 등의 지역과 그 향리층이 군현단위에 비해 낮은 등급의 국가대우를 받았던 사실 이외에도 이 곳 주민에 대해서는 차별대우가 이루어지고 있었다.

우선 향·부곡·소 등 지역의 주민은 군현단위에 비해 국가에 대한 경제적 부담이 컸다. 이들 주민은 경제적으로 우월하였던 군현단위의 주민에 비해 오히려 더 많은 비율로, 또는 철과 구리 등의 광물이나 소금, 해산물, 차·생강·콩 등의 농산물, 아니면 먹·자기·종이 등의 수공업품과 같은 특별물품이나, 혹은 고된 역역(驛役)과 같은 특정한 역(役) 등등도 추가의 세금으로 내는 부담을 지고 있었던 것이다. 이 때문에 군현인보다 유망이 심했으며 봉기도 자주 일으켰다.

또한 향·부곡·소 등 지역주민은 그 신분을 어떻게 보느냐에 대한 논란이 분분할 정도로 여러 형태의 법제적·사회적 제약을 받았다. 종래에는 이들 지역, 특히 향·부곡의 주민을 집단적 천인으로 보았다. 이 견해는 중국과 일본사에서도 공통적으로 보이는 부곡이 천인에 해당하는 인간을 지칭했다는 사실을 염두에 두고, 한국사에서의 부곡은 고대국가 형성과정 중 촌락 혹은 부족집단 사이에 벌어진 정복전쟁 등의 결과로 생겨난 예속집단으로부터 연유해 편성된 천인촌락이었을 것이라는 이해가 크게 작용했다.

더구나 고려시대에 이르러, 『조선태조실록』의 기록에 "전 왕조 고려 때 5도와 양계 지역의 역자(驛子)·진척(津尺)·부곡인은 모두 태조 때 명을 어긴 사람들로 모두 천한 역에 처해졌습니다"라는 내용이 나오듯이, 건국당시 반왕조적 집단이 역·진·부곡인 등으로 편제되기도 했으며, 이후에도 일반 군현이 주민의 반역, 혹은 범죄로 인해 향·부곡·소 등의 지역으로 강등되는 경우가 종종 있었던 사실도 이 곳 주민의 신분을 천인으로 이해하는 데 영향을 끼쳤다.

여기에 향·부곡인 등은 군현인과는 달리, 국립학교 입학의 불허, 과거에의 응시금지 및 승려가 되는 것의 금지 등과 같은 제약규정이 뒤따랐던 점도 더해졌다. 또한 진·역·부곡인이 군현인과 혼인해 자식을 낳았을 경우, 그 자식은 천인이 양인과 혼인해 자식을 낳았을 때 그 귀속이 천인으로 처리되는 것처럼, 진·역·부곡에 속하게 했던 규정도 지적되었다.

이로써 부곡인 등의 천인설이 오랫동안 이야기되어 왔고, 현재도 많은 사람들이 그처럼 이해하는 편이다. 그런데 근래에 들어와서는 향·부곡인 등의 신분은 양인이라는 견해가 더 설득력을 얻는 추세로 나아가고 있다.

이 견해는 향·부곡인 등이 천한 존재로 인식되고는 있으나, 노비 등의 천인신분층과는 엄연히 구분·파악되었다는 점을 내세웠다. 또한 향·부곡 등의 지역은 군현단위와 더불어, 지방행정 단위로서의 의미를 지닌 공적 영역이었고, 이 곳의 주민은 공·사 노비가 해당관청이나 개인에 예속되어 필요에 따라 토지경작이나 잡역에 동원되어 신역(身役)만을 부담했던 것과는 달리, 군현인과 마찬가지로 각종 세금을 바치는 존재로 보았다. 이는 천인신분이 제외되고 양인신분에 국한되는 세금부담층에 향·부곡인 등도 속했으니 양인으로 볼 수 있다는 것이다.

한편 이 견해는 국가가 향·부곡·소·장·처·역 등 지역의 주민에게 특정토지의 경작이나, 특정물품의 납부 혹은 고되고 천한 역(役) 등을 세습적으로 부여한 뒤, 이를 안정적으로 확보하고자 향·부곡인 등이 다른 직업 등에 나아가거나, 다른 곳으로 빠져나가지 못하도록 하는 제약규정을 마련했던 것으로 보았다. 즉, 향·부곡인에 대한 국립학교 입학의 불허, 과거에의 응시금지 및 승려가 되는 것의 금지 등등은 이들의 신분적 처지에 따른 것이 아니고, 국가운영에 필요한 인력을 세습적으로 확보하고자 하는 차원에서 나온 규정으로 보고 있는 것이다.

그런데 향·부곡인 등이 양인일지라도, 군현인과는 다른 대우를 받았다. 향·부곡인 등이 벼슬에 나아갈 수 있는 권한이 있었느냐의 여부에 대해서는 현재 연구자들 사이에 의견이 엇갈릴 정도로 확실치 않다. 그러나 이들은 벼슬살이하더라도, 자손에게 세습할 수 있는 토지인 공음전시(功蔭田柴)를 받을 수 있고 자손이 과거를 통하지 않고도 관직에 나아가는 음서(蔭敍)의 기회를 얻는 등의 특별대우를 누리던 5품 이상의 고급관료가 되는 것 등은 제도적으로 제약받았다.

더구나 정치적 위상이 높고, 관직경력 중 엘리트코스로서 고려 때 핵심 지배세력이었던 귀족의 자제가 주로 임명되는 청요직(淸要職)에도 역시 제도적으로 나아갈 수 없었다. 이러한 제약은 군현단위 출신에게서는 찾아볼 수 없는 점이다.

향·부곡 등 지역의 출신이 군현단위 출신과 비교해 차별대우를 받았고, 열등한 신분적 처지에 있는 존재였음은 분명한 사실이었다. 또한 이곳 주민은 고려건국시 반왕조적 집단, 또는 범죄에 대한 처벌의 일환으로 구성되는 경우도 없지 않은데다가, 국가에 대한 경제적 부담이 크며 세습적으로 담당한 역(役)도 천하고 힘들었다. 그래서 향·부곡인은 신분이 법제적으로는 양인이라 할지라도, 사회적으로는 천시되었을 것이다. 이에 향·부곡인 등은 양인의 최하층에 위치하며 천한 역을 담당했던 천역양인(賤役良人), 조선시대의 용어로 말하자면 신량역천(身良役賤)과 같은 존재라 할 수 있다.

양인 내부에서도 고려시대에는 다양한 신분적 차별이 존재했으나,

조선시대에 이르러서는 상당한 동질화가 이루어졌다. 여기에는 출신지에 따라서도 신분적 차별대우를 받았던 점이 사라지게 된 사실도 작용했다.

또한 이는 향·부곡·소 등의 특수 지방행정 단위가 점차적으로 해체되고, 군현단위의 영역으로 흡수·재편되는 변화와 더불어 진행되었다. 그러다가 특수 지방행정 단위는 15세기에 이르러 우리나라 역사에서 완전히 없어졌다.

김일우

고려시대의
여러 의료시설

　조선시대 개항 이후 서양의 의학이 들어오기 전까지 우리의 의술은 지금의 관점에서 보자면 한의학이 대부분을 차지하고 있었다. 당연히 이 한의학의 원류라고 할 수 있는 중국 의술의 영향을 많이 받았다. 또한 삼국시대와 고려시대에는 불교가 융성하면서 인도의 의술도 전파되었다.

　이러한 의술이 고려시대 후기에 들어와 우리나라의 독자적인 의서를 간행하게 되면서 자주적인 발전을 이룩하게 되었던 것이다. 한편 고려는 국가적인 차원에서 백성을 위해 의료사업을 실시하고 의료와 관련된 기관을 설치하였다.

고려시대의 보건소, 혜민국

　전근대사회에서 국가가 행하는 대부분의 혜택은 지배층을 대상으로 한 것이다. 고려도 마찬가지여서 태의감(太醫監)·상약국(尙藥局) 등이 왕실이나 관료들을 치료하기 위해 설치되었다. 반면 고려의 수도인 개경에 백성들의 질병치료와 예방을 위한 기구도 설치되었으니, 제위보(濟危寶)·동서대비원(東西大悲院)·혜민국(惠民局) 등이 이에 해당한다.

　왕조국가였던만큼 모든 시설이나 혜택이 지배층에 집중되어 있기는 했지만, 백성들의 안정이 국가의 유지에 도움이 되는 것을 알았던만큼 백성들을 위한 기구도 설치하였다.

제위보는 광종 14년(963)에 설치되어 빈민과 여행자의 구호와 질병의 치료를 맡아보았다. 질병치료가 주임무이기는 했지만, 한때 굶주린 자들에게 음식을 나누어주기도 했던 것을 참고하면 빈민구제 사업도 겸하였음을 알 수 있다.

동·서대비원은 대비원이라는 명칭이 불교의 대자대비(大慈大悲)를 구현한다는 의미를 가지고 있었던 것으로 전속 의관(醫官)이 배치되어 병자의 치료를 담당했다. 언제 설치되었는지는 정확히 알려져 있지 않지만, 정종(靖宗) 2년(1036) 11월에 수리했다는 기록이 있으므로 그 이전부터 존재했다는 것을 알 수 있다.

대비원은 치료 이외에도 가난하여 굶주린 자나 의지할 곳이 없는 홀아비·과부·고아 등을 돌보는 역할을 하기도 하고, 여행하다가 병사한 자를 매장하는 일을 담당한 일종의 사회복지기구였다. 이 기구는 조선시대에 활인서(活人署)로 개칭되어 활동을 계속하였다.

혜민국은 백성의 질병을 치료하고 약을 제조·판매하기 위하여 설치되었으므로 요즘의 보건소 같은 역할을 했다고 볼 수 있다. 이 곳은 예종 7년(1112)에 설치되어 제도상의 변화를 겪으면서도 계속 유지되다가 조선시대에 혜민서(惠民署)로 개칭되었다. 이외에도 구제도감[1]·구급도감(救急都監)은 전염병이 생기면 병자를 치료하고 그 시체를 매장하도록 설치되었는데, 이와 함께 빈민구제도 담당하였다.

수도인 개경에 백성들을 위한 기구들이 집중되어 있기는 했지만, 지방에도 백성의 치료를 위해 약점(藥店)이 설치되어 있었다. 또한 지방의 주요 거점지역인 12목(牧)에 경학박사(經學博士)와 함께 의학박사(醫學博士: 종8품)를 1명씩 파

---

[1] 구제도감(救濟都監) :- 진제도감(賑濟都監)·진제색(賑濟色)이라고도 불렀다.

견하여 그 곳 지방자제들을 교육하도록 하였는데 의료활동도 하였을 것이다. 또 서경에는 특별히 태조 13년(930)에 의학원[1]이 설치되어 치료 이외에도 의생(醫生)을 교육하도록 하였다.

고려시대에도 의사가 되기 위한 국가고시가 있었다

고려시대에는 민간에서 의술을 익혀 활동하는 자들도 있었지만, 국가에서 인정하는 의사가 되어 위에서 언급한 관청에서 근무하기 위해서는 과거를 치러야 했다. 고려시대의 과거는 광종 9년(958)에 처음 실시되는데, 이 때부터 의업(醫業)은 과거의 한 과목으로 존재했다.

의업은 광범위하게 공부해야 할 필요가 있었으므로 과거에 응시하는 사람들에 대해 신분적으로 제한하지 않고 양인까지도 시험을 볼 수 있도록 했지만, 제술과(製述科)나 명경과(明經科)처럼 중요시되지 않아 대부분 높은 관직에는 오르지 못했다.

의업도 일반 과거와 같이 향시(鄕試) – 감시(監試) – 동당시(東堂試) 3단계로 나뉘어 있었다. 잡업감시는 각기 본사(本司)에서 선출했다고 하므로 의업은 뒤에 전의시(典醫寺)로 개칭된 태의감에서 관할한 것으로 이해된다. 본고시인 동당시는 3일에 걸쳐 치러졌는데 『소문경(素問經)』·『갑을경(甲乙經)』·『본초경(本草經)』·『명당경(明堂經)』·『맥경(脉經)』·『침경(針經)』·『난경(難經)』·『구경(灸經)』 등을 첩경(貼經)이나 파문(破文)의 방법으로 시험보았다. 첩경은 경서의 1행만 남겨두고 앞뒤를 덮은 뒤에 그 1행 가운데 몇 자를 다시 덮어 알아 맞추게 하는 방식이고 파문은 그 문장을 제대로 이해하고 있는지를 확인하는 방법이다.

의업 이외에도 주금업(呪噤

---

1) 의학원(醫學院) :- 뒤에 분사태의감(分司太醫監)으로 개칭되었다.

청자 유발(乳鉢)과 유봉(乳棒)
약재를 빻던 사발모양의 12~13세기의 청자 그릇

청자상감
상약국명합(尙藥局銘盒)
고려왕실의 의약을 담당하던 부서인 상약국(尙藥局)의 명합(銘盒). '尙藥局' 이란 글씨가 흰색으로 상감(象嵌)되어 있다.

백자 약 절구
15세기의 약재를 가는 도구

業)이 있었는데 그 고시과목이 의업과 많이 중복되어 있으므로 주금업은 의업의 보조적 기능을 하는 분야로 이해할 수 있다. 이 주금업도 3일간 첩경이나 파문의 방법을 통하여 그 해당자를 선발하였다.

고려시대 과거 합격자를 기록해 놓은 『고려사』 선거지(選擧志)에 의하면 의업합격자는 광종 11년(960)에 3명, 성종 6년(987)과 7년에 각각 2명만이 있다. 물론 그밖에도 합격자는 더 있었지만 기록에 누락된 듯하다. 그러나 의업시험이 어려워서 급제자가 많지는 않았으며 그 때문에 성종 초부터는 지방관이 의술에 밝은 자를 천거하기도 하였다.

의업 급제자들은 태의감이나 뒤에 봉의서(奉醫署)로 개칭된 상약국

등의 의료기구에 임명되었을 것이고 지방에 파견되었던 의학박사도 의업급제자였다고 한다. 의업에 합격한 자들에게는 국가에서 경제적 대우로 20결에서 17결의 토지를 지급해 주었다.

의업급제자로서 관심을 끌 만한 사람으로는 안향(安珦)의 아버지인 안부(安孚)가 있다. 안향은 우리나라에 성리학을 전래한 사람인데 그 아버지는 향리(鄕吏)로서 의업에 합격해서 관직에 오르고 있다.

고려시대는 과거시험을 통해 의사들을 뽑았고 그들을 중앙기구 가운데 의료를 담당하는 여러 관청에 배치하였다. 그 대표적인 기구가 태의감・상약국이다. 태의감은 의료정책의 수립과 왕실・관리의 치료를 담당했다.

그밖에도 전반적인 국가 의료사업을 수행했던 것으로 파악되는데, 전염병에 대한 치료, 약재제조・토산약품의 채취 및 의원을 뽑는 과거 등을 관장했다고 한다. 또한 의학교육도 담당했는데, 의생들의 교육은 태의감에 소속된 의학박사・주금박사(呪噤博士: 종9품)・의학조교(醫學助敎: 종9품)가 맡았다. 상약국은 궁중에서 쓰이는 약을 조제하고 왕실의 치료를 관장했는데, 고려가 망하기 직전인 공양왕 3년(1391)에 태의감에 합해진다.

그밖에 왕실소속의 의관으로 태자의 의료를 전담하는 동궁의관(東宮醫官)이 있었고, 한림원의관(翰林院醫官)・다방의관(茶房醫官) 등이 있어 의생교육이나 치료를 담당했다. 또한 변방의 군인들을 치료하기 위한 군의(軍醫)가 임명되기도 했다.

원나라 황제의 병도 고친 명의들

의술은 실제 의사에 의해 환자들이 치료되는 면도 살펴보아야 하는

데, 고려는 과거시험을 통해 국가에서 의사들을 뽑기도 했지만 많은 경우 집안에서 세습된 의술을 익혔을 것으로 판단된다. 또한 당시 문관(文官)들이 다양한 지식의 일부분으로 의학을 배우고 그것에 능통한 자들도 있었다. 마찬가지로 그 시대 지식층의 일부였던 승려들도 의술을 익히고 있었다. 승려들은 글을 읽을 수 있어 의서 등을 접할 수 있는 기회가 있었을 것이고, 사원에서 전승되어 오는 의술을 계승한 자도 있었다고 생각된다.

고려시대에 명의로서 가장 유명한 사람을 꼽으라면, 단연 설경성(薛景成)을 말할 수 있다. 그 집안은 대대로 의업을 하였는데, 충렬왕이 병이 생겼을 때마다 설경성이 치료하게 되면서 유명하게 되었다고 한다. 또 원나라 세조인 쿠빌라이가 병이 났을 때 충렬왕의 아내이면서 쿠빌라이의 딸이었던 제국대장공주(齊國大長公主)가 설경성을 원나라에 보내 약을 바치도록 하였는데 효과가 있어 세조의 총애를 받으면서 자주 원나라에 왕래하였다.

이후 원나라 성종이 병이 생겼을 때도 설경성으로 하여금 치료하도록 하였다. 설경성은 뛰어난 의술 덕분에 첨의찬성사(첨의찬성사 : 정2품)라는 재상의 지위에까지 올랐다.

설경성 이외에도 의술로 유명한 사람들은 대부분 고려 후기의 사람들이다. 인종 때 활약한 최사전(崔思全)은 의술이 뛰어나 왕의 병을 돌보는 내의(內醫)가 되었는데, 그 집안 대대로 의술로 벼슬을 하여 할아버지 최철(崔哲)과 아버지 최정(崔靖)도 의관이었다.

문종의 증손인 공화후(恭化侯) 영(瑛)의 아들로서 의종의 딸인 화순궁주(和順宮主)와 결혼하였던 왕면(王沔)은 의술에 정통하여 약을 모아 두었다가 병든 사람에게 나누어주어 사람들에게 존경을 받았다고 한다.

또 충선왕 때 채홍철(蔡洪哲)은 자신의 집 북쪽에 전단원(栴檀園)을 짓고 선승(禪僧)들을 봉양하면서 약을 지어 백성들에게 나누어주어 병을 낫도록 하였으므로 세상사람들이 그 곳을 '활인당(活人堂)'이라 불렀다고 한다.

　권중화(權仲和)도 의술에 밝아서 『향약간이방(鄕藥簡易方)』을 저술하였고 한상경(韓尙敬)과 함께 수의학에 관한 『신편집성마우의방(新編集成馬牛醫方)』을 편찬하기도 하였다.

　그밖에도 이상로(李商老)·허종(許悰) 등이 의술로 명성을 떨쳤다. 특이한 예로는 최씨무신정권의 2대 집정자인 최이(崔怡)가 다리에 종기가 생겼을 때 여러 의사들의 치료에도 불구하고 낫지 않다가 임정(林靖)의 아내에 의해서 효과를 본 사실이 있는데, 그녀는 본래 의사집안의 딸이었다고 한다.

　승려이면서 의술을 펼쳤던 이들도 있는데, 충렬왕 때 찬성사(贊成事 : 정2품) 조간(趙簡)은 악성종기가 생겨 어깨와 목을 분간할 수 없을 정도였다가 이름이 전하지 않는 의승(醫僧)의 외과적 수술에 의해 치료되었다. 또한 충혜왕에 의해 임질(淋疾)에 걸렸던 홍융(洪戎)의 두번째 부인은 왕명을 받은 의승 복산(福山)에게서 치료받았다.

　앞서 의술로 이름을 떨쳤다고 한 이상로는 이상한 승려[異僧]에게서 의술을 배워 그 이후부터 의술을 직업으로 삼고 등창을 앓고 있던 고관을 치료하였으며 의종의 병도 침으로 완치시켰다. 그리고 이후에 사기사건으로 밝혀지기는 했지만 일엄(日嚴)이라는 승려가 사람들의 병을 낫게 한다고 하여 많은 사람들의 추앙을 받기도 하였다.

　이렇게 승려들이 의술을 익힌 이유는 중생을 고통에서 구하려고 한 대자대비 정신을 구현하는 한편 포교의 수단을 위해서였다. 또한 의학이 발달하지 못해 병이 생겼을 경우 전염을 막고 요양을 하기 위해 사람들이 절을 많이 찾았으므로 승려들이 병을 접하고 치료할 기회가 많았을 것이기 때문이다.

신토불이 — 우리의 약초로 우리의 병을 고치다

국가가 이렇게 의술을 중요하게 생각하였지만, 초기에는 한의학의 시초이며 중심인 중국의 영향을 받지 않을 수 없었다. 물론 우리 나름의 의학도 존재하여 중국 한의학의 고전이라고 할 수 있는『황제내경(黃帝內經)』에 동방에서 돌침술과 뼈침술이 전래되었다는 구절이 있을 정도였다.

그러나 당시 선진적인 중국의 의술이 우리에게 준 영향은 컸고 중국과의 교류 속에서 의학을 발전시켜 가고 있었던 것이 사실이다. 그러므로 중국에서 편찬된 의서를 참고하였고 그 곳에 서술되어 있는 처방들이 중국에서 나오는 약초로 이루어졌으므로, 약을 조제하기도 힘들고 그 가격도 무척 높았을 것은 당연한 일이다.

그러나 고려 후기에 들어와 획기적인 변화를 겪게 되었으니, 우리의 의서가 편찬된 것이다. 가장 오래된 것은 의종 때 김영석(金永錫)이 편찬한『제중입효방(濟衆立效方)』과 고종즉위 이후 얼마 되지 않아 최종준(崔宗峻)이 만든『신집어의촬요방(新集御醫撮要方)』이지만 불행히도 이 책들은 현재 전하지 않는다. 다만 이후의 책에 인용된 내용을 통해『제중입효방』이나『신집어의촬요방』의 처방이 당시 중국의 의학적 지식을 기초로 하여 우리나라의 풍습에 맞도록 독자적 경험을 발휘하는 단계였다는 것만을 알 수 있다.

현재까지 전하고 있어 그 내용을 알 수 있는 가장 오래된 의서는 고종 23년(1236)에 만들어진『향약구급방(鄕藥救急方)』이다.『향약구급방』은 우리나라 사람에 의해 저술된 의서라는 의미 이외에도 한국산 약재 즉 향약을 쓸 수 있는 단서를 열었다는 점에서 주요한 가치를 가진다.

이후 현재에도 임상서로 널리 사용되는 『삼화자향약방(三和子鄕藥方)』을 비롯하여 『향약고방(鄕藥古方)』·『향약간이방』 등의 각종 의서가 간행되었다. 우리나라 자체의 향약을 사용하도록 한 의서의 간행으로 의약에 대한 자주적 정책도 가능해지고 우리 독자적인 의술의 발전도 이룩할 수 있었을 것이다.

박윤진

공경장상의 씨는 따로 있다

무신정권기 신분제의 동요

고려시대 신분제 운영의 기본원칙은 신분 사이의 이동을 최대한 억제하는 것이었다. 각 신분의 사람들은 저마다 국가에 대하여 일정한 역할을 하도록 되어 있었으며, 그에 따라 그들이 사회적으로 누리는 권리와 의무가 각기 달랐다. 이러한 원칙이 고려에서 엄격하게 지켜졌지만, 한편으로 고려는 신분이동을 어느 정도 허용하고 있기도 하였다. 즉, 상반되는 이 두 원칙이 실제로는 조화를 이루고 있었던 것이 고려 전기의 신분제도였다고 할 수 있다.

그러나 이 두 원칙에서 우선적이고 더 중요했던 것은 신분을 고정시키는 원칙이었다. 신분을 이동시키는 원칙은 어디까지나 부차적인 원칙이었고, 이 둘의 조화라는 것도 전자가 훨씬 더 우대되고 그것에 더 큰 비중이 두어진 속에서 이루어진 그러한 의미의 조화였다. 고려 후기에 와서 보이는 신분제의 동요는 두 원칙 사이에 있었던 종래의 조화가 깨졌다는 것을 의미하는 것이다.

고려에서 거란에 이은 여진의 침입을 겪고, 지배층이 문신귀족에서 무신으로 바뀌었던 무신정권기는 그 이전 시기에 비해, 정치적·사회적으로 혼란스러운 격변의 시기였으며, 무신들의 전횡으로 피지배층이 많은 고통을 받던 때였다. 따라서 이 시기에 농민반란과 노예의 반란이 집중되어 있었던 것은 쉽게 납득할 수 있는 것이다.

노예의 반란은 농민반란과는 엄격한 의미에서는 구분되지만 일반 백성과 노예가 다같이 피지배층이라는 점과 그들의 반란이 사회혼란기, 즉 기본적인 먹고살기가 힘들어지고 중앙정부의 지배력이 악화되는 시점에서 발발한다는 점에서는 그 궤를 같이한다. 즉 신분제하에서 약자인 피지배층이 사회격변의 시기에 배가된 압박과 고통을 견디지 못하고 이완된 정부의 지배력을 틈타 반란을 일으켰던 것이다.

고려 초부터 존재하였던 노비들은 엄격한 고려의 신분제하에서 개인이나 국가의 예속물이었다. 그들은 관직에 진출하는 것이 원칙적으로 금지된 존재였음은 물론 지배층의 일종의 재산과 같은 것이었다. 물론 이들도 인간이었으므로 완전히 물적 재산과 동일시되지는 않았으며, 어떤 노예들은 재산을 소유할 수도, 가정을 이룰 수도 있었다. 그러나 그들은 그들 주인의 예속물로서, 주인의 호적에 같이 편재되며, 자식은 어머니의 주인에게 다시 예속되었다.

고려사회의 신분제적 질서가 잘 유지되고, 엄격히 지켜질 때에 이들의 신분적 상승은 거의 불가능한 것이었다. 집권층인 문벌귀족들은 그들 지배의 토대인 신분제적 질서의 유지에 고심했고, 잘 짜여진 지배시스템을 통해 이들을 통제했다. 이런 사회 속에서는 특수한 경우에 한해 일부 노예가 신분상승을 이루어내기는 하지만 이는 어디까지나 극히 예외적인 상황일 뿐, 어떤 커다란 의미를 부여할 수 있는 현상은 아니었다.

이런 상황은 12세기에 정점을 이루었는데, 이런 완숙화는 그 안에서 아이러니하게도 변화를 배태시켰다. 문벌귀족들의 지배가 정점에 이름과 동시에 일부 문벌귀족들의 독주는 안정된 시스템에 의한 지배가 아닌, 개인의 권력에 의한 지배를 낳은 것이다. 이러한 개인의 권력에 의한 지배에서 그 토대는 물론 경제적인 부와 함께 물리적인 힘의

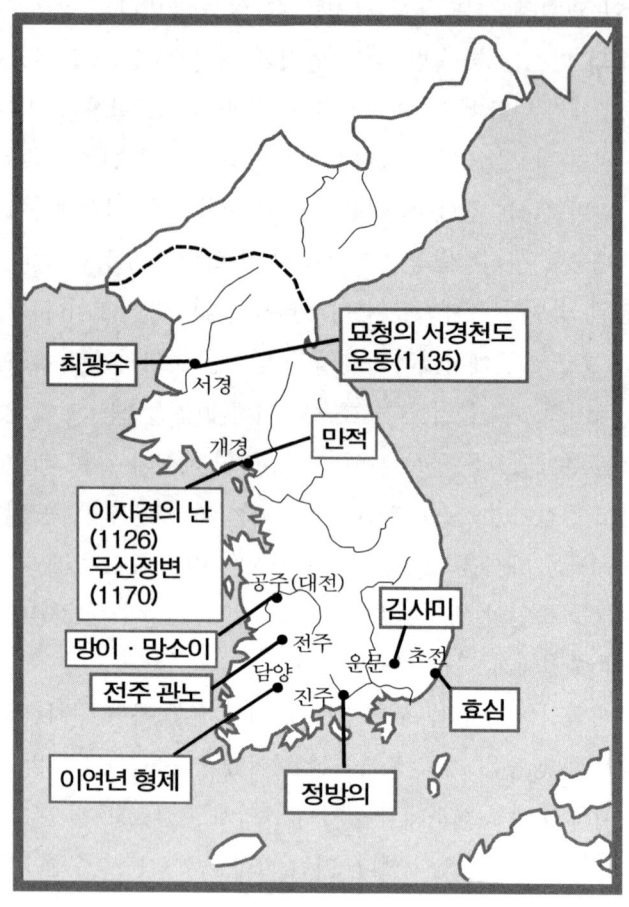

무신집권기 주요 민란봉기지

상징인 노예였다. 부적절한 경제적인 부의 축적은 사회의 불안을 야기시켜 지배력의 이완을 가져왔고, 이런 경제적인 부의 축적과 개인의 권력에 관여하는 일부 노예들의 신분적·경제적 상승을 가져왔다.

이러한 상황은 무신란을 기점으로 배가되었다. 사회의 지배층이 교체되는 격변기는 극심한 지배력의 이완과 함께 신분제의 문란을 가져왔다. 일부 천민은 무신집정의 수족으로서 일반 양인이나, 몰락한 귀족보다 더 나은 경제력과 권력을 가지기도 했으며, 더해서 무신집정이 되기도 하였다.

이제 노예들의 신분상승은 광범위하게 일어났으며 이는 필연적으로 그들의 의식을 변화시켰다. 안정된 지배체제에 의한 지배가 아닌 개인의 지배에 그 토대를 제공했던 노예들이 스스로의 힘을 각성한 것이다. 이 같은 상황이 신종 때 만적을 탄생시키게 되었던 것이다.

만적은 그의 연설문에서 "공경장상의 씨가 따로 있으랴" 하고 부르짖었는데 이는 무신정권기 피지배층의 의식구조의 단면을 명확히 보여주고 있다. 안정된 지배체제의 붕괴와 노예신분의 실제적 상승, 그리고 그러한 것을 통해 각성된 정신. 이것이 무신란 이후 나타난 노예반란의 한 큰 원인이었다.

흔히 혼란기로 그려지는 시대는 다른 각도에서 보면 역동적인 시기라 할 수 있다. 사회 내적으로 일어난, 경제적 발전이 기존 여러 사회체제·정치체제를 압박하면 그 사회는 요동치게 된다. 그 격변의 양상은 그 시대를 살아가는 인간들의 의식을 뒤바꾸어 놓는다. 그리고 이러한 것을 가장 잘 보여준 것이 바로 만적의 난이었다. 비록 그들의 의도대로 삼한에서 천적을 불사르지도, 그들 스스로 공경장상이 되지도 못하였지만, 연이어 일어난 피지배층의 반란이 고려사회를 커다란 변화의 시기로 몰아간 것은 분명하다.

만적의 난

주인댁에서 쓸 땔감을 마련하는 것은 개경 귀족가문에 매여 있던 사노(私奴)들의 임무 가운데 하나였다. 그들은 적당한 거리의 주변 산에서 땔감을 마련하곤 했는데, 만적이 난을 모의했던 북산(北山)도 이런 산 가운데 하나였다. 땔나무를 하는 인간들은 그들과 같은 고통을 안고 살아가는 부류였고, 사람들로 번잡한 왕성과는 떨어져 존재하는 산은 적대적인 많은 이목으로부터 그들을 보호해 주었을 것이다.

난의 모의는 이런 산에서 땔나무를 하는 가운데 이루어졌다. 고된 노동의 중간에 존재하는 휴식은 그들에게 자신들의 불만을 토로하고, 하고자 하는 바에 대한 의견개진이 이루어질 수 있는 자유로운 사고의 시간을 주었다.

어느 날 최충헌의 사노인 만적과 난의 주축인물들인 미조이(味助伊)·연복(延福)·소삼(小三)·효삼(孝三) 등 6명은 바로 북산에서 나무를 하다가 공사노예를 불러 모아놓고 모의를 하였다. 그들이 "나라에서는 경인(庚寅)·계사(癸巳)년 이후로 높은 벼슬이 천한 노예에게서 많이 나왔다. 공경장상의 씨가 어찌 따로 있으랴. 시기가 오면 누구나 할 수 있는 것이다. 우리들만 어찌 육체를 괴롭히면서 채찍 밑에서 곤욕을 당할 수 있겠는가"라고 선동하였고, 나머지 여러 노예들은 그 말을 그럴듯하게 여기었다.

일이 진전되어 그들은 누른 빛깔의 종이 수천 장을 오려서 정자(丁字)를 만들어 표식으로 삼고 약속하기를, "갑인일에 흥국사에 모여 일제히 북을 치고 소리지르며 구정으로 몰려가 난을 일으켜, 안과 밖에서 서로 호응하여 최충헌 등을 먼저 죽이고, 나아가 각기 그 주인을 쳐서 죽여 천인 문적을 불살라 삼한에 천인을 없애 버리면, 공경장상을 모두 우리가 할 수 있을 것이다" 하였다.

남아 있는 기록에는 이 하루의 모의만이 나와 있다. 그러나 정자를 만들어 표식을 한다든가, 거사시의 세세한 행동순서가 결정되어 있었던 것을 볼 때, 난의 모의는 여러 차례에 걸쳐 이루어졌을 것이다.

결국 약속한 날이 왔지만 난은 일어나지 않았다. 기약한 대로 모였으나, 그 무리가 수백이 되지 않았기 때문이었다. 난의 주동자들은 후

일 다시 보제사(普濟寺)에 모이기로 약속하고 무리들에게 비밀을 지킬 것을 당부하고 일단 헤어진다. 그러나 그것이 마지막이었다. 반란의 가담자 가운데 하나였던, 율학박사(律學博士) 한충유의 가노인 순정(順貞)이 난을 그 주인에게 고하고, 그는 다시 최충헌에게 고변한 것이다.

난의 중심적인 역할을 했던 만적과 동조자 100여 인이 강에 던져짐으로써, 만적의 난은 제대로 봉기도 못한 채 끝나버렸다.

기록만으로 보면 거사하지도 못하고 실패한 반란이며, 경과 또한 별로 대단찮아 보인다. 그러나 주의 깊게 살펴보면, 처음 약속한 날에 집합한 자가 수백에 이르렀다는 것, 그럼에도 그 숫자가 그들이 기도했던 것에 비해 미미하기 때문에 거사를 미루었다는 것이 주목된다.

실제로 그들은 황지(黃紙) 수천을 잘라 정자를 새겨 표지를 하였으며, 이 난에 참가한 범위가 공사노예뿐만 아니라 궁중의 환자[내시]·관노까지도 포함되게끔 계획되어 있었다. 즉 이 난은 겉으로 드러나는 것보다 그 규모가 큰 것이다.

만적의 난의 원인과 목적은 분명하다. 그들의 수령인 만적이 그 무리를 선동하는 데에서 드러나듯이 그들이 자각한 불평등한 신분적 차별이었고, 그들의 목적은 그러한 신분적 차별을 철폐하고, 나아가 그들이 공경장상이 되는 것이었다.

결국 만적 등의 소망대로 천적을 불사르지도, 그들의 주인을 죽이고 그들이 집권자가 되지도 못했지만, 만적의 난은 이 후 고려사회에 막대한 영향을 미친다. 뒤이어 개경 가동들의 습전사건(襲戰事件)이 일어났고, 지방에서 노예와 부곡민이 같이 수탈당하는 계층으로서 처지가 비슷한 농민과 연합하여 봉기한 진주민 등의 항쟁이 일어났다.

그리고 이러한 민중의 저항이 계속됨에 따라, 결국 고려 후기사회에서 꾸준한 변화가 일어난다.

오현필

신라와 백제를
되살리자

고구려의 계승을 내세움

우리나라는 고조선부터 여러 국가가 성립되었지만 그 가운데 삼국시대에 와서 고구려·신라·백제가 서로 간의 치열한 전쟁으로 영토를 넓히는 과정에서 그들 나름대로의 독특한 개성을 지닌 국가로 형성되었다. 예컨대 삼국은 각 국가별로 조금씩 다른 특성이 있었으니, 고구려는 농사보다는 사냥을 좋아하는 진취적이고 웅대한 기상, 백제는 풍족한 농업생산량을 기반으로 하는 부드러우면서도 활기찬 해상왕국, 신라는 외세문화를 선별적으로 수입하여 독특한 개성을 잃지 않는 끈질긴 모습 등이 연상된다.

신라나 고려로 합쳐진 이후에도 각지의 주민들은 옛 국가를 잊지 못하여 신라 말기에는 후삼국이, 고려에 들어서서는 신라와 백제 그리고 고구려 부흥운동이 나타났던 것이다.

특히 고려를 세운 태조 왕건은 후삼국을 통일한 뒤 고구려의 계승을 표방하고 사민(徙民)정책을 써서 신라 때 발해와의 국경지대로서 황폐해진 서경을 개간했으며 북진정책을 써서 청천강 일대까지 영토를 넓혔다. 이규보의 『동명왕편』 서(序)에 의하면 "동명왕의 신이(神異)하고 특이한 일은 비록 시골 촌부라 하더라도 능히 그 일을 말할 수 있다"라 하여 고려사회에서 주몽설화가 파다하게 전파되어 있음을 보여주며

주몽에 대한 시조의식이 고려사회에 이어져 내려옴을 알 수 있다.

그러나 후백제가 고려와의 전쟁 끝에 패배하여 멸망했던 데 비해 신라는 자진 항복하여 왔기 때문에 내부적으로는 신라사람들을 우대하고 신라문화의 전통을 계승한 점이 많았다.

이 같은 시대적 분위기에서 신라·백제뿐만 아니라 심지어 고구려 부흥운동까지 일어난 것은 당시가 무신정권 치하였기 때문이었다. 의종대에 무신의 난이 일어난 후 무신들이 정권을 장악하고 국왕을 허수아비로 만든 상황은 고려왕조의 허약함을 나타냄과 동시에 고려왕조를 부정하고 새로운 왕조를 부활시킬 수 있는 명분을 가져올 수 있었다.

특히 무신정권기에 전국 각지에서 농민·천민들이 봉기하였는데, 이 틈을 타서 경주에서는 신라부흥운동을 계획하였으며 옛 백제지역에서도 봉기하였다. 농민들의 반란에 지방토호들이 합세한 까닭은 이 기회를 틈타 새로운 국가수립으로 인한 정권장악으로 그들의 입지를 강하게 만들자는 것이었다. 이들의 봉기에서 각 지역민들의 의식을 엿볼 수 있다.

신라의 부흥운동

935년에 신라의 경순왕은 고려 태조 왕건에게 나라를 바쳤다. 이 때 마의(麻衣)태자는 "나라의 존망에는 반드시 천명이 있으니 오직 마땅히 충신·의사와 더불어 민심을 끌어 모아 스스로 굳게 지키다가 힘이 다한 뒤에야 그칠 뿐입니다. 어찌 1천 년의 사직을 하루아침에 남에게 내줄 것입니까"라 하여 극구 만류하였으나 대세를 거스르지는 못하였다. 눈물을 뿌리며 금강산에 들어간 마의태자 이야기처럼 신라민은 1천 년 사직이 무너진 데 대한 안타까움과 동경을 지니고 있었으리라는 것은 충분히 이해된다.

신라부흥의 움직임이 최초로 나타난 것은 명종 23년(1123) 운문[지금의 청도]·초전[지금의 밀양]에서 김사미와 효심이 중심이 되어 봉기하였을 때 당시 집정자로 있던 이의민부터였다. 『고려사』에 의하면 이의민은 "마음 속에 이룰 수 없는 생각을 품고, 탐욕을 줄이고 명사(名士)를 거두어서 헛된 명예를 낚았다. 자신이 경주출신이므로 비밀리에 신라를 부흥시킬 뜻을 가지고, 적 사미·효심 등과 연결하니 적도 역시 거만(鉅萬)을 보내었다"라고 하여 신라부흥의 의도를 나타내었다.

비록 아버지가 소금과 체를 파는 상인이었고 어머니는 경주 옥령사의 노비였지만 그는 무신의 난과 김보당·조위총의 난이 발생했을 때 공을 세운 것을 기화로 당시 왕권을 능가하는 최고집정자의 위치에 있었다. 그런 그가 반란민과 내통하여 신라부흥을 일으키려 한 것은 믿을 수 없다는 견해도 있다.

그러나 그가 새로운 국가를 세우려 했다기보다는 주위에 그를 따르던 강경파 무신세력이 제거됨에 따라 기울어지는 세력을 만회하려는 과정에서 신라부흥을 야기시킨 것 같다. 즉 이의민은 운문·초전민의 봉기에 편승해서 왕조교체를 시도해 보려고 한 것이다. 그는 자신의 권력기반을 구축하여 정권을 획득하기 위해서는 신라부흥을 외쳐 고려왕조를 무너뜨리는 것이 보다 설득력이 있다고 판단했던 것 같다.

김사미·효심의 난이 실패하고 그 결과 이의민조차도 실각하였지만 신라부흥은 경상도지역 주민들에게 향수를 자극하는 계기가 되었던 것 같다. 이후 최충헌 정권대에 와서 다시 신라부흥이 대두되었다.

경주인이 반란을 도모하여 비밀리에 낭장동정 배원우를 이전 장군(將軍) 석성주가 귀양간 곳인 고부군에 보내어 달래기를 "고려의 왕업은 거의 다 쇠진되었으니 신라가 반드시 부흥할 것입니다" 하니 석성주가 크게 기뻐하며 원우를 집에 머물게 하고는 군수 유정에게 가서 그것을 고하였다. 유정이

원우를 안찰사에게 포송하니, 안찰사는 중앙에 알린 뒤에 죽였다.
[『고려사절요』 신종 5년 12월]

신종대의 신라부흥운동은 배원우 등 경주토호들이 주동이 되었다. 그들은 신라를 부흥시키기 위하여 우선 국왕을 선정하여 반란의 구심점으로 삼은 이후에 사평도[한강]를 경계로 한강 이남지역을 회복하려고 하였다. 즉 그들은 고려를 완전히 무너뜨릴 계획을 세운 것은 아니었고 옛 삼국시대 때의 신라영토를 회복시키는 데 주안점을 두었던 것이다.

그러나 신라부흥을 시도했던 토호들은 석성주의 밀고로 중앙에 알려지게 되자 우선 안찰사에 용서를 구하여 정치적으로 해결하려 하였다. 그러나 집정자 최충헌은 신라부흥을 일으키려 했다는 이유로 고려사회에서의 반정부세력과 농민봉기를 철저히 탄압하여 그 본보기로 삼고자 했다. 이 곳을 가혹하게 진압함으로써 다른 지역에서도 함부로 난(亂)을 일으키지 못하게 하려는 최충헌의 의도가 드러나게 되니, 경주민은 이제 그들의 목숨을 부지하게 위해서라도 맞서지 않을 수 없었다. 『고려사절요』에 의하면 "적이 이 [토벌]소식을 듣고 운문산과 울진·초전의 적을 모집해서 3군으로 나누어 스스로 정국병마라 일컫고 주군(州郡)을 달래고 협박하였다"고 한다. 그러므로 신라부흥운동은 근본적으로는 중앙정부의 토벌에 대한 반감이었으며 무신정권기의 수탈체제에 대한 항거였다.

신라부흥이 경주지역민을 단결시키는 데는 유리한 선언적 의미가 있는 것은 사실이지만, 이것이 옛 신라를 부흥시키고자 하는 농민층의 열망을 의미한다고는 보여지지 않는다. 고려 후기의 농민항쟁은 토호나 지방관에 대한 저항, 중앙정부에 대한 항거, 토호와 연결하여 지방관이나 정부에 저항하기도 하고 옛국가에 대한 향수 등 다양한 형태로 나타나기 때문이다. 신라부흥은 오히려 농민층보다는 중앙에 나아가 출세를 갈망하는 토호 등 지배계층의 절실한 과제였다고 생각된다.

백제의 부흥운동

백제의 부흥운동은 고종 24년(1237) 이연년을 중심으로 몽골침입기에 일어났다.

> 그 때 초적 이연년 형제가 원율(原栗)·담양(潭陽) 등 여러 고을의 무뢰배들을 규합하여 해양(海陽 : 광주) 등 여러 주현을 함락시켰다. 적은 김경손이 나주에 왔다는 소식을 듣고 나주성을 포위하였는데 적의 기세가 대단히 왕성하였다. 김경손이 성문에 올라서서 바라보고 말하기를 "적의 인원수는 비록 많으나 모두 짚신이나 삼던 촌사람들이다"고 하고 즉시 별초가 될 만한 사람 30여명을 모집하였다.
>
> [『고려사』 103, 김경손전]

1231년(고종 18)부터 시작된 몽골의 고려침략은 처음에는 서북지방을 공략하더니 점차 남쪽 지방까지 내려와 이듬해에는 대구 부인사 대장경을 불태웠으며, 고종 23년에는 예산·공주·부안·전주 등 전라도 방면으로 내려왔다.

이연년의 난은 몽골이 전북 고부와 충청도 공주지역을 공략하고 있을 즈음인 고종 23년 말에 일어난 것으로, 그들은 근거하고 있던 전남의 원율·담양·해양을 중심으로 봉기하였다. 이들의 반란은 남하를 시작하여 전북 고부까지 도달한 몽골에 대한 방어이며, 강화도 천도를 계기로 백성의 신뢰를 상실한 정부에 대한 항거였다.

그는 '백제도원수(百濟都元帥)'라 하여 백제부흥을 표명하여 백제지방 민심을 끌어들여 보다 효율적으로 세력을 키워 나갔던 것이다. 당시 전라도민들은 횡포하기로 소문난 몽골군이 남하하여 전북 부안을 습격했다는 소식을 듣고서는 공포에 떨었으나 백성을 버리고 강화도로 천도한 고려정부의 구조를 기대할 수도 없었다. 이에 이연년을 중심으로 방어군이 편성되었다.

이제현의 『역옹패설』에는 이연년 무리에 대해 "관리들이 그들을 영접하여 음식을 대접하거나 도망쳐 피하기도 하여 감히 그 세력을 막을 자가 없었다"라고 하여 이들의 세력이 대단하였음을 나타내고 있다. 그것은 백제지역 주민뿐만 아니라 토호나 관원 등 지배층들조차도 몽골을 방어하는 데에 정부보다는 이연년 부대가 낫다고 판단했던 것이며, 동시에 백제부흥에 기대를 걸었다고 추정된다.

이연년의 난은 백제부흥을 내세워 반정부를 표방하였으나 내부적으로는 몽골을 막기 위한 반외세의 의지도 굳건하였다. 나라를 세우는 것은 외세를 물리친 이후에야 가능하기 때문이었다.

그는 전라도 지휘사로 왔던 김경손을 그의 편으로 끌어들이려 하였다. 그러나 경주사람인 김경손은 신라왕족의 후손으로 그의 형 김약선은 당시 최고집정자로 등장한 최이의 사위였다. 그리고 고종 22년 6월에 고종은 김약선의 딸을 세자비로 맞아들여 나중에 충렬왕을 낳게 된다.

고려지배층과 밀접한 관계가 있는 가문출신인 이연년은, 아무리 무신집권기이고 몽골과의 전쟁에서 큰 용맹을 발휘하여 귀주성을 잘 지켰다고 하더라도 백제부흥의 선구자가 될 인물은 아니었다. 이로 보아 이연년은 백제부흥 못지않게 몽골을 방어하는 것을 중시했다고 생각된다.

이연년은 나주민이 전부 그의 편이라고 믿었다. 사실 김경손이 내세울 수 있는 군대는 겨우 30명의 별초군뿐이었다. 그러므로 너무 방심

했던 것이다. 그가 김경손을 아깝게 여겨서 사로잡아 도통(都統)으로 삼기 위해 유시(流矢)에 맞지 않도록 화살을 쓰지 않고 짧은 칼로 싸우도록 한 것은 그의 자신감을 나타낸다. 오히려 이 자신감이 패배의 원인이었지만 전라도지휘사 김경손 휘하의 군대에 의해 이연년이 살해당하자, 수풀처럼 빽빽하게 모여 있던 반민들이 모두 흩어졌다고 한다.

이들 대다수가 전투경험이 없는 농민들이기 때문이라 하나 사실은 이연년이 죽임을 당하자 방관자적 위치에 있던 나주사람들이 후환을 두려워하여 김경손을 도와 갑자기 농민군에 반격을 가하였기 때문에 흩어질 수밖에 없었으리라 생각한다.

정부가 이들을 좀더 포용하였더라면 그들은 몽골의 침입을 격퇴하는 데 큰 역할을 담당했을 것이다. 이연년의 백제부흥운동을 끝으로 농민항쟁은 소강상태에 들어갔다. 그러나 몽골의 침입으로 끊임없이 고통을 당하는 농민들은 외세방어에는 제 능력을 발휘하지 못하고 농민수탈에만 유능한 지배층을 경원시하면서 점차 고려정부에 대한 반감을 키워갔다. 이러한 여건 속에 고종 40년 이후 고려정부에 대한 백성들의 불만은, 외세 즉 몽골에 항복하는 왜곡된 형태의 저항을 하게끔 하는 결과를 낳았다.

정치적으로 지방에 대한 차별은 없었나

왕건은 그의 훈요에서 차령 이남의 인물은 등용하지 말라고 하여 호남지역민에 대한 차별을 최초로 드러내었다. 비록 이것이 견훤에게 수 차례 패한 왕건의 두려움에서 나왔으리라 추정되지만 한 나라 개국 시조의 말은 파장이 클 수밖에 없었다. 이후 거란의 침입을 받아 남으로 피난간 현종은 신변의 위험을 두려워하여 전주에 유숙하지 않았으며, 신종대에 전주사록(司錄)으로 부임한 이규보는 백성을 혹독하게 다스려 비판을 받자 "전주가 옛 백제땅으로 성질이 사나워 관대하게 다스릴 수가 없었다"고 하여 그의 폭정을 합리화하였다. 그러나 전주민의 반감은 옛 백제사람으로서 고려라는 나라에 대한 반감이 아니라 수탈자와 수탈당하는 자의 계급적·신분적 갈등이라고 생각된다.

또한 신라부흥운동이 실패로 돌아간 것은 고려 후기라는 시대적 조건이 신라 말기 고구려·백제의 부흥운동이 일어나 후삼국이 성립되었던 상황과는 달랐기 때문이었다. 이전 신라의 경우, 당나라와 함께 직접 고구려·백제를 멸망시켰으며, 통일 이후에는 고구려·백제 유민을 신라인과 수취문제에서 차등을 두었던 것 같다. 따라서 통치체제가 흔들리던 신라 하대에 일어났던 고구려·백제의 부흥운동은 해당지역 주민의 호응을 받을 수 있었던 것이다.

그러나 고려의 경우, 신라가 자진 투항하였고 신라지배층은 고려정부에서 일정한 관직을 약속받아 혜택을 누렸다. 그리고 피지배층의 경우에도 그들이 신라나 백제 사람이라고 불이익을 당한 흔적은 보이지 않으며, 골품제 사회였던 신라 때보다는 생활여건도 나아졌다고 생각된다.

무엇보다도 이들의 부흥운동이 석성주 등 최충헌 반대세력에게조차도 크게 호응받지 못한 이유는 신라부흥을 내세우는 당사자들이 자신들의 권력을 추구하는 개인적인 욕심에서 비롯되어 정당성을 확보하지 못했기 때문이었다. 또한 이 때는 삼국이 통일된 지 오랜 시일이 경과하여 하나의 국가체제로 굳어진 탓이기도 하였다. 이 점은 고종대에 고구려·백제의 부흥운동이 일어났지만 성공하지 못하고 쉽게 무너져버린 사실에서도 알 수 있다.

그러므로 삼국부흥운동은 옛국가를 다시 세워 나라를 분열시키고자 하는 의도가 아니라 옛사람들이 요순시절을 그리워하듯 옛국가에 대한 환상이었다. 이 환상은 그 시절에는 주민들이 국가의 수탈없이 잘 살았으리라는 꿈이 깃들인 것으로 고려사회의 정치·경제·사회 등 백성을 억압하는 요소가 많기에 야기된 것이었다.

만일 삼국이 부흥되었다면 단지 옛고구려·백제·신라로 돌아가는 것이 아니라 옛 삼국의 외피를 빌려 농민들이 살기 좋은 사회를 만들었으리라는 추측도 가능하다. 즉 권세가들이 많은 토지를 소유하고 농민들을 수탈하는 현 사회의 모순을 벗어나 농민적 토지소유의 확보와 자립적 소농 경영체제를 확립하는 사회였을 것이다.

따라서 삼국부흥운동을 분리적인 성향으로 볼 것이 아니라 고려사회의 모순이 해결되지 않는다면 국가를 타도할 수밖에 없다는 각 지방 농민의 의지가 부흥운동으로 표면화되었다고 생각한다.

삼국부흥운동이 실패로 돌아간 뒤에도 몽골의 침입이 계속되어 고려는 몽골과 강화를 맺었다. 이제 고려는 부마국으로 전락하여 자주성을 상실하였다. 이제 원간섭기에 들어서서 몽골침탈을 극복하기 위해서 우선 필요한 과제는 고려 내부의 정신적 통합이었다.

이에 대해 심각하게 고민한 대표적인 지식인인 이승휴는 『제왕운기』, 일연은 『삼국유사』로서 우리가 계승하는 국가가 고구려가 아니고 고조선이며 그러므로 우리의 조상은 단군임을 공언하고 같은 민족으로서의 국가의식을 심어주기에 노력했다. 이는 삼국부흥운동으로 야기될 수 있는 지역간의 갈등을 해소시키고자 하는 당대 지식인의 우려를 나타낸 것으로서 분열의 조짐이 완전히 없었던 것은 아니라고 생각한다.

조선시대에 들어와서는 평안도를 반정부 집단으로 인식하여 과거 합격자에서 배제하는 상황에까지 이르러 서북지방 농민전쟁인 홍경래의 난을 유발시키는 한 원인이 되었다.

따라서 국가에 따라 시대별로 지역간의 갈등이나 피지배층의 지배층에 대한 반감이 있었던 것은 사실이지만 이것이 오늘날까지 전래되어 대통령 선거나 국회의원 선거에 극심한 지역별 분포가 나타나는 것은 아니라고 판단된다. 오늘날 선거에서 나타나는 지역구도는 다른 각도에서 풀어야 할 것이다.

　근자의 어느 누구처럼 쿠데타로 정권을 장악하여 정통성 없이 대통령이 되기 위해, 또 누구처럼 광주민을 자극하여 유발된 민중항쟁을 진압하는 과정에서 더욱 골이 깊어진 독재정권의 잔재이지 결코 옛 삼국시대의 앙금이 남아 있는 것은 아니다.

이정신

제5장
가족과 여성

성이 달라도 내 조상, 내 후손
고려시대 가족구성은 어떠했는가?
아름다운 부부 이야기
고려시대의 삼년상 기간은 27일이었다
누구에게는 더 주고 누구에게는 덜 주랴
성(姓)과 본관은 어떻게 해서 만들어졌는가?
남성에 종속되지 않은 고려 여성
근친혼이 가능했던 사회
장가가는 남자들

성이 달라도
내 조상, 내 후손

밀양박씨인 사람에게 조상에 대해 물으면, 박혁거세부터 말하듯이 요즘 우리는 조상과 후손에 대해 이야기할 때 성씨의 '절대성'에서 벗어나지 못한다. 국어사전에 의하면 조상은 '자기 이전의 모든 세대'를 말하고 후손은 '자신의 세대에서 여러 세대가 지난 뒤의 자녀'라고 하는데, 이대로 해석하면 조상과 후손에게 성씨는 중요하지 않다.

자신의 성씨에 대한 '절대적' 관념은 조선 후기에 재산의 상속이 적장자(嫡長子) 중심으로 이루어지고 문중이 강조되면서 생겨난 것이다. 그 이전에는 자손이나 후손이 남자로만 이어지는 것이 아니어서 더 넓은 범위의 친족의식을 가지고 있었다. 그 대표적인 사회가 고려라고 할 수 있다. 가깝게는 사위나 외손(外孫)이 아들·친손(親孫)과 거의 동일하게 대우받았고 넓게는 외할머니의 조상도 자신의 조상으로 여겨지고 외손의 외손도 후손으로 파악되고 있었다.

고려를 세운 왕건의 직계조상에 여자가 있다

역대 국왕 가운데 새롭게 국가를 세웠거나 왕위에 추대되었을 때 자신의 조상들을 높이기 위하여 왕호를 올리는 것이 상례이다. 고려를 건국한 왕건도 마찬가지여서 왕위에 오른 다음해인 태조 2년(919) 3월에 자신의 3대에 걸친 조상들을 왕과 왕후로 봉하였다. 그런데 3대 조상인 원덕대왕(元德大王) 보육(寶育)과 정화왕후(貞和王后) 진의(辰義)는 부부가 아니고 부녀이다. 왜 이런 문제가 생겼을까?

왕건의 조상으로 가장 먼저 알 수 있는 사람은 호경(虎景)으로 그의 아들 강충(康忠)이 서강(西江: 예성강) 영안촌(永安村)의 부잣집 딸 구치의(其置義)에게 장가들어 낳은 자식이 이제건(伊帝建)과 보육이다. 보육은 출가하여 스님이 되었다가 형이 사는 곳으로 옮겨와 살았는데, 어느 날 '산에 올라가 오줌을 누었더니 그 오줌이 삼한(三韓)산천에 가득 차고 다시 은빛 바다로 변하는' 꿈을 꾸었다. 그 꿈의 내용을 형에게 이야기하자 '하늘을 버틸 만한 기둥'이 될 수 있는 자식을 낳을 것이라고 하면서 그의 딸 덕주(德周)를 아내로 삼게 하였다.

그 후 보육과 덕주는 두 명의 딸을 두게 되는데 그 가운데 둘째가 진의이다. 진의가 성년이 되었을 때 어느 날 언니가 꿈에서 '산 정상에 올라가 오줌을 누었더니 그것이 천하를 뒤엎게' 되고 그 꿈 이야기를 하자 진의는 그것을 비단치마와 바꾸었다. 그 후 중국 당나라의 황제인 숙종(肅宗: 宣宗이라는 설도 있다)이 즉위하기 전에 산천을 유람하기 위해 바다를 건너 패강(浿江: 대동강) 서포(西浦)로 오게 된다. 숙종은 송악(松嶽: 개성)으로 와서 보육의 집에 머물다가 진의와 정을 통하고 그로 인해 진의는 임신을 하게 되었다.

숙종은 떠나면서 자신이 당나라 귀족이라고 밝히고 활과 화살을 주면서 아들을 낳으면 주라고 하였다. 그 뒤 진의에게서 태어난 이가 작제건(作帝建)이고 그의 아들이 태조 왕건의 아버지인 용건(龍建)으로 뒤에 융(隆)으로 개명한 사람이다.

이러한 내용을 살펴보면 왕건의 3대 조상은 증조부인 당 황제 숙종이 되어야 하는데, 왜 외고조인 보육이라고 했을까? 이 문제는 고려시대 당시에도 이상하게 생각하여, 고려 후기의 유명한 학자인 이제현(李

齊賢)도 이것에 대해 논평을 하면서 여러 가지 가능성을 제시하고 있다. 그러나 이제현도 명확한 설명을 하지 못하고 있으며 위의 내용이 실려 있는 『고려사』 편찬자들도 이것을 허황하다고 하면서도 후대 사람들은 임금의 혈통에 관한 이야기를 의심할 수 없으므로 그대로 서술한다고 하였다.

그렇다면 증조모인 진의와 그의 아버지를 태조 왕건의 조상으로 기술한 실제 이유는 무엇일까? 아마도 진의가 관계하여 작제건을 낳게 한 사람을 정확하게 알 수 없었기 때문일 것이다.

당나라의 숙종이나 선종이라는 설이 있기는 하지만, 그것은 가능성일 뿐 확실한 사실이 아니다. 게다가 전하는 기록에 의하면 당시 세상에 알려진 많은 사람들이 중국의 유명한 성씨의 자손이라거나 중국의 귀족이 우리나라에 와서 낳은 것이라고 한다. 그러므로 진의와 관계한 사람이 숙종이라는 이야기도 왕건의 집안에서 자신들을 미화시키기 위해서 만든 것일 수 있다.

게다가 고려시대나 이전시기에 자신의 혈통을 부변(父邊)뿐이 아니라 모변(母邊)으로 계승하는 경우도 있었기 때문에 여자인 진의를 자신의 주요한 혈통의 하나로 이야기할 수 있었을 것이다.

그 당시 성씨가 지금처럼 보편화되지는 않았지만, 부변으로 이어지는 성씨만을 중요하게 여겼다면 호경과 보육은 왕건의 조상이 될 수 없음에도 불구하고 이것이 가능했던 것은 모변으로도 가계가 이어질 수 있다는 관념이 그들에게 있었기 때문이다.

고려의 왕씨 왕비들은 어머니의 성을 따르고 있다

고려시대나 그 이전 시기에는 요즘처럼 아버지의 성씨만을 따르는 것이 아니라 어머니의 그것을 따르는 경우가 있었다. 신라시대만 해도 아버지와 어머니의 성씨 가운데 자신의 사회적 지위 등에 유리한 것을 선택하여 쓸 수 있었다고 한다. 그래서 우리에게 박제상(朴堤上)으로 알려진 사람이 『삼국유사』에서는 김씨로 되어 있고 자신의 목숨을 버리면서까지 불교가 신라에서 공인되도록 한 이차돈(異次頓)이 박씨라는 기록도 있고 김씨라는 설도 있는 것이다.

고려시대에도 어머니 측의 성씨를 사용하는 경우가 있었는데 이것은 왕실의 근친혼 때문에 야기되었다. 고려 전기에 국왕들은 간혹 왕씨(王氏) 성을 가진 여자 즉 고려왕실의 공주들을 맞이하고 있고 이러한 근친혼을 숨기기 위해 공주들은 자신의 어머니 성을 따랐다. 또 그 어머니까지 왕씨인 경우 외할머니의 성을 따르고 있는 것이다.

이렇게 모변의 성씨를 따르는 것은 앞서 말했듯이 왕실의 근친혼을 숨기기 위해서이기도 했지만, 그들이 아버지 측뿐만 아니라 어머니 측에 대해서도 후손관념이 있었기 때문에 가능한 것이었다.

또한 고려의 수도인 개경(開京 : 개성)에서 태어난 국왕들과 본래 왕씨인 왕비들이 자신의 고향을 개경이 아니라 다른 지방으로 지칭하고 있는데, 바로 이 지역도 자신의 어머니 측의 본관이거나 고향이다. 어머니의 고향을 자신의 그것과 동일시하는 것도 어머니 측으로 이어지는 계통을 자신의 조상으로 인정하고 있기 때문에 나타나는 현상이다.

고려 후기에 만들어지기 시작한 족보에서도 요즘과 다른 후손관념을 알 수 있다. 『해주오씨족도(海州吳氏族圖)』나 『문화유씨가정보(文化柳氏嘉靖譜)』·『안동권씨성화보(安東權氏成化譜)』에는 각각의 성씨를 보유한 사람의 이름만이 아니라 다른 성씨를 가진 많은 사람들의 이름과 그들의 가계가 기록되어 있다.

한 가지 예를 살펴보면, 『문화유씨가정보』에는 고려시대에 정승이었던 권부(權溥)가 기록되어 있다. 이는 권부가 유공권(柳公權)의 5대손이기 때문이고 이들도 남자로만 이어지는 관계가 아니라 유공권의 증손자 딸이 권부의 어머니로, 역시 어머니 측으로 이어지는 가계의식을 가지고 있었던 것이다.

이렇게 족보 등에 남자로만 이어지는 계보만이 아니라 그들의 외손과 또 그들의 외손까지 기록되다 보니,『해주오씨족도』에 기록된 총 212명 가운데 요즘 관념으로써 진짜 해주오씨는 24명에 불과했고『안동권씨성화보』의 총인원 8천여 명 가운데 안동권씨 남자인원은 380명,『문화유씨가정보』의 경우도 총 3만 8천 명 가운데 유씨인 남자는 1천 4백 명에 불과하게 되었다.

이러한 계보의식을 가지고 있었기 때문에 모씨(某氏)의 종(宗)이나 모씨의 족(族)이라고 하면 고려시대에는 단순하게 그 성씨의 사람만을 이야기하지 않았다. 실례로 현종 10년(1019)에 죽은 유진(劉瑨)에 대한 기록에 의하면, "왕후나 비빈으로서 성이 유씨인 자들은 모두다 이 집안 출신이었다"고 한다. 유진이 죽기 전에 유씨 성을 가진 후비로는 태조의 비인 신명순성왕태후(神明順成王太后), 경종의 비 헌의왕후(獻懿王后), 성종의 비 문덕왕후(文德王后), 목종 비인 선정왕후(宣正王后)가 있다.

그러나 실제로 자신의 아버지가 유씨인 경우는 신명순성왕태후만으로 그녀는 유긍달(劉兢達)의 딸이다. 헌의왕후는 종실인 문원대왕(文元大王) 정(貞)의 딸인데, 정은 태조와 신명순성왕태후에게서 태어난 사람이다. 문덕왕후는 광종의 딸로 할머니가 신명순성왕태후 유씨이다. 선정왕후는 종실 홍덕원군(弘德院君) 규(圭)의 딸로 정확히 어떤 연유로 유씨를 칭했는지는 알 수 없지만, 아버지의 성을 따르지 않은 것만은 확실하다.

이렇듯 아버지의 성이 유씨인 경우는 신명순성왕태후뿐이고 헌의왕후와 문덕왕후는 할머니가 유씨인데도 불구하고 모두가 유씨의 종

(宗)이라고 기록된 것은 계보의식이 부변으로만 계승되지 않았음을 확인시켜 준다.

외손자에게 자신의 집안과 지위를 상속하다

살펴보았듯이 고려시대에는 부변만이 아니라 모변에 대해서도 혈연의식을 가지고 있었다. 또한 의식에만 한정되지 않고 사회적 지위나 가문을 계승하는 경우도 있었다. 일례로 문종 원년(1047) 3월에 문하시랑평장사[정2품] 황보영(皇甫穎)이 후사가 없었으므로 임금에게 청하여 외손 김녹숭(金祿崇)을 자신의 후계자로 삼았다. 이 때 김녹숭이 9품의 관직을 받게 되었으므로 황보영의 가문을 잇고 그 사회적 지위마저 상속했다고 할 수 있다.

또한 결과적으로는 시행되지 않았지만 최씨무신정권의 2대 집권자였던 최이(崔怡)는 자신의 사위와 외손자에게 그 지위를 물려주려 했었다. 최이의 아들들은 그 어머니가 기생이었는데, 고려시대에 동일신분 사이의 혼인을 추구하여 그 신분의 순수성을 지켜나갔던 것과 위배되었기 때문에 그 아들들을 출가시켜 스님으로 만들고 자신의 사위에게 집권자의 자리를 상속하려고 하였다.

그러나 사위 김약선(金若先)과 외손자 김미(金敉)의 세력이 강해져 자신에게 위협세력이 되자 그들을 제거하고 뒤에 최항(崔沆)으로 개명한 아들 만전(萬全)을 불러들여 후계자로 삼았던 것이다.

아무튼 외손자가 외가의 재산을 상속하게 되면, 아마도 그 제사까지도 받들었을 것이다. 사실 고려시대는 불교식 상례(喪禮)와 제례(祭禮)가 행해진 경우가 많았으므로 자식들은 그 비용만을 담당하기도 하였는데, 이 때도 아들과 딸의 구분이 없었다. 그리고 고려시대에는 자식들이 돌아가면서 제사를 지내는 윤행(輪行)이 이루어지고 있었기 때문에 딸이나 외손자도 조상의 제사에 참가하고 있었다.

그뿐만 아니라 아들이 없어도 양자를 얻어 가문을 잇지 않는 것이 대부분이었으므로 이럴 경우 딸과 외손자가 그 집안의 사회적 지위·재산뿐만 아니라 제사까지도 상속했다고 보아야 한다.

고려시대에는 이와 관련된 기록이 없지만, 조선시대의『중종실록』에 "우리나라에서는 비록 사대부가 아들이 없는 경우라 하더라도 또한 후손을 세우지 않았고 딸로 하여금 제사를 주관케 한다"라고 되어 있는 내용을 보건대 고려시대에도 이와 유사했으리라고 짐작할 수 있다.

개인적으로 외손자를 자신의 후계자로 삼은 것 이외에도 고려시대는 제도적으로 외손자에게 자신의 사회적 지위를 계승시킬 수 있었다. 아버지나 할아버지 등 조상의 음덕으로 자손이 관리가 될 수 있도록 한 음서(蔭敍)라는 제도가 고려에서 실시되었기 때문이다. 이 음서의 대상자에는 아들·손자·사위·외손자·아우·생(甥)·질(姪)이 포함되는데 이들 대상자 가운데 사위·외손자·생은 부계혈통이 아니다.

또한 일반음서 이외에도 조종묘예음서(祖宗苗裔蔭敍)나 공신자손음서(功臣子孫蔭敍)의 경우에는 더 광범위한 자손들이 그 혜택을 받을 수 있었다. 조종묘예음서는 왕족의 후예에게 주어지는 것이고 공신자손음서는 공신의 후손에게 주어지는 것인데, 일반음서의 범위가 손자대에 그치는 것에 비해 조종묘예음서는 거의 한계가 없이 적용되었고 공신자손음서는 최대 10세손에 이르는 자손에게 그 혜택이 주어졌다. 또한 그 자손이라는 것도 남자로 이어지는 직계만에 한정하지 않고 그 사이에 여자가 끼어 있어도 문제가 없었다.

예를 들어보면, 고종 40년(1253) 6월에 내려진 조서에서 배향공신의 후손 가운데 음서를 받을 수 있는 대상은 남자로만 이어지는 9세손부

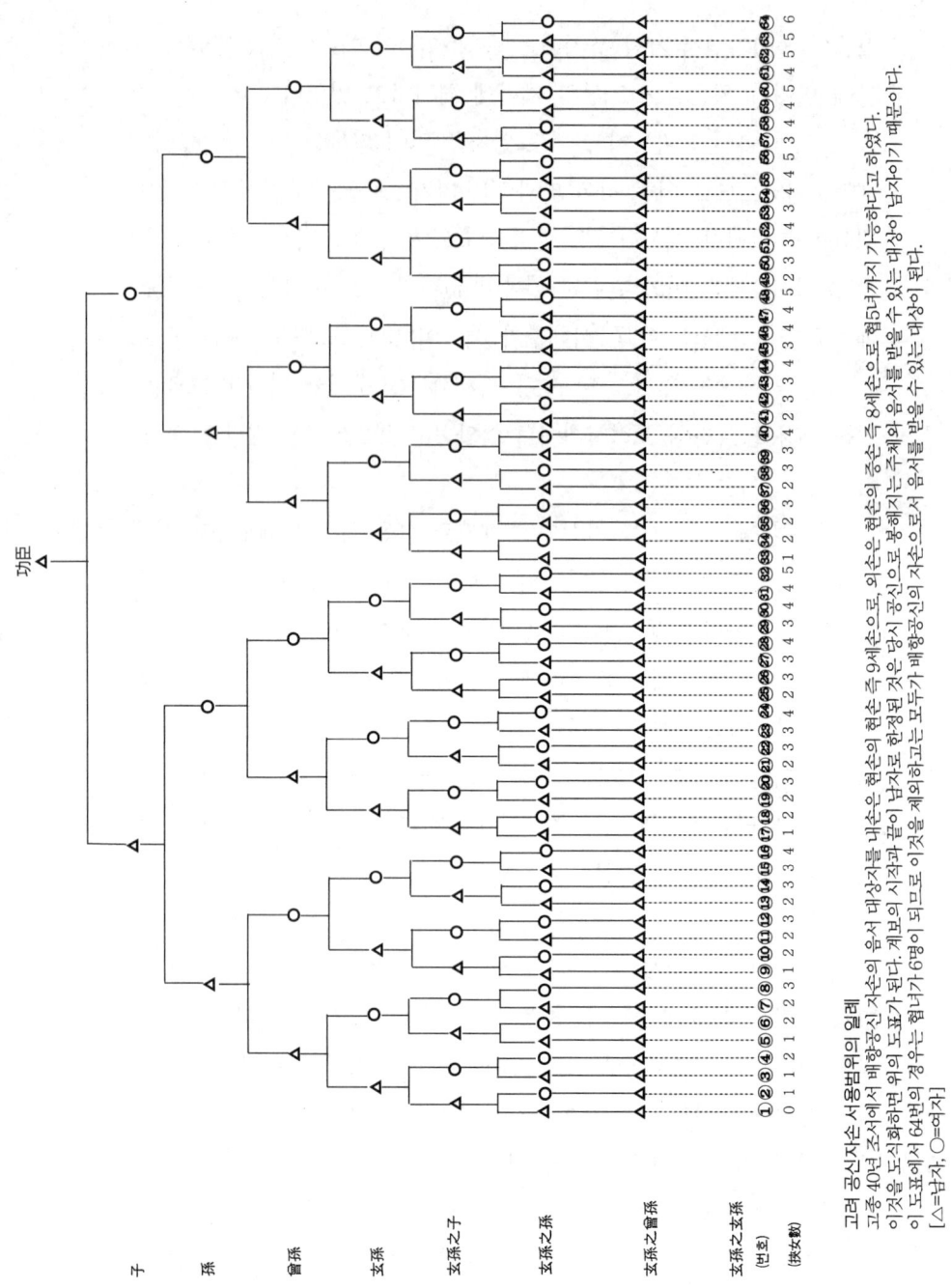

터 협5녀(挾五女)인 8세손까지였다. 협5녀라는 것은 음서를 줄 수 있는 남자 조상과 받을 수 있는 남자 후손 사이에 끼어 있는 여자의 수가 5명까지 가능하다는 말이다.

간단히 도식화해 보면 가장 넓게 보아서 조상[음서를 줄 수 있는 삼한공신]－아들－딸－딸－딸－딸－딸－후손[음서를 받을 수 있는 남자]의 경우도 음서를 받을 수 있으며 위의 도식에서 아들과 딸이 바뀐 모든 예의 후손도 음서를 받을 수 있다는 것이다. 이렇게 넓은 범위의 자손들이 음서를 받을 수 있었다는 것은 당시 이들 범위까지도 조상과 후손이라는 관념이 있었다는 반증이 될 수 있다.

조상의 은덕으로 관직에 오를 수 있는 것과 반대로 조상의 하자로 인하여 자신의 출세에 방해가 되는 경우도 있었다. 선종 때 정문(鄭文)이라는 사람은 자신의 외조부 계파가 부곡인(部曲人)과 관련된다고 해서 관직 가운데 가장 핵심이라고 할 수 있는 청요직(淸要職)에 임명되지 못하였다. 정문은 과거에 급제하였고 문종이 그 재주를 칭찬했던만큼 능력이 입증된 사람이고 관리로 재직하면서도 치적이 있었음에도 불구하고 외조부 계파의 신분적 하자 때문에 관직임명에 제약을 받았던 것이다.

고려시대 관리들은 이렇게 자신의 내외 조상들의 신분에 의해서 승진이나 특정관직의 임명에 제약을 받았다. 또한 관리가 되기 위해 과거시험을 볼 때도 자신의 아버지·할아버지·증조할아버지와 외조부 즉 4조(祖)의 이름과 관직 등을 기록한 가장(家狀)을 제출해야 했다. 즉 관리가 되기 이전부터 그 조상에 대해 조사하여, 관리가 되어도 문제가 없는 사람인가를 확인하고 있었던 것이다.

고려시대는 철저한 신분제 사회로서 그 지배층에 하자가 있는 사람을 끼어주지 않기 위해 그 조상들의 신분을 확인하였고 그 확인대상은 부변뿐만 아니라 모변·처변(妻邊)까지도 포함되었다.

이렇게 고려시대는 현재와 달리 조상과 후손에 대한 한계가 넓었고 성씨에 제한받지 않았다. 조상과 후손의 연결이 남자로만 이어지지 않았기 때문이다. 자신의 조상이나 후손은 부변·모변의 혈연을 포함했던 것이다.

박윤진

고려시대
가족구성은 어떠했는가

 고려시대 가족에 대한 연구만큼이나 합의점에 도달하지 못한 주제는 그리 많지 않다. 가족의 규모에서 고려는 2세대 또는 3세대 이상이 하나의 가족구성원이 되는 '대가족'을 지향하는 사회였다거나 아니면 부부와 미혼의 자녀만으로 이루어진 '소가족'이 중심이 된 사회였다는 연구가 있는가 하면 그 중간형태로서 중가족이 중심이었다는 주장까지 있어, 전혀 논의의 합의점을 찾지 못하고 있는 실정이다.

호적과 가족의 규모

 가족규모에 대한 논쟁에서 현재 주목되고 있는 것이 호적자료이다. 고려의 호구단자(戶口單子)나 준호구(準戶口)가 현재 몇몇 조선 전기의 족보(族譜)에 기록되어 있고 국보(國寶)로까지 지정된 고려 말의 『국보호적(國寶戶籍)』도 있어, 이 분야 연구에서 매우 귀중한 자료로 이용되고 있다.
 호구단자는 국가에서 호적을 작성할 때, 해당집안에서 자신들의 가족구성을 적어 관에 보고했던 문서이며, 준호구란 각 집안에서 바친 호구단자를 이용해서 호적작성이 완료된 이후 그 호적기록을 근거로 국가로부터 재발급받은 문서를 지칭하는 용어이다. 즉 준호구는 요즘식

고려 말 화령부 호적
이는 일명 '이태조호적(李太祖戶籍)'이라고 불린다.

으로 말하면 '주민등록등본'과 같은 것이다.

그런데 현재 남아 있는 호적 관련자료들은 애석하게도 그 양이 매우 적은데다가 대부분 고려 후기의 것으로 편중되어 있어서, 고려의 전반적인 가족규모를 추정하는 데에 약간 미흡한 감이 없지 않다.

어쨌든 이런 한계점을 감안하면서 호적자료를 이용하여 고려의 가족규모를 추정해 본다면, 고려는 대가족이 우세했다고 할 수 있다. 특히 1300년대 이후의 호적자료를 살펴보면 총 34호 가운데 약 4분의 3 정도가 둘 이상의 부부가족으로 구성되어 있음이 확인된다.

매우 적은 양이어서 통계치를 내기 불안하지만, 현재 남아 있는 호적자료로 고려의 평균 가족원수를 계산해 보아도 위와 같은 결과를 다시 한번 확인할 수 있다.

국가에서 호적을 작성하는 의도는 국역(國役)을 지는 남자를 파악하려는 데 중점이 있었기 때문에, 호적은 자연히 국역의 의무를 지니고 있던 정남(丁男：16～60세 남자)에 관한 기록은 비교적 충실하나 여자나 유아(幼兒)에 대해서는 불충실하다고 할 수 있다. 따라서 기재상 정확하다고 판단되는 20세에서 30대까지의 정남을 정점으로 하여 피라미드형의 인구분포를 가정하고 이를 통해 계산하면, 고려의 1호(戶)당 평균 가족수는 10.25명이 된다. 호적자료를 이용한 평균 가족원수에 대한 이상과 같은 계산방식이 인정된다면, 고려는 대가족 중심의 사회였다고 할 수 있다.

게다가 호적에 기록된 호주의 연령을 조사해 보면, 대가족적 성향을 다시 한번 엿볼 수 있다. 만약 소가족중심설을 주장하는 학자들의 주장처럼 차남(次男) 이하의 분가(分家)가 일반적이었다면, 당시의 평균연령을 고려해 보아도 30대의 호주가 다수여야 하는데 실상은 그렇지 않다. 즉 국보호적에 기재된 호주의 연령을 살펴보면 30대보다는 56～60세의 고령자가 많다. 이 점은 당시 분가가 일반적이지 않았음을 보여주는 것이라 할 수 있다.

이상에서처럼 대가족설을 주장하는 학자들은 호적자료를 적극적으로 활용하고 있는 데 비해서, 소가족이 고려의 주요한 가족규모였다고 주장하는 측에서는 호적자료의 한계성에 더욱 주목한다.

우선 호적에서의 1호(戶)와 실제가족을 혼동해서는 안된다고 한다. 이미 설명하였듯이 호적은 국역(國役)의 확보를 위해 국가에서 만든 문서이기 때문에, 실제가족을 그대로 반영하는 자연호(自然戶)가 아니라 행정적으로 편성된 호인 편호(編戶)가 호적기록의 중심이 되었을 가능성이 높다.

게다가 서울에 있는 호들을 크게 대·중·소호로 나누었다거나, 3가(家)의 자연호를 1호(戶)로 삼아 3가(家)에서 돌아가면서 군역에 종사하도록 했다는 『고려사』 등의 기록에서 당시 편호제(編戶制)가 실시되었음이 확인되었으므로, 호적에서의 1호가 자연호를 그대로 반영하고 있다고 단정할 수 없게 된다. 따라서 이런 호적자료를 가지고 평균 가족원수 등을 계산하여 대가족이 우세하였다고 주장한다면, 이것은 잘못된 자료를 근거로 결론에 도달하는 오류를 범하는 것이라고 할 수 있다고 한다.

다음으로 2쌍 이상의 부부를 포함하는 대가족적 모습을 보여주는 호에서 그 가족원을 자세히 살펴보면 고령(高齡)의 자녀나 형제자매가 미혼으로 기록된 점이 주목된다. 그들이 고령의 나이에도 아직 결혼을 하지 않았다고 판단하기에는 그 경우의 수가 너무 많다. 따라서 고령 미혼자의 존재는 호적자료의 미비성을 보여주는 대표적인 예라고 판단할 수 있다.

고려 말에 통치질서가 문란해짐에 따라 호적기재상 많은 누락이 생겨 실제 혼인하여 분가한 형제자매나 자녀가 호적에는 아직도 미혼인 듯이 기록된 것이라 할 수 있다. 따라서 부실한 고려 말의 호적자료를 기준으로 통계치를 내어 고려가 대가족 중심의 사회였음을 주장하는 것 역시 위험한 결론이라는 것이다.

이런 점에서 소가족설을 주장하는 학자들은 현존하는 호적 가운데서도 비교적 덜 부실하다고 판단되는 1200년대의 호적자료에 주목해야 한다고 주장한다. 고려 말의 호적과 달리 이 시기의 호적은 한 쌍의 부부로만 이루어진 가족이나 어느 한쪽의 노부모를 모시는 단위로 되어 있는 소가족적인 구성이 많다. 즉 고려의 통치질서가 문란해지기 전인 1200년대의 호적에 소가족적 구성을 보여주는 경우가 많음은 고려가 전반적으로 소가족 중심의 사회였음을 보여주는 것이라고 할 수 있다.

위의 사실을 인정한다면 소가족이 우리나라에서 주요한 가족규모로 정착하게 된 것은 언제부터일까? 이 문제에 대해 소가족설을 지지하는 학자들은 통일신라 말기의 기록인『신라장적』에서 시사점을 찾고 있다. 이 문서 역시 편호를 중심축으로 하여 기록되었기 때문에, 8~14명에 달하는 평균 가족원수를 보여주고 있다.

그러나 실질적인 가족규모를 가늠케 해주는 이주(移住)의 단위들은 소가족적인 모습을 드러내고 있다. 즉 이주는 특별한 경우를 제외하고는 실제 동거하는 가족단위로 이루어진다고 판단되는데, 그 규모가 소가족적이라는 이야기다. 따라서 신라 말기에 이미 소가족을 중심으로 한 가족이 대두하기 시작했음을『신라장적』을 통해서 알 수 있으며, 고려시기에 들어서면 이런 경향이 더욱 확산되어 소가족 중심으로 편제되었음을 여러 자료를 통해 확인할 수 있다고 한다.

이상에서 호적자료를 중심으로 고려의 주요한 가족규모를 추적해 보려는 노력을 살펴보았다. 고려의 가족규모를 제대로 파악하기 위해서는 호적과 같은 기록이 많이 남아 있어야 함에도 불구하고 현재 남아 있는 자료의 양이 그리 많지 않은 데다가 고려 후기에 편중되어 있기 때문에 문제의 해결에 적극적으로 활용하기 어려운 일면이 있다. 따라서 같은 자료를 이용하면서도 위와 같이 대가족설과 소가족설이 나란히 주장되고 있는 것이다.

설사 많은 양의 호적자료가 전시기에 걸쳐서 골고루 남아 있다고 하더라도, 호적자료만을 가지고 고려의 가족규모를 추정하는 것에는 또 다른 난점이 있다. 통계학의 오류이다. 호적자료와 같은 것을 이용하여 통계치를 낼 때 항상 유의해야 할 점이 있다. 그것은 통계치상

다수(多數)라고 나오는 가족의 규모가 정말 그 사회가 지향하는 이상적인 가족인지 여부를 따져 보아야 한다는 것이다.

통계상으로는 소가족이 다수를 차지하고 대가족의 비율이 소수라도 사회통념상 그 사회는 분명 대가족을 지향하고 있을 수 있기 때문이다. 서양 중세사회가 바로 그런 경우이다. 우리의 호적자료와 유사한 교구 기록자료로 통계치를 내면 서양 중세사회는 소가족의 비율이 우세하게 나오지만, 사회통념상으로는 대가족을 지향하는 사회였다고 한다.

통계상 소가족의 비율이 우세하게 나온 이유는 수명과 관련된다. 서양 중세시대에는 평균수명이 짧아 실제 아들이 결혼했을 때 그 부모가 생존해 있을 확률이 낮았다. 따라서 통계치상으로 부모와 함께 거주하는 대가족이 적은 비율로 나왔지만, 사회통념상 서양 중세사회는 대가족 중심사회라고 규정지을 수 있는 것이다.

위와 같은 서양 가족사의 연구성과를 고려의 가족규모 연구에도 반영할 필요가 있다. 즉 호적자료의 통계치만을 이용하여 고려의 가족규모를 단정하는 것은 잘못된 결론에 도달하기 쉬운 방법이기 때문이다. 통계 이외에 사회통념상 또는 경제적 조건상으로 그 사회가 이상적인 형태로 여기는 가족의 규모를 추적하는 것이 좀더 사실에 접근하는 법이라 할 수 있다. 이런 점에서 별적이재금지법은 고려의 이상적 가족규모를 추적하는 데 있어 매우 귀중한 논거라고 할 수 있다.

별적이재금지법과 가족의 규모

『고려사』에 따르면, 고려는 별적이재금지법(別籍異財禁止法)이란 형법을 제정했다고 한다. 그 법의 내용은 "조부모와 부모가 살아 있을 때, 그 자손이 호적을 달리하고[별적(別籍)] 재산을 나누고[이재(異財)] 공양을 하지 않으면 도형(徒刑: 징역형) 2년에 처하며, [조부모나 부모의] 상례중에 호적을 달리하면 도형 1년에 처한다"는 것이다. 부모가 살아 있는 동안 호적을 달리하거나 재산을 나누는 것이 금지되었으므로, 이 법이 제대로 지켜졌다면 고려는 대가족 중심 사회였다고 할 수 있다.

고려가 별적이재금지법이란 것을 제정하면서까지 대가족제를 유지하려고 했던 것에 대해, 대가족설을 지지하는 학자들은 두 가지 이유를 들고 있다.

우선 유교덕목 가운데 하나인 부모에 대한 효도를 권장하려는 목적에서 나온 정책이라는 것이다. 즉 부모에 대한 봉양의무를 법적으로 규정하여 불효를 법적으로 제재하려는 의도에서 위와 같은 법을 제정했다는 것이다.

다음으로 대가족제를 유지하여 각 호(戶)마다 농사에 필요한 최소한의 노동력을 확보·유지시켜 주어야만 국가의 입장에서는 세원(稅源)이 안정적으로 확보되기 때문에, 이런 법제를 제정했다는 것이다.

고려의 주요산업은 두말할 필요도 없이 농업이었는데, 당시의 농업생산력이나 농업기술은 그리 높은 수준이 아니었다. 요즘처럼 트랙터·경운기 등이 있다면 넓은 면적의 토지도 적은 노동력으로 경작이 가능하였을 터이지만, 당시에는 그런 농기계도 없었을 뿐만 아니라 조선 후기처럼 집약적 농업기술도 발전하지 못한 상황이었다.

비료 제조기술이나 제초술(除草術)의 발전도 이루어지지 않았고 이앙법 등도 아직 도입되지 않았다. 따라서 예를 들어 1결(結)의 토지로 집약적 농법이 발달한 조선 후기에는 5인가족의 생계유지가 가능했다고 한다면 고려시대에는 그보다 훨씬 더 적은 수의 사람만이 그런 양의 토지로 살아갈 수 있었다는 이야기가 된다. 바꿔서 말하면 5인으로 구성된 한 가족이 생활하기 위해서는 고려시대에는 조선 후기에 비해 더 넓은 토지를 소유해야만 했고, 같은 면적의 토지를 경작하더라도 조선 후기에 비해 고려는 더 많은 노동력을 확보해야만 했다고 할 수 있다.

가족노동력 이외에 많은 노비를 소유하고 있던 귀족이나 관인층의 경우는 위와 같은 경제적 조건에 구애되지 않았겠지만, 가족 노동력 이외에 여타 노동력을 확보할 수 없었던 일반 농민의 경우 분가를 억제하여 가족 노동력을 최대한 확보하는 것이 그들의 생계를 위한 필수적 조처였다. 따라서 국가에서는 일반 농민들의 재생산 조건을 마련해 주어 그들을 안정적인 세원으로 확보하려는 목적으로 위와 같은 법제를 제정하여 대가족제를 유지하려고 했다는 설명이다.

별적이재금지법(別籍異財禁止法)이 기록되어 있는 『고려사(高麗史)』 형법지(刑法志)

그러나 소가족이 중심이었다고 주장하는 학자는 위의 원문을 '호적을 달리하고 재산을 나누어 공양을 하지 않으면'이라고 달리 해석하여, 부모생존시에도 호적을 달리하고 재산을 나누어도 그 부모에 대한 공양을 궐(闕)하지 않는다면 국가에서는 처벌을 하지 않았다고 주장하고 있다.

또 이 법률은 중국 당나라의 형법을 우리 실정에 맞추어 약간의 수정을 가한 것으로, 당나라 형법에서는 "조부모나 부모가 [자손으로 하여금] 호적을 달리하도록 한 경우, 자손에게는 형벌을 가하지 않지만 그 조부모나 부모는 형벌을 받아야 함"을 추가로 규정하고 있다. 그런데 고려에는 '별적'과 '이재'를 시킨 부모에 대한 추가 처벌규정이 없는 것으로 보아, 고려에서는 부모나 조부모가 분가시킨 것은 문제가 되지 않았다고 할 수 있다.

즉 위의 법규는 부모 생존시의 분가를 금지한 것이 아니라, 분가를 하여 부모를 공양하지 않는 경우에 대한 처벌규정으로 마련된 것이기 때문에, 부모나 조부모의 명령으로 분가한 경우에 대해서는 별도의 처벌규정이 필요하지 않았던 것이다. 그러므로 소가족설을 지지하는 학자들은 별적이재금지법을 가지고 고려가 대가족 중심의 사회였다고 단정해서는 안 된다고 한다.

고려의 가족규모 문제를 해결하기 위해서는 이미 설명하였듯이, 호적자료 등을 이용한 통계치뿐만 아니라 사회통념상으로 어떤 형태의 가족을 가장 이상적인 것으로 간주했는가에 대한 고찰이 필수적이다. 조선은 성리학이 지배 이데올로기로써 확고한 자리를 잡고 있었으므로 대가족을 이상적 형태로 상정했음을 쉽게 짐작할 수 있다.

그에 비해 고려는 사상적으로 불교와 유교를 모두 지배이데올로기로 삼고 있었으며, 대가족을 지향했던 유교가 사회적으로 고려의 가족규모를 규정지을 만큼 확고한 지위를 점하고 있지도 못했다. 따라서 사회통념상으로 고려사회가 이상적으로 여긴 가족의 형태를 추적하는 것은 현재로서는 매우 어려운 작업이라 할 수 있다.

결국 고려의 가족규모를 올바르게 추적하기 위해서는 위에서 살핀 여러 측면뿐만 아니라 경제적 조건 등도 아울러 고려하면서 논쟁이 이루어져야 더욱 역사적 진실에 다가갈 수 있을 것이라 생각한다.

사위도 한 가족

고려의 가족규모를 대가족 중심으로 보는 경우는 대부분 초기의 연구들이다. 초기의 연구는 조선시대 부계중심 대가족의 모습을 그대로 고려시대까지 연장시켜 바라보는 경우가 많아, 구체적인 논증절차도 거치지 않고 고려의 가족규모를 부계중심의 3세대 이상이 모여서 사는 대가족적 형태가 주류를 이루었다고 파악하였다.

이후 고려의 가족이나 친족제도에 대한 연구를 거듭한 결과, 고려는 부계우위의 사회이기는 하지만 조선과 같은 부계일변도의 사회는 아니었다는 점이 밝혀지게 되었다. 학자에 따라서는 이러한 고려의 친족제를 '양측적 친속사회'라거나 '쌍계적 방계사회'라고 명명하여 부르기도 하는데, 이는 고려가 부계친족뿐만 아니라 모계친족도 비슷하게 중시하는 사회였다는 의미에서 지칭한 용어들이다.

따라서 이 점을 고려의 가족구성이란 점에서 한정하여 살펴본다면, 고려의 가족구성은 '조부모-부모-아들 부부-손자'와 같은 부계중심의 형태로 짜여 있지 않았다는 이야기가 된다. 실제 여러 기록과 호적자료 등을 살펴보면 이 점은 곧 확인된다.

호적자료를 살펴보면 부부와 딸 부부로 이루어진 가족이 있는가 하면, 사위가 노령의 장인이나 장모를 모시고 사는 경우가 있다. 물론 부부와 아들 부부로 구성된 가족도 있지만, 딸 부부와 함께 사는 형태의 가족구성도 수적인 면에서도 결코 그에 뒤지지 않는다고 할 수 있다.

부모를 봉양하는 책임이 조선과 같은 부계사회에서는 아들 그 가운데서도 장자(長子)의 몫이었다고 한다면, 고려에서는 그 책임이 오히려 딸에게 조금 더 무게가 실린 듯하다. 예를 들어 '부모의 봉양은 딸의 몫'이었음을 강조한 고려 후기의 학자인 이곡(李穀)이 쓴 글이 있는가

하면, 자신이 사용한 조그마한 물건까지 모두 장인의 은혜에서 비롯되었음을 강조한 이규보(李奎報)의 글도 있다.

게다가 조선 전기의 여러 기록에서 "고려에서는 사위가 처가로 장가가는 '서류부가혼(壻留婦家婚)'이 유행하여 사위들이 처가에서 일정기간동안 살거나 아니면 처가에서 계속 지내면서 그 곳에서 손자까지 보는 경우가 있었음"을 강조하고 있다.

이런 모든 점을 감안해 보면, 이미 설명하였듯이 고려의 가족구성은 조선시대와 같이 획일적인 모습은 아니었다고 할 수 있다. 부부와 그 아들 부부가 함께 사는 전형적인 부계가족의 모습을 보여주는 경우도 있지만, 한편으로는 부부와 그 딸 가족이 함께 사는 형태도 있으며, 아예 모든 자녀가 결혼과 동시에 분가하여 부부와 미혼의 자녀로만 가족이 구성된 경우도 있었다고 할 수 있기 때문이다.

이정란

아름다운 부부 이야기

근년 우리나라의 이혼율도 급격히 증가하여 "검은머리가 파뿌리가 되도록 함께 해로한다"는 전통적인 결혼관념이 변화하고 있다. 통계청에 의하면 1999년도 한국에서는 36만 2천여 쌍이 결혼하고, 11만 8천여 쌍이 이혼했다고 한다. 세 쌍의 부부 가운데 한 쌍은 이혼한다는 이야기가 되는 것이다.

29인의 부인을 가졌다는 왕건의 경우를 비롯하여 삼촌 혹은 사촌간의 족내혼이 한동안 일반화되어 있었던 고려왕실의 결혼풍속은 당시의 결혼이 일부일처의 오늘날 결혼제도와 퍽 다른 것 같은 인상을 준다. 그러나 이것은 당시 왕실의 특수한 경우였고, 실제 일반인들은 고려 역시 어디까지나 일부일처였다.

고려시대 대부분의 가정은 일부일처에, 특별한 사유가 없는 한 '대체로' 일생을 해로하는 관계였다고 해야 할 것이다. 그러나 조선시대에 비하여 결혼과 이혼이 훨씬 자유로운 분위기였음은 이 시기의 특징이라 할 만하다.

상대적으로 자유로웠던 여성의 결혼과 이혼

송나라 사신 서긍은 12세기 고려사람들의 생활을 관찰하면서 결혼에 대해서는 "남녀의 결혼은 경솔히 합치고 쉽게 헤어진다"고 하여 다소 자유분방하였던 결혼풍속을 언급하고 있다. 조선시대에 비하면 고려는 여성의 이혼과 재혼이 상당히 허용되는 분위기였음을 알 수 있다.

그러나 이혼의 내용을 보면 그 가운데는 남자 쪽이 여러 이유로 여자를 버리는 형태의 이혼이 많이 포함되어 있다. 가령 12세기 양원준은 자신의 아내가 시어머니를 잘 섬기지 않는다 하여 아내를 내쫓았다. 그의 처와 아들이 울면서 애걸하였으나 끝내 허락하지 않았다는 것이다.

고려시대는 여성의 지위가 조선시대에 비하여 상대적으로 높고, 자유로운 면이 있었지만 그러나 고려 역시 기본적으로는 남성중심의 사회였기 때문에 여성의 지위가 제한적이었음은 물론이다. 그러나 상대적인 비교에서 본다면 고려사회는 이 점에서 훨씬 개방적이었다.

고려 묘지명 자료를 분석한 김용선 교수에 의하면 확인된 자료에 한하여 말할 때 남성의 초혼연령 최저 13세로부터 최고 32세까지, 그리고 후기로 갈수록 혼인연령이 하향하는 경향이고 고려 전 시기 평균은 20.7세였다. 여성의 경우는 최저 11세로부터 최고 25세, 후기로 갈수록 많이 낮아지며 전체시기 평균 16.3세였다. 이로써 고려귀족의 결혼은 남자 20세 여성 16세 전후에 혼인하는 것이 일반적이었으며 후기에는 대략 2살 정도가 내려간다고 한다.

또한 남녀간의 초혼연령은 남성연상형이며 평균으로 4세 정도의 차이가 있는 것으로 보고되었다.

여성의 재혼사례가 기록에 나타나지만 남성에 비해 그리 많지는 않았던 것으로 보인다. 45쌍의 사례 가운데 남편이 아내 먼저 사망하는 경우 28건(62.2%), 아내가 먼저 죽는 경우 15건(33.3%), 즉 기혼남성의 아내 사별률은 여성에 비해 절반 정도이다. 그럼에도 기혼남성의 재혼율은 높다. 233명의 남성 가운데 재혼자가 66명으로 사별률에 거의 육박하는 28.3%에 이른다. 재혼율은 후기로 갈수록 높아진다.

출세를 위해서는 조강지처를 버릴 수도 있다?

고려사회는 가문을 대단히 중요시하는 사회였기 때문에, 좋은 가문 출신은 정치적 진출에 퍽 유리한 입장을 갖게 된다. 가문은 본인의 것뿐만 아니라, 처가의 경우도 관련이 있다. 본인의 가문은 바꿀 수 없지만, 처의 가문은 혼인에 의한 선택의 여지가 있다. 이 때문에 일정한 지위에 오른 이들이 출세를 위하여 조강지처를 버리고 가문 좋은 집안, 재력있는 집안의 여자를 처로 다시 맞이하는 경우도 종종 있었던 모양이다.

13세기의 손변(孫抃)은 경상도 안찰부사로 나갔을 때, 조실부모한 남매간에 벌어진 유산문제에 대하여 솔로몬과 같은 명판결을 하여 유명한 인물이다. 그는 성품이 강직하고 실무에 능하였으며 특히 송사를 신속 정확히 처리하여 가는 곳마다 명성이 있었다.

그러나 그의 처가가 서족이었던 관계로 선비들이 흠모하는 청요직(淸要職)에는 오를 수 없었다. 이 때문에 남편의 출세에 지장이 있음을 염려한 그의 처는 남편에게 이렇게 권고하였다. "당신이 천한 나의 친정 탓으로 유림으로서 지낼 수 있는 청요직에 오르지 못하니 차라리 나를 버리고 집안 좋은 가문에 재취하기 바랍니다."

이에 대하여 손변은 다음과 같이 답하였다. "내가 벼슬을 얻기 위하여 30년 동거한 조강지처를 버린다는 것은 나로서는 차마 못할 일이요, 하물며 자식까지 있는데 그럴 수는 없소." 손변은 그 후 추밀원의 부사, 상서좌복야의 높은 자리에까지 올랐다. 이 같은 이야기는 손변의 훌륭한 인품을 강조하기 위한 것이지만, 한편으로 그 시기에 출세를 위한 재혼이 있을 수 있는 일이었음을 암시하고 있다.

13세기 무인집정자 임연은 정치적인 이유로 나유의 장인을 죽이고 나유를 위협하여 이혼시키려 하였다. 그러나 나유는 의리상 그럴 수 없다고 하고 이를 거절하였다. 나유의 이혼거절은 목숨을 건 것이었다.

얼마 뒤 임연정권은 무너지고 삼별초의 난이 일어났다. 이 때 많은 관리의 처들이 삼별초에 의하여 잡혀 강화도에서 진도로 가게 되었다. 나유의 처 역시 삼별초에 의하여 끌려갔는데, 졸지에 처를 잃은 많은 관리들이 개경에서 재혼하였고, 나유 역시 재혼하였다.

1년이 지난 뒤 진도의 삼별초정부가 무너지자 잡혀갔던 관리들의 처가 귀환하게 되었다. 이 때 재혼한 관리들은 천신만고로 돌아온 옛부인을 돌아보지 않았는데 진도 공함전에 직접 참여하였던 나유는 맨 먼저 적군 속에 들어가 옛처를 찾아내서 귀환한 뒤 다시 처음과 같이 부부로 살았기 때문에 다른 사람들이 그를 의리가 바른 사람이라 칭찬하였다는 것이다. 쉽게 재혼할 수 있었던 당시 관리들의 분위기를 짐작할 수 있다.

대정이라는 초급장교 시절의 권수평도 그가 왕실의 친위군인 견룡군에 들어가게 되자 친구들로부터 처를 버리고 재력있는 부잣집 딸과 재혼하여 장래를 기약하라는 권고를 받았다고 한다.

고려판 '접시꽃 당신'—최루백과 염경애

남은 하루하루의 하늘은
끝없이 밀려오는 가득한 먹장구름입니다.
처음엔 접시꽃 같은 당신을 생각하며
무너지는 담벼락을 껴안은 듯
주체할 수 없는 신열로 떨려왔습니다

도종환 시인은 병으로 스러져 가는 사랑하는 아내에 대한 간절한 연모의 정, 그리고 자신들에게 지워진 운명의 짐을 그렇게 표현하였다. 그의 깊은 슬픔은 많은 사람에게 진한 감동으로 새겨졌다. 그것이 유명한 '접시꽃 당신'이다. 12세기 한림학사 최루백과 그의 아내 염경애의 이야기는 사별한 아내를 추모하는 남편의 간절한 고백이다. 말하자면 '고려판 접시꽃당신'이라 할 수 있다.

염경애는 12세기 한림학사 최루백의 처이다. 1146년(인종 24) 정월 28일 자택에서 사망, 향년 47세로 25세에 시집와서 자녀 여섯을 낳고 최루백과 결혼생활 20여 년을 같이한 뒤였다. 최루백은 원래 효자로서 『고려사』의 효자열전에 오를 만큼 널리 알려진 사람이었다. 나이 열다섯 되던 해 수원의 향리였던 그의 아버지가 호랑이에 물려죽자 도끼를 들고 쫓아가 문제의 호랑이를 쳐죽여 원수를 갚았다는 것이다.

아내가 세상을 뜨자 최루백은 아내에 대한 생애를 정리한 글을 묘지명으로 넣었다. 최루백은 사별한 아내를 이렇게 회고하였다.

> 아내는 사람됨이 영롱하고 조심스럽고 정숙했으며 자못 문자를 알아 대의에 밝았고, 말씨와 용모, 일솜씨와 행동이 여느 사람보다 뛰어났습니다.

그것은 도종환 시인의 아내에 대한 회고를 생각게 한다.

> 남루한 살림의 한구석을 같이 꾸려오는 동안
> 당신은 벌레 한 마리 함부로 죽일 줄 모르고
> 악한 얼굴 한 번 짓지 않으며 살려 했습니다.

최루백의 아내에 대한 칭찬은 우선 그녀의 효성에 대한 것이었다. 아내는 시집 전에 부모를 잘 섬긴 것처럼, 결혼 이후에도 힘써 어른의 뜻을 먼저 알고 그 뜻을 이어받으며, 돌아가신 시아버지의 제사를 극진히 모시고 시어머님을 효성껏 봉양하며 안팎 친척의 좋은 일 언짢은

염경애(廉瓊愛) 묘지명

일, 애경사에 마음을 함께 한 것에 대해 감사와 칭찬을 아끼지 않는다.

이어지는 아내 염경애에 대한 감사와 추모는 23년간 그의 관직생활을 수발하며 모든 어려움을 함께 한 것에 대한 것이었다. 특히 전남의 보성, 충북 충주의 외관으로 나갔을 때 함께 나가 고생한 일, 군사관련 업무를 맡았을 때의 내조 등이 그것이다.

그녀는 오직 남편의 입신, 잘되는 것만을 간절히 사모하고 자신을 희생한 여성이었다. 집안일로 인하여 남편이 걱정하지 않도록 각별히 주의했다. 그녀는 남편 최루백에게 자신의 마음을 그렇게 표현하였다.

어느 날 당신이 궁전의 섬돌에 서서 폐하와 함께 시비를 쟁론하게 된다면, 비록 가시나무 비녀와 무명치마의 차림으로 삼태기를 이고 살아가게 되더라도 달게 여길 것입니다.

"함께 묻히지 못함이 애통하도다"

　부부관계는 그 자체로서 반드시 행복이 약속되어 있지 않다. 때로 부부는 원수 이상의 관계가 되는 경우가 있음은 예나 지금이나 마찬가지이다. 고려 말 우왕 4년(1378) 이안인이라는 자가 일종의 흉악범으로 체포되어 처형된 일이 있다.
　이안인은 아내를 삭발시켜 자기 여종이라 속여 팔아 넘길 계획이었다. 그러나 일이 뜻대로 되지 않자 처를 죽이려 하였다. 이를 눈치챈 처가 도망치자 다시 장인·장모에게 시비를 걸어 칼로 찌르려다가 도리어 체포되어 처형되었다.
　부부는 원래 남남인 사람이 만난다. 그 남남관계가 자녀와의 관계보다도 더욱 지밀한 관계가 된다는 점에 불가사의가 있다. 그러나 동시에 관계를 파기한 시점으로부터 언제든지 다시 남남으로 원위치될 수 있는 관계라는 점이 또 하나의 불가사의이다. 그래서 부부관계를 '무촌'이라는 말로 표현하기도 한다. 그것은 자녀와의 관계 이상의 '일심동체'를 의미하는 것이기도 하고, '남남'이라는 의미일 수도 있다. 그러한 점에서 부부관계는 인간관계의 극과 극, 천국과 지옥, 하늘과 땅이 함께 공존하는 관계이다.
　호사다마라는 말이 있지만, 염경애의 극진한 내조 덕인지 최루백은 그 벼슬이 점차 오르고 많은 인정을 함께 받게 되었다. 그러나 아내 염경애는 다가오는 운명의 어두운 그림자를 무의식중에 예측하였던 것 같다. 어느 날 문득 그녀는 남편 최루백에게 다음과 같이 말하였다.

　　설사 불행하게도 뒷날 제가 천한 목숨을 거두게 되고, 당신은 후한 녹봉을 받아 모든 일이 뜻대로 되게 되더라도, 제가 재주가 없었다고 하지 마시고 가난을 막던 일일랑 잊지 말아 주세요.

　인종 24년(1146) 2월, 개성 북쪽 박혈의 서북편 산등성이에서 염경애는 화장되었다. 유골은 청량사에 모셨다가 3년 만인 인종 26년 8월 17일 인효원 동북에 장사되었다.
　도종환 시인은 앞의 그의 시를 다음과 같이 끝맺고 있다.

옥수수 잎을 때리는 빗소리가 굵어집니다.
이제 또 한번의 저무는 밤을 어둠 속에서 지우지만
이 어둠이 다하고 새로운 새벽이 오는 순간까지
나는 당신의 손을 잡고 당신 곁에 영원히 있습니다.

　한림학사 최루백은 아내 염경애의 묘지명을 다음과 같이 맺고 있다.

미쁨을 찾아 맹세하노니
그대를 감히 잊지 못하리라.
아직 함께 무덤에 묻히지 못하는 일
매우 애통하도다.
아들·딸들 있어 나르는 기러기떼 같으니
부함과 귀함이 대대로 창성할 것이라.

　선인의 죽음이 악인의 죽음보다 빠르다는 것은 인생의 한 아이러니이다. 그러나 선인의 죽음이 악인의 죽음보다 항상 이른 것만은 아니라는 것도 물론이다.

윤용혁

고려시대의 삼년상 기간은 27일이었다

고려장은 실재하였나?

1983년 제36회 칸영화제에서 황금종려상을 수상한 영화는 '나라야마부시코(楢山節考)'라는 일본작품이었다. 이 영화는 늙은 부모를 '나라야마'에 버린다는 기로(棄老) 풍속을 소재로 한 것이다.

일본의 어느 산골마을에서는 부족한 식량을 극복하는 방법으로 기아(棄兒)를 묵인하고, 70세가 되면 노인을 '나라야마'에 보내는 것을 당연시한다. 그리고 그들은 양심의 가책을 피하기 위해 여러 규칙을 만들어 놓는다. '나라야마'에 가는 도중에는 절대 말을 해서도 안되고, 돌아오는 길에 뒤를 돌아보아서도 안 된다고 한다. 이는 부모와 자식이 서로 괴로운 심정을 표현하게 되는 상황을 피하기 위한 방법이었다.

또한 마을장로들은 '나라야마'에 가는 부모와 자식을 위해 술을 돌려 마시며 작은 의식을 갖는다. 더 나아가 마을사람들은 양심의 가책을 없애기 위해 '나라야마'에는 죽은 자를 위해 신(神)이 기다리고 있다고 합리화한다.

이러한 기로풍습은 불교경전인 『잡보장경(雜寶藏經)』기로국연(棄老國緣)조에도 전해져 온다. 즉 국법에 늙은이를 버리도록 하였는데, 이를 어기고 늙은 아버지를 숨긴 채 잘 봉양하던 대신(大臣)이 늙은 아버지의 지혜로 국가의 어려운 문제를 해결하였으며, 이를 계기로 나라에서

고려시대 석관(石棺)
강화도에서 출토된 것으로 두께 2cm 가량의 편마암(片麻巖)으로 만든 석관. 앞에는 청룡(靑龍), 뒤에는 백호(白虎), 왼쪽에는 현무(玄武), 오른쪽에는 주작(朱雀)이 음각(陰刻)되어 있다. 이러한 크기의 석관은 대체로 화장한 후 뼈를 추려 모아 담는 세골장(洗骨葬)에 쓰는 경우가 많은데, 이것은 어린아이를 매장할 때 사용했던 관으로 보인다.[높이 38cm, 가로 84cm, 세로 54cm]

는 기로풍속을 폐지하였다는 것이다.

기로설화는 우리나라에도 전해져 오고 있다. 옛날에 노인을 산중에 버리는 풍습이 있었다. 어느 노인이 나이가 70세가 되자 아들은 늙은 아버지를 지게에 지고 깊은 산중으로 들어가서 약간의 음식과 지게를 놓아둔 채 돌아오려고 했다.

그러자 그를 따라왔던 어린 아들이 그 지게를 다시 가져오려 하였다. 그는 아들에게 그 이유를 묻자, 아들은 "아버지가 늙으면 이 지게로 버리려고요"라고 대답하였다. 이 말에 크게 뉘우친 그는 늙은 아버지를 집에 모셔와 잘 봉양하였다는 것이다.

이 이야기는 우리나라에 전해져 오는 기로설화 가운데 대표적인 것인데, 중국「효자전」의 원곡(原穀)이야기도 이와 비슷한 내용이다.

이렇듯 기로설화는 우리나라뿐만 아니라 중국이나 일본 등지에서도 전해져 오고 있다. 그런데 이러한 풍속을 우리들은 '고려장(高麗葬)'이라 부른다. 그리고 고려장은 고려라는 말이 들어 있어서 당연히 고려의 풍습일 것으로 생각한다.

그러나 중국의 설화나 불경, 일본영화에서도 등장하는 것처럼 기로풍습은 고려시대만의 장례풍속이 아니었다. 부족한 식량에서 오는 굶주림의 문제를 해결하는 방법으로 어린아이나 늙은이를 버리는 상황은 어느 곳, 어느 시기에나 있을 수 있는 것이다.

노인을 산 속에 방치하는 것을 고려의 장례풍속으로 생각하는 것은 근거 없는 오해일 뿐이다. 『고려사』에 의하면, "조부모나 부모가 살아 있는데 아들과 손자가 호적과 재산을 달리하고 공양을 하지 않을 때는 징역 2년에 처한다"고 규정하고 있었다. 이렇게 부모에 대한 효도를 강조하는 사회에서 늙은 부모를 내다버리는 일이 풍습으로 받아들여졌다고는 생각할 수 없다.

사람들에게 널리 인식되어 온 고려장이 고려시대의 장례풍속이 아니라면 고려사람들이 지내온 장례의 실체는 무엇이었을까.

화장이 주로 행해졌던 장례풍속

경종 원년(976)에 문무양반의 무덤에 대해 규정하기를, 1품은 사방 90보, 2품은 80보, 높이는 각각 1장 6척이며, 3품은 70보에 높이는 1장이고, 4품은 60보, 5품은 50보, 6품 이하는 모두 30보로 하되, 높이는 각각 8척을 넘지 못하게 하였다. 이러한 무덤에는 묻힌 사람의 행적을 후세에 남기고, 나중에 이장(移葬)을 할 때 후손이 조상의 묘임을 확인할 수 있도록 지석(誌石)을 묻었다. 이러한 묘지명에는 장례에 대한 기록도 남아 있는데, 매장(埋葬)한 경우도 있지만 죽은 자를 화장(火葬)한 사례가 많이 나타난다. 그리고 화장한 후 일정기간 동안 사찰에 봉안한 뒤에 유골을 묻기도 하였다.

대체로 고려사회에서는 매장과 화장이 장례방법으로 행해졌는데, 간혹 풍장(風葬)을 하는 경우도 있었다. 매장은 국왕과 왕비의 경우에 주로 채택된 장례방법이었다.

왕의 시신은 재궁(梓宮)이라 부르는 관(棺)에 안치하고 석실분을 조성하여 매장하였다. 석실의 벽면과 천장에는 성신도(星辰圖)·사신도(四神圖) 등을 그리기도 하였다. 능 주위에는 12지신상의 호석(護石)과 여러 석물(石物)을 배치하였다. 왕릉에는 특별히 칭호를 붙였는데, 예를 들면 태조 왕건의 능은 현릉(顯陵)이라 하였다.

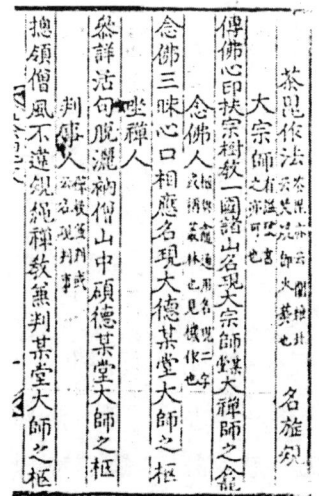

다비문(茶毘文)
불교의 장례의식인 다비에 대한 절차를 분명히 하기 위해 편찬한 책으로, 1542년(중종 37)에 강원도 청평산 문수사(文殊寺)에서 개판(開板)한 것이다.

화장은 고려사회가 불교의 영향을 깊이 받고 있었음을 알려주는 장례방법이다.

공양왕 원년에 헌사(憲司)가 상소하기를, "근래에 불교의 다비법(茶毘法)이 성행하여 사람이 죽으면 시체를 뜨거운 불꽃 속에 넣어 장사를 지냅니다. 모발을 태우고 피부를 익혀 뼈만 남기는데, 심한 자는 뼈를 태워 그 재를 날려서 물고기와 새들에게 보시합니다. 반드시 이와 같이 한 연후에야 가위 하늘에 가서 태어날 수 있고 가위 서방(西方)에 이를 수 있다고 합니다. 이 이론이 한번 일어나매 사대부로써 고명(高明)한 자도 또한 모두 이에 현혹되어 죽으면 땅에 장사하지 않는 자가 많습니다"고 하였다.

　이 기사는 다비법, 즉 화장은 불교에서 온 장례방식으로 고려사회에서 널리 성행하였음을 보여준다.

　이렇듯 화장이 유행했던 고려시대에는 제사나 장례가 사찰에서 행해졌으며, 가묘(家廟)는 일반화되어 있지 않았다. 집에서 임종한 경우 빈소를 사찰로 옮겨 장례를 치렀으며, 심지어 사찰에서 임종을 맞은 경우도 많았다.

　화장은 사찰 근처에서 이루어졌으며, 유골을 수습하여 사찰에 모시고 아침저녁으로 음식을 올렸다. 인종 11년(1133)에, "부모의 유골을 임시로 사찰에 안치해 놓고 여러 해에 이르도록 장례하지 않는 자가 있다"고 한 인종의 지적은 바로 이러한 사정을 말해 준다.

　유골은 일정기간 동안 사찰에 봉안하였다가 땅에 묻는데, 사망에서 유골의 매장까지 걸리는 기간은 일정하지 않았다. 묘지명에 의하면 사찰에 봉안한 뒤 매장하기 전까지의 시기는 2~3년이 보편적이었는데, 짧게는 2개월에서부터 길게는 7년에 이르는 경우도 있었다.

　고려시대 사람들은 화장을 행하고 장례를 사찰에서 치렀는데, 이에 따라 제사도 가묘제사를 하지 않고 사찰에서 재(齋)를 올렸다. 불교의 장례의식에서는 사망일로부터 49일이 되면 사십구재를 올리고 100일이 되면 백일재를 올린다. 그리고 기일(忌日)에는 이른바 승재(僧齋)라는 재를 올리고 승려를 공양하였는데, 사찰 봉안기간 동안 제사가 주로 승려의 주도하에 이루어졌음을 알 수 있다.

　이러한 재를 준비하기 위한 비용은 아들과 딸이 균등하게 부담하였다. 당시에는 아들과 딸이 균등하게 상속받았으므로 딸도 제사에 참여할 수 있었으며, 그 비용의 일부를 내는 것은 당연한 일이었다. 그리고 제사의 주관도 아들·딸의 구분없이 행해졌는데, 이것을 '윤행(輪行)'·'윤회봉사(輪廻奉祀)'라 한다.

고려시대에는 주로 매장과 화장을 행하였는데, 간혹 시체를 그대로 땅에 두고 그 위에 풀을 덮어 인적이 없는 산야에 방치해 두는 풍장(風葬)도 장례의 한 방법이었다. 서긍은 『고려도경』에서 "만약 가난한 사람이 장사지내는 기구가 없으면 들 가운데 버려 두어 봉분도 하지 않고 비석도 세우지 않으며 개미나 까마귀 또는 솔개가 파먹는 대로 놓아두되, 모두 이를 그르다고 하지 않는다"라고 하여 풍장의 모습을 기술하고 있다.

27일, 혹은 100일 만에 끝낸 삼년상

죽은 이에 대해 상복을 입는 기간은 상례를 치르는 사람과의 친소(親疎)에 따라 달랐다. 이를 다섯 등급으로 나눈 오복제(五服制)는 친족의 대상에 따라 상복을 참최[3년]·자최[3년, 또는 1년]·대공[9월]·소공[5월]·시마[3월]로 구분하였다. 참최 3년과 자최 3년은 자식이 아버지와 어머니를 위해 입는 복제이다. 이러한 삼년상은 초상 뒤 1년이 되는 소상(小祥)과 2년이 되는 대상(大祥), 그리고 대상 후 두 달 만에 지내는 담제를 포함해 실제로는 27개월이었다.

고려는 성종 4년(985)에 오복제를 마련하였다. 그런데 고려의 오복제는 중국이나 조선시대의 것과는 일부 차이를 보이고 있다. 중국의 『의례』나 조선의 『경국대전』에 의하면 외할아버지를 위한 상복은 소공 5월로 되어 있는 데 비해, 고려는 자최 1년이었다. 처부모를 위한 상복은 시마 3월이었으나, 고려에서는 소공 5월이었다. 그리고 명종 14년(1184)에는 처부모복을 자최 1년으로 더욱 높였다.

이는 중국의 오복제를 거의 그대로 수용한 조선시대와는 다른 양상이다. 고려에서 처부모에 대한 복제가 이렇게 강조되고 있는 것은 신랑이 신부의 집에서 결혼식을 올리고 몇 년간 신부의 집에서 머물러 생활하는 풍습으로 인해 처부모와의 관계가 돈독했기 때문이다. 이러한 당시의 사회상이 고려의 오복제에 반영된 것이다.

그런데 삼년상을 규정한 오복제는 고려시대에 제대로 지켜지지 않고 있었다. 성종 11년 6월에 6품 이하로 상참관(常參官)에 들지 못하는 자의 부모상에는 100일 뒤에 소사(所司)가 출사(出仕)를 권하여 공무(公務)를 보게 하였다. 목종 6년 6월에는 5품 이하 관리의 부모상에 대해 100일 후에 출사케 하였다.

그러다가 현종 9년 5월에 문무관(文武官)이 상을 당하면 13개월의 소상(小祥)에 휴가 3일을 주고, 25개월의 대상(大祥)에는 휴가 7일을 주고, 27개월에 이르러 담제(禫祭)를 행하는데 휴가 5일을 주고, 비로소 28개월의 1일이 되면 공무를 보게 하였다. 그러나 현종 19년 4월에 대상 이후이면 담제 전이라도 출사하도록 하였다.

이처럼 삼년상은 제대로 지켜지지 않고 있었던 것이다. 삼년상의 엄격한 실시는 국가사무에 중대한 지장을 초래하며, 현실생활에도 불편을 가져올 수 있는 제도였다. 따라서 이에 대한 단축은 불가피한 조처였다.

이러한 현실로 인해 삼년상은 국방의 의무를 지고 있었던 군관(軍官)에게는 더욱 지켜질 수 없는 것이었다. 문종 8년에 방어관(防禦官)은 부모상에 100일이 되면 부임케 하였고, 충렬왕 7년에는 사졸은 비록 부모상을 당했더라도 50일이 지나면 종군하게 하였다.

이색(李穡)은 공민왕 6년에 삼년상을 행하기를 요청하였는데, 이에 9년 6월에 이르러 모든 관리의 친상(親喪)을 3년으로 하게 하였다. 그러나 8월에 전쟁으로 군무(軍務)가 많다고 하여 삼년상제도는 시행되지 못했다. 그리고 공양왕 3년 5월에 삼년상은 천하의 통상적인 상례라 하여 삼년상을 마칠 수 있도록 하는 동시에, 국가의 중대사에 관계된 경우는 백일상만 행하고 다시 벼슬에 나가게 하였다. 그러다가 4년 4월에 군관에 대해서는 삼년상을 없앴다.

이렇듯 고려 말까지 삼년상제도는 일정시기 동안 행해지기도 하였지만 시행과 중단을 반복하였다. 대체로 고려시대 관리들은 100일 동안 상복을 입었는데, 공민왕 때의 정몽주(鄭夢周)나 우왕 때의 권거의(權居儀)·노준공(盧俊恭) 등은 이런 풍속과는 달리 삼년상을 행하였으므로 정표(旌表)하였다고 한다. 이처럼 고려 말까지도 삼년상은 특별한 경우로 받아들여졌다.

요컨대 고려의 관리들이 부모의 상을 당하면 이들에게는 참최 3년과 자최 3년은 각각 100일, 자최 1년은 30일, 대공 9월은 20일, 소공 5월은 15일, 시마 3월은 7일의 휴가가 주어졌다. 또한 매월 초하루와 보름에 각 1일, 대상·소상제에 각 7일, 담제에 5일간의 휴가를 주어 삼년상을 마칠 수 있도록 배려하였다. 이처럼 관리들은 부모상에 100일 동안의 휴가가 주어졌는데, 이에 따라 1백 일 만에 상복을 벗는 것이 일반적이었을 것이다.

고려시대에 삼년상이 제대로 시행되지 않은 것과 마찬가지로 상주(喪主)의 여묘(廬墓)생활도 잘 지켜지지 않고 있었다. 여묘란 분묘를 상주가 3년간 보살피는 것인데, 이러한 경우 국가에서는 여묘자에게 정문(旌門)을 하사하여 그 효행을 기렸다. 그러나 이것은 일반적인 것이 아니었다.

고려의 지배층들은 노비에게 분묘를 지키도록 하고 3년이 지나면 양인으로 신분을 상승시켜 주기도 했다. 이렇게 된 것은 그만큼 3년의 여묘살이가 고된 일이었기 때문이다. 그러나 더 근본적인 이유는 사망에서 매장까지 화장·유골수습·사찰봉안·매장 등 여러 단계의 과정을 거쳐야 했으므로 따로 여묘생활을 한다는 것은 불가능한 일이었다.

한편, 고려국왕의 상례는 중국 한나라 이후 일반적으로 왕실에서 사용되던 이일역월제(以日易月制)를 채택하였다. 역월제(易月制)로도 불리는 이 제도는 27개월로 끝나는 삼년상을 달을 날로 바꾸어 27일 만에 끝내는 단상제(短喪制)였다. 경종은 6년(981) 7월에 유언을 남기기를, "날로써 달을 바꾸어 13일로서 소상으로 하고 27일로서 대상으로 할 것이며 왕릉의 제도는 검약하도록 하라"고 하였다.

선종(宣宗)은 9년 9월에 왕태후 이씨가 훙(薨)하자 날로써 달을 대신하여 27일 후에 상복을 벗도록 하였다. 이러한 역월제는 왕의 승하에 따른 정치적 공백을 최소화하고 후대왕에게 안정적으로 왕위를 계승케 하려는 의도에서 시행되었을 것이다.

이상에서 살펴본 바와 같이 고려시대 사람들은 장례방법으로 주로 화장을 행하였고, 제사는 사찰에서 재(齋)를 거행하였다. 그리고 오복제를 시행하여 부모의 삼년상을 규정해 놓고 있었으나 대체적으로 100일 상이 행해지고 있었다. 이러한 고려의 상장례는 『경국대전』에 귀천을 막론하고 누구든지 삼년상을 시행할 것을 규정한 것, 그리고 가묘를 설치하여 여기에서 조상제사를 행하며, 주자가례에 따라 적장자가 기일제사를 주재하도록 한 조선시대의 사실과는 매우 다른 것이었다.

김철웅

누구에게는 더 주고
누구에게는 덜 주랴

　재산의 소유는 인간이 인간답게 살 수 있는 기본적인 조건이다. 적어도 생존할 수 있을 정도의, 좀더 욕심을 부리면 품위를 유지할 수 있을 정도의 재산을 가져야 한다. 재산은 자신이 노력해 축적하기도 하지만 상속으로 인해 형성되기도 한다. 그래서 종종 재산의 상속문제로 인해 부모와 자녀·형제 사이에 분쟁이 발생해 의리를 상하게 만든다. 무소유를 실천하는 사람도 발견되지만 그것은 고상한 신념을 실천하는 특수한 경우이다. 상속제도는 그 사회의 가족제도·친족형태·혼인풍습 등과 밀접한 관련이 있기 때문에 어떤 사회의 구조를 이해하는 길로 인도하는 나침반이라 할 수 있다.
　재산은 자본주의 사회에서만 중시된 것이 아니라 전근대사회에서도 그러하였다. 우리는 선비라고 하면 검소한 생활을 했다는 인식이 있으며 그래서 가난한 선비의 모습을 떠올리게 된다. 하지만 선비의 대부분은 일은 안하고 과거공부만 해도 될 정도의 토지와 노비를 소유하고 있었다.
　좀더 정확히 말하면 그러해도 될 정도의 재산을 상속받았던 것이다. 재산은 생존과 직결되는 평민에게 더욱 중요했다. 또한 재산을 많이 축적한 평민은 그것을 이용해 신분제의 벽을 뚫고 신분상승도 기대해 볼 수 있었다.
　지금은 장남이든 차남이든, 아들이든 딸이든, 결혼했든 안 했든 재산을 똑같이 상속받도록 법적으로 규정되어 있다. 물론 지금도 관습적으로 또는 아버지의 뜻에 따라 장자에게 더 많이 준다든지 딸에게는 아들보다 훨씬 적게 준다든지 아예 주지 않는 경우도 있다. 그만큼 장자 중심, 아들 중심 사고방식이 강고하게 남아 있는 것이다.

1997년에 한 부유한 사람이 괌에서 비행기 추락사고로 부인·아들·딸·며느리·친손녀·외손자·외손녀와 함께 숨진 일이 있었다. 1천억 원으로 추정되는 그의 유산을 둘러싸고 그의 형제·자매와 사위가 소송을 벌였는데 근래 대법원은 150평짜리 주택의 소유권에 대해서 사위의 손을 들어 주었다. 나머지 유산에 대해서는 앞으로 지켜보아야 되겠지만 딸의 배우자로서의 사위의 상속권을 인정한 것이다.

이에 대해서 형제와 자매가 있는데 어떻게 사위가 유산을 상속받을 수 있단 말인가 하고 불평하는 사람들이 아직도 주변에 상당수 있을 것이다. 근래 성주이씨의 딸들이 종중의 아들들만 종중땅의 매각대금을 나눠 가지자 소송을 제기했다. 하지만 1심재판부는 종중은 공동선조의 후손 가운데 성년 이상의 남자로 구성되는 자연적 집단이라는 이유를 들어 패소판결을 내렸다. 이와 비슷한 소송이 몇 건 더 진행중인데 앞으로 귀추가 주목된다.

이러한 소송이 고려시대에 제기되었다면 과연 어떠한 판결이 내려졌을까? 장자에게 더 많이 재산을 주고, 아들에게 더 많이 준 조선 후기 이래의 상속모습이 우리 사회 본래의 전통일까? 고려시대로 달려가 보기로 하자.

직역을 물려받으면 토지도 따라온다

국민은 국가에 대해 권리와 의무를 가지는데 전근대사회에서는 의

무가 강조되었다. 고려시대의 경우 백성들은 국가에 대해 조세를 바치고 노동력을 제공하고 군역에 종사해야 했다. 하지만 그들에게는 아무런 보상도 이루어지지 않았다. 반면 지배신분인 사족 즉 양반이 관직에 종사하거나, 서리·향리·경군[직업군인] 등이 직역(職役)을 담당하면 토지가 주어졌다. 고려시대는 토지를 '전정(田丁)'이라 하였으며, 아들이 부친의 직역을 물려받으면 그 직역에 딸린 전정도 함께 물려받았으니 그것을 '전정연립(田丁連立)'이라 하였다.

제10대 정종(靖宗)은 12년(1046)에 다음과 같이 결정하였다.

> 모든 전정(田丁)의 연립(連立)은 적자(嫡子)가 없으면 적손(嫡孫)에게 하도록 하라. 적손이 없으면 동모제(同母弟: 친모동생)에게, 동모제가 없으면 서손(庶孫)에게 하도록 하라. 남손(男孫)이 없으면 여손(女孫)에게 하도록 하라.

여기에 따르면 '전정'의 연립은 적자(嫡子), 그 다음에 적손(嫡孫) 순으로 행해졌다. 고려시대는 적서(嫡庶)를 그리 구별하지 않았으므로 여기서의 적자는 장자, 적손은 장손, 서손(庶孫)은 여러 손자 정도로 해석된다.

위 판문을 두고 고려시대에 토지재산은 적장자(嫡長子)가 단독으로 상속했다는 설이 한때 각광을 받은 적이 있다. 하지만 이는 모든 토지가 아니라 직역에 대한 대가로 국가로부터 받은 토지에 국한된 것이었다. 이러한 토지는 분할되어서도 안되며 만약 직역을 물려받을 자가 없으면 국가에 돌려주어야 했다.

정리하면 향리·서리·경군 등이 '직역'에 대한 대가로 토지 즉 '전정'을 국가로부터 받았으며, 그 '직역'과 '전정'을 계승할 때 장자, 그 다음에 장손 순으로 우선권이 주어졌다는 것이다. 장자는 부친의 토지재산 가운데 '전정연립' 대상의 토지 즉 국가로부터 받은 토지의 상속에서는 다른 아들들보다 유리하였다고 할 수 있다. 하지만 이 토지는 소유권이 완전히 보장되지 않아 직역에 복무하지 않을 경우 국가에 반납해야 했으며, 일반 백성에게는 거리가 먼 존재였다.

한편 공을 세우면 받는 공신전, 5품 이상의 관직을 지내면 받는 공음전도 상속되었다. 공신전과 공음전은 '자손(子孫)' 즉 아들과 손자가 상속하도록 되어 있었다. 그리고 공음전의 경우 아들이 없으면 사위·조카·양자·의자(義子)에게 상속이 옮겨갔다. 양자는 고려시대에 거의 행해지지 않았으므로 큰 의미가 없다. 의자는 보통 전 남편의 자식을 가리킨다.

공신전과 공음전의 우선 상속대상자인 자손에 외손도 포함되는지는 분명치 않다. 만약 외손도 포함된다면 딸[외손의 어머니]쪽에 대해서도 배려하는 셈이 된다.

또한 상속대상자에게 균등하게 나누어주었는지 그렇지 않은지도 확실치 않다. 공신전과 공음전은 지배층 가운데서도 일부에만 해당되므로 일반 백성은 멀리서 쳐다만 보아야 하는 상속대상이었다.

일반 사유재산은 똑같이 물려받다

국가로부터 받은 토지가 아닌 순수한 개인소유의 일반 토지 즉 '민전(民田)'의 상속은 어떠하였을까? 또한 노비 등 그밖에 사유재산은 어떻게 상속되었을까? 우리나라 전근대 사회에서는 토지와 노비가 가장 중요한 재산이었다. 토지와 노비 소유의 많고 적음은 개인의 운명을 결정하였으므로 자녀가 부친으로부터 조그마한 땅 조각이라도, 단 한 명의 노비라도 상속받는다면 일단 성공적인 출발을 하는 셈이었다. 여기에다가 다른 재산까지 상속을 받는다면 더욱 좋은 일이 된다.

무신정권 시절인 고종 때 손변(孫抃)이라는 사람이 경상도에 안찰

부사(按察副使)로 내려갔다. 남동생과 누나가 관가에 소송을 벌여 몇 년
째 해결을 보지 못하고 있었다. 동생은, "친 오누이 사이에 왜 누나만
부모의 재산(財)을 갖고 저에게는 나누어주지 않나요"라고 주장하였다.
누나는, "아버지가 임종하실 때 모든 가산(家産)을 나에게 주셨고 네가
받은 것은 검은 옷 하나, 검은 모자 하나, 짚신 한 켤레, 종이 한 두루마
리뿐이었어. 문계(文契)가 작성되어 남아 있는데 어떻게 거스를 수 있
겠니" 하였다. 이 골치 아픈 소송을 손변이 해결해 보려 나섰다.

    손변이 두 사람을 앞으로 불러 물었다.
    "아버지가 돌아가셨을 때 어머니는 어디에 계셨는고"
    "먼저 돌아가셨습니다"
    둘이 대답하였다.
    "너희들은 그 때 나이가 각기 몇이었는고"
    "누나는 이미 시집갔고 동생은 어린애였습니다"
    손변이 타일렀다.
    "부모의 마음은 자녀에게 똑같으니라. 어찌 장성하여 시집간 딸에게 후하
고 어머니 없는 어린애에게 박하겠는가. 아이가 의지할 곳은 누나뿐인데,
만약 재산(財)을 누나와 똑같이 남겨주면 누나가 동생을 혹 덜 사랑할까
혹 부실하게 기를까 걱정되어, 장성하면 이 종이로 소장을 만들고서 검은
옷과 검은 모자를 착용하고 짚신을 신고 관청에 고소하면 장차 잘 판결해
줄 자가 있으리라 생각하신 것이니라. 오직 네 가지 물건만을 남긴 뜻은
대개 이와 같으니라"
    동생과 누나가 듣고 깨달아 서로 마주보면서 울었다. 손변이 드디어 가산
(家産)을 중분(中分)하여 그들에게 주었다.

    아버지가 돌아가시면서 시집간 딸에게는 가산[재산]을 다 물려주고,
어린 아들에게는 오직 옷 하나, 모자 하나, 짚신 한 켤레, 그리고 종이
한 두루마리만 덜렁 남겨 주었으니 겉으로 보면 딸만 사랑하고 아들은
미워했던 것처럼 보인다. 하지만 손변은 오누이 아버지가 어린 아들에

게 네 가지 물건을 남긴 뜻을 읽어냈다.

손변은 부모의 마음은 자녀에게 똑같다는 것, '만약 재산(財)을 누나와 똑같이 남겨주면' 누나가 어린 동생을 부실하게 기를까 걱정되어 누나에게 재산을 다 주었다는 것, 네 가지 물건은 아들이 성장한 후 자기 몫을 찾기 위해 그것을 이용해 소송하라고 남긴 것이라 해석하였다. 그의 해석은 아들과 딸 구별없이 결혼여부와 상관없이 재산을 똑같이 나누어주는 방식이 고려시대에 일반적이었음을 말해 준다. 마침내 손변은 오누이를 설득하여 가산을 중분(中分) 즉 절반으로 나누어 누나와 동생에게 주었다. 여기의 재(財) 내지 가산(家産)은 토지와 노비를 포함한 모든 재산을 의미한다고 보아야 한다. 이처럼 고려시대에는 자녀에게 재산을 똑같이 나눠주는 균분(均分)상속이 행해졌다.

고려시대에 토지가 균분상속되었음은 고려시대의 풍습을 간직한 조선 전기에 토지가 균분상속된 사실로도 유추가 가능하다. 단, 예종 17년(1127)의 결정에 따르면 조상 대대로 내려오는 토지인 부조전(父祖田)이 문계(文契) 즉 토지문서가 없는 경우 장자가 그것을 우선 물려받을 권리를 지니고 있었다. 노비도 균분상속되었음은 원간섭기의 인물인 나익희의 사례가 증명한다. 어머니가 자녀들에게 재(財)를 나누어주었는데 별도로 외아들인 나익희에게 노비 40명을 남겨 주었다. 그런데 그는 "아들 하나가 딸 다섯 사이에 있으면서 어찌 차마 구차하게 받아서

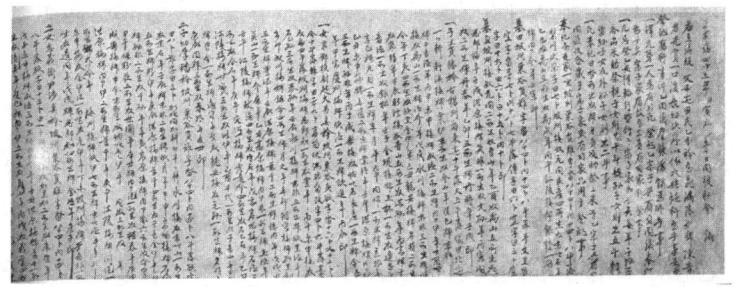

율곡선생 남매분재기(分財記)
율곡 이이가 41세 때, 그의 형제·자매 7명과 서모(庶母) 권씨 등이 아버지로부터 물려받은 재산 상속에 관한 것을 기록한 고문서. 이 문서에서는 형제·자매들이 모두 균등하게 재산을 물려받은 내용을 적고 있을 뿐만 아니라 그에 따라 각자가 책임져야 할 제사를 기록하고 있어, 16세기인 당시에도 고려시대와 마찬가지로 여전히 윤회(輪回)가 시행되고 있었음을 보여주고 있다.

어머니의 사랑에 누를 끼칠 수 있겠습니까"라고 하면서 사양하였으며 어머니도 의롭게 여겨 따랐다 한다. 이 일화는 노비를 포함한 모든 재산이 균등하게 상속되었음을 뒷받침해 준다.

노비는 재산 중에서도 부동산이 아니라 동산(動産)이고 더구나 스스로 움직이는 존재였으므로 조그마한 착오가 발생해도 분쟁의 여지가 많아 소유권과 상속권이 명확하게 규정되었다. 노비문서나 상속문서에는 노비의 전래에 대해서 아버지 쪽인 부변(父邊), 아내쪽인 처변(妻邊), 어머니 쪽인 모변(母邊)으로 세분하여 싣고 있다. 그러니까 부부는 각기 자신이 마련한 노비를 자신의 이름으로 갖고 있었던 것인데 그들이 사망하면 둘 소유의 노비는 자녀들에게 균등하게 상속되는 것이다.

토지와 노비 이외에도 모든 재산이 균분 상속되었음은 고려 전기의 인물인 권적(權適)의 예에서 알 수 있다. 그는 송나라에 건너가 과거에 급제하고 관직생활을 하다가 고려에 돌아와 계속 관직을 역임하였다.

그런데 그는 송 황제로부터 받은 물건을 자녀에게 골고루 나누어주었으니 장자에게는 관고(官誥: 관직임명서)를, 차자에게는 법화서탑(法華書塔)을, 딸에게는 관음상을 물려주었다. 물건 하나 하나라도 자녀에게 고루 나누어주는 게 고려 때 부모의 모습이었으니 자녀를 똑같이 사랑했던 것이다. 반면 아버지 이공수[이자겸의 6촌]가 세상을 뜨자 남동생과 여동생에게 재산을 나누어주지 않고 독차지한 인색한 이지저는 인종 당시 비난의 대상이 되었다.

이처럼 고려시대에는 아들과 딸, 장자와 다른 아들 차별없이 재산을 균등하게 상속받았다. 물론 시집간 딸에게도 똑같이 적용되었다. 이는 장자와 장손으로 가계가 계승되어야 한다는 직계의식 내지 부계(父系)의식이 희박한 고려의 가족제도에서 기인하였다.

또한 친가·외가·처가가 유기적으로 결합된 친족형태로 인해 딸 차별이나 장남우대라는 사고방식이 고려사회에 자리잡지 않았던 것과도 관련되었다.

고려사회에서는 아들이 없더라도 대를 잇기 위해 양자를 들이는 경우는 거의 없었다. 그래서 대가 끊기는 경우가 많았지만 그것은 후대의 눈에서 그렇게 보이는 것이지 당시에는 개의치 않았다. 또한 남성이 장가가면 일정기간 처가에 얹혀 사는 혼인풍습도 균분상속의 성립에 영향을 주었다. 고려의 가족제도·친족형태·혼인풍습 등이 복합적으로 작용하여 균분상속제를 정착시켰다고 여겨진다.

조선 후기에 장남이 재산을 많이 상속받는 배경에는 제사권을 독점한 것과 관계가 깊었다. 고려시대의 제사형태는 아직 잘 알 수가 없는데 조선 중기까지만 해도 자녀들이 돌아가면서 제사지내는 윤회(輪回)가 널리 행해진 것으로 보아 고려시대에도 그러하였으리라 여겨진다.

자녀가 재산을 균분하였으므로 제사도 윤회로 하는 것이 지극히 합리적인 일이라 하겠다. 또한 불교사회였으므로 제사를 절에서 대행해 해결해 주는 경우도 많았을 터인데 이러한 측면도 균분상속제의 성립에 영향을 주지 않았나 싶다.

조선 중기까지 지속된 재산의 균분상속

정치제도는 정치세력의 교체에 따라 쉽게 변하지만 사회제도의 근본적인 변화는 오랜 기간을 필요로 한다. 1392년에 고려가 망하고 조선이 건국되었다고 해서 사회가 갑자기 바뀌는 것은 아니었다. 지배층이 불교를 배척하고 유교를 강조했다고 해서 바로 유교사회가 열리지 않았던 것처럼 가족제도나 그와 관련된 재산상속도 상당히 오랫동안 고려적인 모습을 유지하였다.

토지나 노비 등의 재산을 자녀가 균등하게 상속받는 풍습은 조선이 건국된 지 한창 지난 뒤에 발생한 1592년 임진왜란을 겪고서도 한동안 유지되었다. 장남우대・남녀차별은 17세기 중엽 무렵이 되어서야 서서히 나타나기 시작했지만 균분상속에 비해 비율이 높은 것은 아니었다.

18세기 중엽에 가서야 균분상속이 거의 사라지고 장남우대・남녀차별의 상속제가 지배적인 모습으로 정착하였다. 그러니까 조선이 건국된 지 250년 정도 동안은 균분상속이 지배하고, 그 뒤 100년 정도 동안은 균분상속과 차별상속이 공존했고, 그 후 즉 건국된 지 350년 정도가 지나서야 차별상속이 지배하게 된 것이다.

사람들의 뇌리에 우리의 전통으로 인식된 차별상속이 정착한 때는 지금으로부터 약 250년 전에 불과하다. 우리의 전통은 차별상속이 아니라 균분상속이라고 말해야 하지 않을까?

남녀차별・장자우대의 상속을 인정하지 않고 자녀들이 동등하게 상속받을 권리를 규정하고 있는 지금 우리의 법률은 누구나 법 앞에 평등하다는 민주주의의 이념에 바탕한 것이다. 이는 고려시대~조선 중기를 지배한 균분상속제와 상통하는 것이니 원래의 우리 전통을 회복했다고 볼 수 있다.

그런데 법과 현실은 다르다. 고려시대~조선 중기의 균분상속은 실제적으로 행해진 사회현상이었지만, 지금 우리 사회는 실제적으로는 차별상속이 많이 이루어지고 있다. 부모가 장자에게 많이 준다든지 딸에게, 특히 시집간 딸에게 한 푼 안 줘도 그만인 것이다.

부모가 돌아갔을 때 장자가 많이 갖는다고 해서, 딸에게는 안 준다고 해서 소송을 제기하는 사람들은 드물다. 그러니까 차남 이하의 아들, 아들이 아닌 딸은 재산상속만으로만 보면 지금보다 고려시대~조선 중기에 사는 게 더 행복할 수 있었을 것 같다.

김창현

성과 본관은
어떻게 해서 만들어졌는가

　현재 우리 모두는 성과 이름을 가지고 있다. 그리고 본관도 가지고 있다. 그리하여 맞선볼 때는 으레 성과 본관을 상대방에게 물어보곤 한다. 그리고 양반가문인가 상놈집안인가를 점치기도 한다. 또 같은 성씨끼리 모여 종친회를 하기도 하고 선거 때가 되면 후보가 같은 성씨라 하여 표를 몰아주기도 한다.
　그러나 성과 본관이 원래부터 있었던 것은 아니다. 가까이는 조선시대만 하더라도 노비들은 성이 없고 이름만 있었다. 한식성명이 아닌 것도 많았고 항렬이 있는 것도 아니었다. '돌쇠'나 '마당쇠'·'삼월이' 등으로 불렸던 것이다.

성은 언제부터 쓰여졌는가?

　그렇다면 우리나라에서 성이 처음 쓰여진 것은 언제부터일까? 사료상에서 성씨가 나타나는 가장 오래된 사례는 신라 진흥왕이다.『북제서(北齊書)』라는 중국의 사서에 진흥왕을 '김진흥(金眞興)'으로 표기하고 있는 것이다. 이 때가 565년이다.
　이후『구당서(舊唐書)』라는 기록에 '김진평(金眞平: 진평왕)'·'김춘추(金春秋)' 등이 보이고 있다. 김춘추는 이외에 일본의 사서인『일본서기

(日本書紀)』에도 기록되어 있다. 이것으로 미루어 진흥왕대 무렵부터 왕족은 김씨를 칭성(稱姓)했음을 알 수 있다.

그러나 그 이하 귀족층에는 성이 보급되지 않았다. 신라의 공식적인 금석문인 진흥왕순수비에 수행인원이 나오고 있는데 그들은 모두 성이 없기 때문이다. 귀족으로써 처음 성이 보이는 것은 7세기 후반이다. 이 때에 조성된 문무왕릉비에 그 찬자(撰者)로 '한눌유(韓訥儒)'가 등장하고 있는 것이다.

이후 박(朴)·석(昔)·설(薛) 등의 성을 가진 인물들이 나타나기 시작한다. 박씨족의 시조는 박혁거세(朴赫居世)라고 할 수 있다. 그런데 그가 박씨를 칭하게 된 것은 그의 탄생설화와 관련이 있다.『삼국유사』에 의하면 그는 큰 알에서 태어났는데 알의 생김새가 박(瓠)과 같았다. 그리하여 그 발음에 해당하는 한자인 '박(朴)'을 성으로 삼았다는 것이다. 이는 설화적인 내용이지만 박씨라고 일컫는 배타적 친족집단이 있었음을 표현해 주는 것이다.

석씨는 석탈해(昔脫解)를 시조로 하는 집단이다. 그가 왜 처음 '석(昔)'을 성으로 삼았는가에 대해서는『삼국유사』에 그 설명이 나와 있다. 석탈해는 토함산 위에 올라가 살 만한 집터를 보다가 초승달 모양의 땅[현재의 경주 반월성(半月城)]에 있는 호공(瓠公)의 집을 탐해 이를 빼앗아 왕위에 올랐다. 따라서 그가 왕위에 오른 뒤 '옛날에' 남의 집을 내 집이라 하여 빼앗았다 하여 '옛날'에 해당하는 한자인 '석(昔)'을 성으로 삼았다 한다. 또 까치가 몰려드는 것을 보고 배 위의 궤짝을 열어 탈해를 얻었다 하여 '까치'에 해당하는 한자인 '작(鵲)'에서 새 조(鳥)자를 떼고 '석(昔)'을 성으로 삼았다는 설도 소개되어 있다.

어쨌든 이들 성씨는 김씨와 더불어 왕이 되었던 집단에 대한 성씨들이다. 그러나 설(薛)씨는 6부성(六部姓)의 하나로 되어 있다. 6부성은 설씨와 함께 이(李)·정(鄭)·손(孫)·최(崔)·배(裵)씨를 말하는데 6두

품 가문의 성씨로 여겨진다. 이들 성씨는 신라의 모태가 되었던 6부 즉 급량부(及梁部)·사량부(沙梁部)·점량부(漸梁部)·본피부(本彼部)·한기부(漢岐部)·습비부(習比部)를 말한다.

그러나 각 부와 성씨와의 대응은 『삼국사기』와 『삼국유사』가 서로 달라 정확히 알 수 없다. 이 가운데 제일 먼저 보이는 것이 설씨이다. 이미 진평왕대에 설씨녀(薛氏女)와 설계두(薛罽頭)가 보이는 것이다. 그 유명한 설총(薛聰)도 설씨였다.

9세기 중엽에는 몇 개의 성씨가 더 등장한다. 요(姚)·양(楊) 등의 성씨가 그것이다. 이들은 최치원과 같이 문학적 소양을 가지고 중앙정계에서 활동한 인물들이다. 그러나 지방에서 성을 칭한 자들도 나타나기 시작하였다. 청해진[진도]에 거주하며 무역활동과 함께 해적을 소탕하였던 장보고(張保皐)의 '장씨(張氏)'가 그 대표적인 예다. 신라 말에는 진골귀족들의 지방 이주와 함께 김성(金姓)을 가진 인물들이 지방에서도 다수 보이고 있다.

고려 태조의 토성분정 문제

그러나 성이 본격적으로 확산되는 것은 고려건국 전후의 일이다. 이 시기는 이른바 후삼국시대로 궁예의 태봉과 견훤의 후백제가 각축을 벌이던 시기이다. 이 시기에 성이 점차 확대되어 갔다. 이미 궁예시절에 송함홍(宋含弘)·박유(朴儒)·장빈(張彬)·임언(林彦)·최응(崔凝)과 같은 한식 성명을 가진 인물들이 보인다. 후백제에서도 김악(金渥)이나 박영규(朴英規) 같은 성씨가 보이고 있다.

성씨가 더욱 확산되는 것은 고려 태조 왕건이 즉위한 이후의 일이다. 우선 왕건은 지방의 세력가나 자신에게 협조한 인물에게 자신의 성

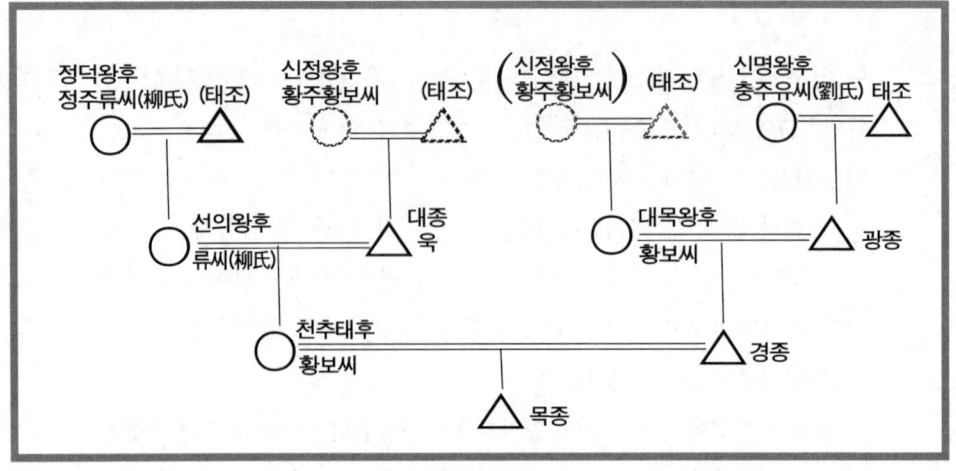

고려 왕비의 칭성(稱姓)추적도

고려시대 왕비들은 족내혼(族內婚)을 통해서 왕비가 된 경우가 많은데, 이 때 이들의 성(姓)은 그대로 왕씨(王氏)를 칭하기도 하지만 대체로 왕씨 대신 다른 성을 칭한다. 그리고 그 때 선택하는 성씨는 어머니-친할머니-외할머니 등등의 성씨 중의 하나를 순서대로 선택한다. 위의 그림에서 천추태후는 자신의 어머니와 아버지가 모두 왕씨이다. 어머니의 경우 '유씨(柳氏)'라고 하지만 왕건의 딸이므로 실제로는 왕씨이기 때문에, 천추태후의 입장에서는 부모가 모두 '왕씨'인 것이다. 따라서 그녀는 왕씨가 아닌 가장 가까운 친척으로 친할머니 신정황후의 성인 '황보(皇甫)'를 칭하게 되었다. 만약 천추태후의 친할머니조차 왕씨였다면 그녀는 다시 외할머니인 정덕왕후의 성씨인 '유(柳)'를 자신의 성으로 삼았을 것이다. [노명호,「고려초기 왕실출신의 '향리'세력」]

인 '왕(王)'성을 하사하였다. 궁예 밑에서 관직생활을 하다 말년에 그 곁을 떠났던 박유(朴儒)란 인물이 있었다. 그가 왕건의 즉위 뒤 자신에게 돌아오자 왕건은 그에게 '왕' 성을 하사하였다. 또 강원도 명주지역에서 세력을 떨치고 있던 김순식(金順式)이 있었다. 그 역시 후일 왕건에게 귀순해 오자 왕성을 하사받아 왕순식이 되었다.

'왕'성만 하사한 것은 아니었다. 다른 성씨도 하사하였다. 가까이는 고려가 개국할 때 공을 세운 개국1등공신들에게도 성과 이름이 하사되었음을 볼 수 있다. 이에 따라 홍술(弘述)·백옥삼(白玉衫)·능산(能山)·사괴(砂瑰) 등이 홍유(洪儒)·배현경(裵玄慶)·신숭겸(申崇謙)·복지겸(卜智謙)으로 불리게 되었다.

또 중앙에 있는 인물들뿐만 아니라 지방의 세력가들에게도 성씨가 하사되었다. 기록은 다음과 같이 전한다.

> 권행(權幸)의 본성은 김씨(金氏)이니 신라의 대성(大姓)이다. 신라 말기에 고창군(古昌郡: 안동)을 지키고 있었다. 그 때에 견훤이 신라에 쳐들어와 왕을 시해하거늘 행(幸)이 여러 사람들에게 모의하여 말하기를 "견훤은 사람의 도리로 볼 때 우리와 같이 한 하늘 아래 살 수 없는 원수이다. 어찌 고려의 왕공(王公)에게 돌아가서 우리의 치욕을 씻지 않겠는가" 하고 드디어 고려에 항복하였다. 고려 태조가 기뻐하여 말하기를 "행은 능히 일의 기틀을 밝게 살피고 권도(權道)를 적절하게 결정하였다" 하고 곧 그에게 권씨(權氏)의 성을 내렸으며 고창군을 승격시켜 부(府)로 하였다.
> [『신증동국여지승람』 권24, 안동대도호부 인물조]

이 기록은 고려 태조 왕건이 태조 13년(930) 고창군[안동] 전투에서 견훤군을 대패시킨 뒤에 내린 조처이다. 권행 이외에도 이 때 도움을 준 두 사람이 더 있었다. 이들에게도 성과 이름을 하사했으니 김선평(金宣平)과 장길(張吉) 등이 그들이다. 이들이 바로 안동을 본관으로 하는 김씨·장씨·권씨의 시조들이다.

그런가 하면 자신에게 배반한 사람들에게는 짐승을 뜻하는 성씨가 사여되기도 하였다. 속설은 다음과 같이 전한다.

> 고려 태조가 나라를 세운 뒤에 목주(木州)사람이 여러 번 배반한 것을 미워하여 그 고을 사람들에게 모두 짐승이름으로 성을 내리었다. 그런데 뒤에 우(牛)는 우(于)로 고치고, 상(象)은 상(尙)으로, 돈(豚)은 돈(頓)으로, 장(場)은 장(張)으로 고쳤다" 한다.
> [『신증동국여지승람』 권16, 충청도 목천현 성씨조]

이 기록은 물론 후대의 것이라 그대로 믿을 수 있는가 하는 의심의 여지가 있다. 그러나 그 가능성 또한 부정할 수 없다.

그리하여 고려가 후삼국을 통일한 4년 뒤인 태조 23년(940) 전국 각지의 호족들에게 성씨를 부여한 것이 아닌가 생각되기도 한다. 즉 이 해에는 후삼국통일에 기여한 사람들을 삼한공신(三韓功臣)으로 책봉하고 이들에게 역분전(役分田)이라는 토지를 하사해 주었다.

이러한 조치와 더불어 이들 호족들에게 그 지역의 지배자임을 인정한다는 의미에서 토성(土姓)을 분정해 주었다고 볼 수 있다. 『세종실록지리지』나 『신증동국여지승람』에 보이는 토성들이 바로 이것이 아닌가 하는 것이다.

그러나 당대의 금석문을 보면 지방세력들이 성을 칭하지 않고 있는 이들이 많이 보이고 있어 이 같은 가능성을 의심하게 해준다. 또 토성 분정이 사실이라면 이는 중요한 사건임이 분명한데 이를 뒷받침해 주는 기록이 보이지 않는다. 따라서 고려 태조대에 일부 사람들에게 성이나 이름을 하사해 준 것은 사실이지만 지방의 호족들에게 전국적인 차원에서 토성을 분정한 것은 아니라 하겠다.

그러다가 광종대에 이르러 중앙의 관인층이 점차 성을 칭하게 되었다. 이들은 주로 문인들로 중국과의 관련하에서 성이 칭해지게 되었다. 그 후 성종대를 거쳐 현종대에 이르면 전국적인 지방제도의 정비와 함께 지방에서도 성이 확대되기 시작하였다. 따라서 고려시대에는 성을 가진 사람들이 많지 않아 전국에서 백 가지 성에 속하는 사람들은 지방의 지배집단 이상의 층이었다. 이들이 바로 '백성(百姓)'으로 현재의 백성개념과는 상당히 달랐던 것이다.

본관의 사용과 의미

본관(本貫)은 원래 그 사람의 거주지나 출신지를 의미하였다. 그러면 이 본관은 언제부터 시작되었을까. 신라 6성의 출신지가 6부로 되어 있는 것으로 보아 이미 그 때부터 출신지에 대한 연고의식은 있었다고 보여진다. 그러나 이 본관제도가 정착되기 시작한 것은 역시 고려의 건국 전후부터이다.

고려의 개국공신들에게 성명을 하사하기도 했지만 그 관향을 하사해 준 경우도 있었다. 다음은 그 예 가운데 하나이다.

원래 전라도 곡성사람인데 태조가 성을 주고 평산을 본관으로 하게 하였다. 속설에 신숭겸이 일찍이 태조를 따라 사냥하다가 삼탄(三灘)에 와서 점심을 먹게 되었다. 그 때 기러기 세 마리가 공중에 떠 있었다. 태조가 말하기를 "누가 저 기러기를 쏘아보겠는가?" 하였다. 숭겸이 "신이 쏘겠습니다" 하였다. 태조가 이에 궁시(弓矢)와 안마(鞍馬)를 주었는데 숭겸이 말하기를 "몇번째 기러기를 쏠까요?" 태조가 웃으면서 "세번째 기러기의 왼쪽 날개를 쏘거라" 하였다. 숭겸이 명령에 따라 쏘았는데 과연 꼭 맞혔다. 태조가 장하게 여겨 감탄하면서 명하여 평주(平州)를 본관으로 삼게 하고 기러기를 쏜 근처의 밭 3백 결(結)도 함께 하사하여 대대로 그 조세를 받아먹게 하였다. 그로 인하여 그 땅을 궁위(弓位)라 이름하였다.

[『신증동국여지승람』 권41, 평산도호부 인물조]

이는 고려의 개국 1등공신이었던 신숭겸에 대한 기록이다. 그는 원래 전라남도 곡성출신이었는데 평산에 있는 땅을 하사받고 그 곳을 본관으로 삼았다는 것이다. 이는 그 때까지 자신의 출신지를 본관으로 하는 제도가 성립되지 않았다는 것을 의미한다. 때문에 그는 곡성출신임에도 불구하고 평산신씨의 시조가 되었다.

'본관(本貫)'이란 용어가 처음 나오는 것은 고려 목종 4년(1001)이다. 당시 목종이 여러 군현을 순행하다 장단현에 들렀는데 수행했던 문하시중[1] 한언공(韓彦恭)에게 "이 곳은 그대의 본관이다. 그대의 공

---

1) 문하시중 :- 현재의 국무총리에 해당.

로를 생각해서 단주(湍州)로 승격시키는 것이 좋겠다"라고 말했다는 기록이 그것이다.

그러나 그 비슷한 표현이 이미 태조대에 보이고 있다. 태조는 즉위하자마자 청주인이었던 총일(聰逸)을 불러 궁예에게 억울하게 잡혀간 청주출신 군인들을 방면하면서 청주는 "경(卿)의 관향(貫鄕)이다"라는 말을 하고 있다. 따라서 이미 태조대에 관인들의 출신지를 뜻하는 '관향'이란 표현이 있었음을 알 수 있다. 하지만 이를 곧바로 제도와 연결시키는 것은 무리라 하겠다.

한편 신라말 고려초에는 각 지역의 호족들이 자위적인 방어조직을 갖추고 자신의 거주지역을 장악하고 있었다. 이러한 지위가 고려건국 이후에도 인정되어 토성의 본관지역으로 정착되기도 하였다.

벽진군(碧珍郡)의 이총언(李悤言)이 그 대표적인 예다. 그는 신라 말에 도적들이 횡행하자 지역민들을 결집하여 성을 굳건히 지킴으로써 지역민들의 신망을 얻었다. 그리하여 벽진군의 후대이름인 성주를 본관으로 하는 성주(星州)이씨의 시조가 되었다.

결국 거주지나 출신지를 중시하는 의식은 고려 태조 때에도 있었다고 하겠다. 혜종 원년(944)에 건립된 흥령사징효대사보인탑비(興寧寺澄曉大師寶印塔碑)를 보면 각 인물들의 출신지가 명기되어 있기 때문이다. 그러나 이 때는 그것이 성을 가진 사람에 한정된 것은 아니었다. 성의 유무와 관계없이 출신지가 표기되었던 것이다.

이렇듯 본관제는 고려 태조 때에 시작되었지만 그것이 제도적으로 정착된 것은 성종 무렵이 아닌가 한다. 특히 성종 14년(995)에는 전국적인 군현제의 개편과 함께 50여 개 지역의 별호가 제정되었다. 이 별호는 중국의 군현명칭을 그대로 사용하거나 아화(雅化)한 것들이었다.

또 3성6부체제의 수용이나 10도제의 실시, 주현제의 실시, 많은 외관의 파견 등도 당나라의 제도를 모방한 것이었다. 이는 중국의 제도를 본떠 중앙집권을 강화하기 위한 제도적 장치이기도 하였는데 그러한 의도에서 본관제가 제도적으로 정비되었던 것이다.

그렇다면 본관제가 실시된 목적은 무엇이었을까. 이는 국가가 민들에게 역을 부과시키기 위한 목적이었다. 관인들에게는 중앙의 관직생활과 전시과의 지급이라는 혜택의 대가로 사심관제도를 통하여 자신의 본관지역을 다스리게 했다. 이를 제대로 수행하지 못하거나 죄를 지을 때는 관직을 박탈하고 본관지역으로 되돌려 보내기도 했다. 그것이 바로 귀향형(歸鄕刑)과 충상호형(充常戶刑)이었다.

일반민에게는 본관제를 통해 그들을 거주지에 속박시킴으로써 조세·공부(貢賦)·역역(力役) 또는 군역의 의무를 지게 하였다. 이들이 본관지를 이탈한다면 국가의 수입은 그만큼 줄어들고 체제를 유지하기 힘들었기 때문이었다. 이 때문에 본관제는 양인들까지만 부여되었고 노비나 양수척[1] 등의 천인에게는 적용되지 않았다.

그런데 본관제에 긴박된 민들은 고려의 군현체계에 따라 그 신분적 위상과 사회경제적 부담이 달랐다. 향·소·부곡과 같은 지역을 본관으로 하는 민은 경제적 부담이 일반 군현보다 컸으며 신분지위상으로도 천대받았다. 또 같은 군현이라 하더라도 속현(屬縣)의 주민은 주현(主縣)의 주민보다 훨씬 큰 부담을 져야 했다.

이러한 본관제가 성(姓)과 결부되어 나타나는 것은 고려의 후기에 들어서였다. 광종·성종대를 거치면서 중앙의 관리들은 문벌의식을 갖게 되었고 다른 가문과 구별하기 위해 성과 본관을 강조하게 되었다. 성종대 왕실의 계보를 정리하는 전중성(殿中省)이 설치되면서 이러한 의식이 확대되어 귀족들도 서서히 성씨록(姓氏錄)을 작성하기 시작했던 것이다.

문종대 봉작제(封爵制)의 시행은 이러한 문벌의식을 더욱 촉

1) 양수척(楊水尺) :- 여기저기 떠돌면서 버들고리를 만들어 생활하던 무리.

발시켰다. 죽은 사람의 가계를 기록한 묘지명(墓誌銘)이 이 때부터 많이 나타나는 것이 이를 말해 준다.

    이러한 과정을 거쳐 고려 후기에 오면 성과 본관이 병칭되는 것이 빈번하게 일어난다. 충선왕대에 왕실과 혼인할 수 있는 집안을 지명한 바 있는데 이 때의 기록에는 성과 본관이 다 병칭되고 있다. 경주김씨·언양김씨·정안임씨·경원이씨·철원최씨 등이 언급되고 있는 것이다. 이로써 현재 우리가 사용하고 있는 바와 같은 성과 본관이 자리잡게 되었던 것이다.

김갑동

남성에 종속되지 않은
고려 여성

　여성은 남성과 함께 인류를 반분하여 사회와 가정을 구성해 왔다. 여성은 어머니로서, 딸로서, 남성의 배우자로서, 그리고 독자적인 한 개인으로서 존재한다. 남성도 여성이 없었으면 이 세상에 나오는 게 불가능하였다. 이처럼 여성은 더 없이 귀중한 존재이지만 역사적으로 그만한 대접을 받은 적이 드물며 여권이 신장된 요즘에도 차별받는 곳이 더 많다.

　남성중심 사회인 전근대사회로 올라가면 여성차별은 훨씬 더 심해 남성과 동등한 권리가 인정되는 경우는 드물었다. 여성은 한 개인으로 존재하는 것이 아니라 자식을 낳아주는 어머니로서, 이익을 가져다주는 딸로서, 그리고 남성의 성적인 대상으로서 존재했던 경향이 강했던 것이다.

　이러한 면에서 고려시대라고 완전히 예외가 될 수는 없지만 그래도 남성과 동등한 대접을 받는 측면이 많이 존재했다. 여성의 지위가 전근대사회 안에서도 문화권과 시기에 따라 차이점이 나타난다는 점, 특히 불교사회인 고려와 유교사회인 조선을 비교할 때 차이점이 두드러진다는 점에 주목할 필요가 있다.

　고려시대 여성의 지위는 가족 내지 친족 안에서의 지위, 사회에서의 지위, 연애와 혼인에서 나타나는 제약의 정도, 호주상속의 여부, 재산상속의 비율 등으로 판단될 수 있다. 이러한 측면을 조사하여 오늘의 여성과 비교하거나 조선의 여성과 비교해 보는 것도 의미있는 작업이 된다. 다만 오늘의 여성과 비교할 때는 전근대사회의 특수한 시대적 상황을 고려해야 한다.

여성도 호주가 되다

가족을 대표하는 존재가 호주이다. 지금 우리의 민법에서 호주계승을 보면 직계비속의 남자가 호주계승을 하게 되어 있다. 물론 직계비속의 남자가 호주권을 포기하면 여성도 호주가 될 수 있지만 이는 어디까지나 예외적인 것에 불과하다.

호주가 사망하면 계승의 순위는 아들→손자→미혼 딸→배우자→어머니 순으로 정해져 있지만 대개는 장남이 호주를 계승한다. 어머니도 호적상으로는 장남 밑에 소속된다. 차남 이하 아들은 결혼해 분가하면 자신이 호주가 되며, 딸은 결혼하면 남편 밑으로 들어간다.

민법이 규정하고 있는 호주제는 아내와 어머니의 위치를 남편과 아버지보다 낮게 함으로써 남녀를 차별하고 있는 것이다. 부계중심·장남중심의 전통이 호주의 계승에 강하게 남아 있으며 여권이 신장된 요즘에도 여성이 호주가 되기 어려운 게 현실이다.

물론 이혼한 여성은 이전 호적으로 복귀하거나 1인 1호적을 창설해 호주가 될 수 있도록 민법에서 규정하고 있지만 자녀를 자신의 호적에 올릴 수는 없다. 그래서 이혼한 여성들 몇 명이 가정법원에 '이혼한 여성 호적'에 자녀들을 올릴 수 있게 해달라고 소송을 제기했지만 민법이 남성우선적 호주승계 순위 및 부가(父家) 우선 입적주의를 근간으로 하고 있다면서 기각당한 적이 있었다.

이처럼 오늘날도 남편과 이혼하고 자녀를 자신이 키워도 자신의 호적에 올리지 못하고 있는 것이 현실이다. 여성계 일각에서 호주제의 폐지를 강력하게 주장해 왔지만 호주제가 가족의 구심점으로 기능해 온 오랜 전통이라는 이유로 관철되지 못하고 있다.

그런데 이혼녀가 자식을 자신의 호적에 넣으려는 열망은 멈춰지지 않았으니, 최근에 기혼여성 5명과 이혼여성 1명이 서울지법 북부지원에, 이혼여성 1명이 서울지법 서부지원에 호주제 위헌심판제청을 하였던 것이다.

세상이 변했는지 이들 지원은 남성위주로 호주제를 규정한 민법조항이 남녀평등을 선언한 헌법조항에 어긋남이 인정된다며 헌법재판소에 위헌심판을 제청했다. 앞으로 헌법재판소가 어떠한 판결을 내릴지 귀추가 주목된다.

그런데 시간을 한창 거슬러 올라가야 만나는 고려시대에도 여성이 호주가 될 수 있었다. 고려 말인 1333년에 작성된 한 호적을 살펴보면 호주인 낙랑군부인 최씨 밑에 32세의 장남, 28세의 2남, 24세의 3남, 19세의 4남이 딸려 있다. 여성 단독호적이 아니라 장성한 아들들이 몇 명이나 있는데도 어머니가 호주가 된 것이니 아들에게 우선권이 주어지는 오늘날의 호주제와 비교해 볼 때 더욱 놀라운 일이다.

물론 고려 말의 호적들 대부분은 남성이 호주로 나타나지만 고려 전기로 올라가면 여성이 호주가 되는 빈도도 더 늘어나리라 여

낙랑군부인 최씨호적

겨진다. 이처럼 여성이 어렵지 않게 호주가 될 수 있었음은 고려시대에 여성의 가족 내 지위가 높았음을 말해 주는 중요한 징표라 하겠다.

가족 내에서의 여성지위를 알려주는 또 하나의 징표는 호적에서 아들 다음에 딸로 기재되는 것이 아니라 연령순으로 기재되었다는 사실이다. 딸도 자녀 가운데 나이가 많으면 앞에 올랐던 것이다. 또한 아들과 손자로 이어지는 계열만이 아니라 딸[사위]과 외손으로 이어지는 계열에 대해서도 호적에 상세히 기록한 점도 딸이 지닌 위상의 정도를 말해 준다. 죽은 자를 위해 작성된 묘지명에서 자녀 구분없이 연령순으로 기재되는 경우가 보이는 것도 같은 맥락으로 이해된다.

딸도 아들과 똑같이 재산을 상속받다

사회적 지위를 나타내는 여러 가지 표시중에 재산의 축적정도는 특히 중요하다. 만약 여성이 재산을 확보하기 힘들다면 생존을 위해 남성에게 종속될 수밖에 없다. 경제적인 독립이 전제되지 않는 여성의 지위 향상은 꿈꾸기 어려운 것이다.

그런데 고려시대의 여성은 부모가 상당한 양의 재산을 남긴 경우 재산을 쉽게 확보할 수 있었다. 왜냐하면 아들이든 딸이든, 결혼했든 안 했든, 먼저 태어났든, 나중에 태어났든 자녀들은 부모의 재산을 균등하게 상속받았기 때문이다.

여성은 자신이 상속받은 재산을 가지고 혼인하였으며, 또한 혼인한 뒤에도 재산을 상속받아 소유할 수 있었다. 남편이 사망하고 자녀가 없는 경우 유산은 아내 몫이 되었다. 고려의 공주들은 거의 다 왕실 안에서 근친혼을 했는데 그 이유가 왕실 밖의 사람과 결혼하면 공주가 소유한 막대한 재산이 왕실 밖으로 빠져나갈 것이기 때문이었다는 설이 각광을 받을 만큼 여성의 재산권은 확실히 보장되었다.

일반 백성의 경우 딸이 재산을 갖고 나가더라도 며느리가 그만큼 갖고 들어오니까 별 문제가 안되었다. 더구나 딸이 혼인해도 나가기는 커녕 사위를 데리고 들어오는 경우가 많았으니 더욱 그러하였다.

특히 재산 가운데에서도 중요한 노비는 아버지쪽의 부변(父邊), 어머니쪽의 모변(母邊), 아내쪽의 처변(妻邊)으로 세밀히 분류되어 소유권이 보장되었다. 그러니까 여성은 혼인 뒤에도 자신[아내]의 이름으로 노비를 소유할 수 있었다. 또한 이를 자녀가 상속한 경우에도 '모변(母邊)' 전래로 표시되었으니 만약 문제가 생기면 그 노비는 다시 어머니쪽으로 귀속되었던 것이다. 여성에게 노비는 신변을 보호해 주는 경호원으로서, 노동력을 제공해 주는 일꾼으로서, 언제든지 어디든지 휴대가 가능한 현금으로서 효용성이 뛰어난 귀중한 재산이었다.

고려시대에 아들인 남성과 균등하게 상속받은 재산은 딸인 여성에게 무한한 힘이 되었다. 여성들은 남성들의 도움없이도 독자적으로 생존이 가능하였으며 경제력이 없는 남성을 먹여 살릴 수도 있었다. 여성은 상속받은 재산을 이용해 부모의 제사를 남성형제들과 돌아가면서 지냄으로써 가족과 친족 속에서 발언권을 높일 수 있었다. 또한 절에 재산을 시주하는 등 자신의 재산을 사용하여 사회적 활동영역을 넓힐 수도 있었다.

재혼이 얼마든지 가능하였다

혼인은 한 여성과 한 남성의 결합으로 이루어지는데 만약 여성에게 이혼과 재혼이 자유롭지 못하다면 어느 순간에 멍에로 변해 버린다. 조선 여성은 혼인하는 과정에 자신의 의견을 반영하지 못하였으며, 한번 결혼하면 이혼은커녕 과부가 되어도 재혼할 수 없어서 쫓겨나지 않는 한 시댁의 귀신이 되어야 했다.

남성이 만들어 놓은 '칠거지악(七去之惡)'에 걸리면 시집에서 쫓겨나야 했고 그렇다고 해서 재혼할 수도 없었다. 과부나 버림받은 여성의 유일한 탈출구는 어느 날 밤에 남정네가 보쌈해 가거나 서낭당에서 처음 마주치는 남정네를 따라가는 길밖에 없었다. 그야말로 한번 결혼 잘못한 조선의 여성은 자신이 선택하지 않았음에도 평생 불행하게 살다가 삶을 마감해야 했던 것이다.

반면 고려 여성들은 그러한 굴레에서 상당히 자유로웠다. 고려시대에도 비슷한 신분끼리 혼인하는 경우가 많았으므로 혼인에 집안의 의사가 많이 작용하였을 것이다. 하지만 여성이 적극적으로 마음에 드는 남성을 유혹하는 사례도 종종 발견된다. 더구나 여성이 조선시대처럼 집에 갇혀 지내지 않고 절의 불사 등 각종 행사에 얼굴을 내밀었으며 외출시에 얼굴을 가리지도 않았다. 여러 행사 때 남녀가 서로 혼잡하게 섞여 문란한 짓을 했다는 기록도 있다. 이로 보아 고려시대에 여성이 남성 배우자와 혼인할 때 요즘과 같은 자유연애는 아니지만 여성 당사자의 의사도 상당히 반영되었을 가능성이 있다.

고려 여성들이 이혼의 자유를 누렸는지는 확실치 않지만 여성 측에서 이혼을 주도한 사례는 있었다. 물론 성질이 못된 남편이 아내를 쫓아내는 사례는 이보다 좀더 발견된다. 하지만 조선시대처럼 여성이 사내애를 낳지 못한다는 등의 7가지 핑계, 즉 '칠거지악'으로 쫓겨날 염려는 없었다. 당시는 남자든 여자든 한번 결혼하면 이혼은 별로 하지 않는 분위기여서 이혼에 대해서는 뭐라고 단정적으로 이야기하기는 어렵다. 어쨌거나 이혼녀나 과부의 재혼만큼은 자유롭게 이루어진 것이 고려사회였다.

고려시대는 왕족이나 일부 권세가를 제외하면 대개 일부일처제였다. 그런데 배우자가 죽으면 혼자 여생을 마치는 사람도 있지만 남성이든 여성이든 많은 경우에 재혼을 하였으며 이는 본인의 선택에 달린 문제였다. 물론 남성이 재혼하는 예가 더 많지만 여성도 원하기만 하면 얼마든지 새로운 남성을 만나 새로운 가정을 꾸릴 수 있었던 것이다.

국가에서는 과부가 수절하면 표창하거나 고위관료의 처가 재혼하면 그 자손에게 인사상의 불이익을 주거나 남편의 상중에 바람을 피우면 처벌한 적이 있지만 근본적으로 재혼 자체를 금하지는 않았다.

고려 여성들의 다수는 과부로 여생을 마치는 것을 별로 좋아하지 않았다. 재가(再嫁)는 물론이고 삼가(三嫁)를 하는 여성들도 있었다.

제4대 광종의 딸인 문덕왕후는 홍덕원군과 혼인했다가 남편이 죽은 뒤 제6대 성종과 재혼하였다. 빼어난 미모를 지닌 김양감의 딸은 남편이 죽은 뒤 제25대 왕인 충렬왕과 혼인하였으며, 충렬왕이 죽은 뒤 그 아들인 충선왕과 혼인하여 숙비에 봉해졌다. 허공의 딸은 3남4녀의 어머니였음에도 불구하고 남편이 죽은 뒤 충선왕과 혼인하여 순비에 봉해졌다.

왕들은 과부와 결혼하는 것을 전혀 부끄러워하지 않았으니, 조선시대에 왕의 배우자를 간택할 때 숫처녀인지 감별하는 장면과 비교해 보라.

고려 중기 의종~명종 때의 인물인 이승장의 어머니는 남편이 죽자 어린 이승장을 데리고 재혼하였다. 그런데 새 남편이 가난하다며 이승장에게 공부가 아니라 일을 시키려 하였다. 하지만 어머니는 자식이 이전 남편의 길을 따라야 한다며 기어코 공부를 시켜 과거에 급제하게 만들었다. 이처럼 고려시대는 자식까지 데리고 재혼할 수 있었으니 이 경우 자식의 입장에서 계부를 '의부(義父)'라 하고, 계부의 입장에서 그 자식을 '의자(義子)'라 하였다.

우리는 첩을 많이 둔 조선 후기 이후의 관습에 젖어 어머니 다르고 아버지 같은 형제를 일컫는 '배다른 형제'라는 용어에 익숙해 있다. 그런데 고려시대에는 여성의 재혼이 많이 이루어진 결과 어머니 같고 아버지 다른 '동모이부(同母異父) 형제' 즉 '배 같은 형제'가 많았다.

한 남성이 다른 남성이 만든 애를 데리고 사는 모습을 상상해 보라. 그게 바로 고려사회의 '의(義)'로운 모습이었던 것이다. 요즘 이혼이 급증하고 재혼이 활발해지고 있다. 하지만 이혼여성이 전 남편의 자식을 키우고 있는 경우 재혼하기도 어렵고 애를 데리고 재혼에 성공한다고 해도 원만한 생활을 하는 경우는 드물다. 재혼가족은 아버지 다른 형제들이 한 가정에서 사이좋게 지냈던 고려시대의 모습을 떠올려 볼 필요가 있다.

재혼을 즐긴 일부 여성

고려 여성은 독자적으로 재산을 소유하고 있었기 때문에 재혼하기가 쉬웠다. 재력을 가진 과부는 남성들의 집중적인 유혹의 대상이 되었다. 또한 과부가 된 여성도 자신의 재력을 사용하여 적극적으로 남성을 유혹하여 재혼에 성공하는 경우가 많았다.

고려 말기 우왕 때 판서 김세덕의 처 윤씨는 남편이 죽자 바람을 피웠다. 걱정된 친정어머니가 윤씨를 한 벼슬아치와 재혼시켰지만 며칠 만에 싫증을 내고 그 남자를 쫓아내 버리는 바람에 사헌부의 처벌을 받았다. 하지만 윤씨는 권력자 이인임에게 뇌물을 주어 풀려났을 뿐만 아니라 이성계의 친구로 무공을 많이 세운 용장 퉁두란[이두란]과 세번째 혼인을 하였다. 이처럼 여성의 재력은 위기에 처했을 때 위력을 발휘하기도 하였던 것이다.

원간섭기에 재상 조석견의 처 장씨는 집에 놀러온 당시의 권세가 강윤충의 잘생긴 용모에 반해 마음에 담아두었다가 남편이 죽자 상중임에도 여자노비를 세 번이나 보내 유혹한 끝에 정을 통하고 재혼하였다. 강윤충에게는 이미 3명의 처가 있어 그녀는 4번째가 되지만 적서(嫡庶)의 구별이 별로 없는 게 고려의 풍습이라 그녀는 상관하지 않았다. 원래 고려는 일부일처가 원칙이었지만 권세가는 예외이며 또한 당시 원의 영향으로 다처 경향이 서서히 생겨나는 시기였다. 강윤충이 그녀와 결혼한 뒤 그녀의 죽은 남편의 가산을 차지하였다는 것으로 보아 그녀가 막대한 재력으로 강윤충을 유혹했다고 여겨진다.

장씨는 원래 끼가 많은 여자라 미남 강윤충에게도 만족을 못해 계속 바람을 피우다가 강윤충으로부터 버림받는다. 하지만 그녀는 전리판서[이부상서]를 지낸 홀아비 구영검을 집요하게 유혹해 사통하고 남편으로 삼았으니 세번째 혼인이다.

그런데 그녀는 구영검이 한족의 반란으로 위기에 빠진 원나라를 돕고자 편성된 고려군의 지휘자로 파견되자 또 바람을 피웠다. 구영검이 돌아와 알아채고 절교하자 그를 원망한 그녀는 복수를 하였으니 공민왕이 친원파를 숙청할 때 외삼촌으로 하여금 그를 왕에게 참소하도록 하여 참수시켰다. 그녀는 이후에 대호군[대장군] 이구축과 간통해 어사대의 국문을 받았다.

이처럼 고려시대 여성이 조선시대 같으면 풍기문란죄로 당장 처벌받을 법한 행동을 마음대로 할 수 있었던 요인은 재혼이 자유로운 사회분위기에 기인한 것이었다. 죽은 남편을 따라 죽지 못해 살고 있는 사람이라는 뜻의 '미망인(未亡人)'이라는 말은 고려사회와는 전혀 어울리지 않는 말이었다. 물론 고려 여인이 재혼을 즐긴 경우는 일부에게 국한되며 대부분은 생활의 필요상 재혼을 하였던 것이다.

남성을 데리고 산 것이 여권의 원천이었다

고려시대에 여성이 호주가 되기도 하고 남성과 똑같이 재산을 상속받고 재혼을 마음대로 할 수 있는 힘의 원동력은 어디에서 온 것일까? 여러 가지 요인이 있겠지만 남성이 결혼하면 여성의 집에 가서 상당한 기간 동안 사는 '남귀여가(男歸女家)' 즉 처가살이 풍습이 가장 중요한 요인이 아닐까 생각된다.

이 풍습은 무신정권 때의 유명한 문장가인 이규보가 세상을 뜬 장인을 위해 쓴 제문에 잘 나타나 있다. 이규보는 "제가 일찍 고아가 되어 가르쳐 줄 사람이 없었는데 제가 공께 온 뒤로 친히 훈계하고 격려해 주셨기 때문에 분발하여 사람이 될 수 있었습니다. 이것은 모두 공께서 도와주신 덕택입니다" 하고 장인의 은혜를 칭송하였다. 그리고 다음과 같이 언급하였다.

지금은 남자가 장가들면 여자 집에 가서 거주하여 남자가 필요로 하는 것은 모두 처가에서 해결하고 있습니다. 그리하여 장인과 장모의 은혜가 부모의 은혜와 똑같게 되었습니다. 아아, 공께서 저를 두루 보살펴 주셨는데 세상을 버리고 운명하셨으니 저는 장차 누구에게 의존하리까!

남성이 여성과 결혼해 처가에서 모든 것을 해결해 장인과 장모의 은혜가 친부모 못지 않았던·것이니 여성의 발언권이 세질 수밖에 없었다. 처가에서 당분간 사는 것도 아니어서 몇 년, 아니면 십 몇 년, 아니면 몇 십 년까지 살았으니 처가의 힘이 커지는 것은 당연하였다. 눈치보며 처가살이하는 남성이 어떻게 다처(多妻)를 할 수 있었겠으며 어떻게 아내를 못살게 굴 수가 있었겠는가. 게다가 아내는 처가에서 재산을 상속받은, 앞으로 상속받을 존재였으니 더욱 함부로 할 수 없었다. 자녀들도 외가에서 자라는 경우가 많아 어머니를 편들었다.

딸은 또한 부모를 봉양하는 귀한 존재였으니 원나라 황제에게 공녀(貢女)징발을 폐지해 달라고 올린 이곡[이색의 부친]의 상소에 잘 나타나 있다. 그는 "풍속이 차라리 아들을 별거시킬지언정 딸은 내보내지 않으니 진나라의 데릴사위와 비슷합니다"라고 하여 딸[사위]과 함께 사는 고려의 풍습을 언급하였다.

이는 맞는 말이지만 딸이 혼인하면 일정기간이 지난 다음에 사위 집으로 옮겨가는 경우가 많았기 때문에 과장된 측면도 있다. 그는 이어서 "무릇 부모를 봉양하는 일은 딸이 맡아 합니다. 이 때문에 딸을 낳으면 애지중지 키워 밤낮으로 자라나기를 고대합니다"고 언급하였다. 고려는 아들[며느리]보다는 딸[사위]이 부모를 봉양하는 경향이 강한 사회였던 것이다.

딸[사위]과 부모[처부모]가 함께 사는 경우는 대개 두 가지 형태가 있었다. 하나는 부모가 딸[사위]을 데리고 사는 경우로 이는 주로 부모가 정정했을 때에 해당되었다. 다른 하나는 딸[사위]이 부모를 모시고 사는 경우인데 이는 주로 부모가 연로했을 때에 해당되었다. 사위는 장인과 장모에게 많은 신세를 졌던만큼 그 은혜를 갚는 게 미덕이었던 것이다.

이처럼 여성의 발언권이 컸다고 해서 남성이 손해만 보는 것은 아니었다. 왜냐하면 딸의 위상이 크면 그만큼 사위의 위상도 덩달아 올라가기 때문이었다. 처가가 부유하면 처가 많은 재산을 상속받기 때문에 덩달아 사위도 부유해지는 셈이 되었다.

또한 친가 쪽이 잘 나가지 못하더라도 장인이나 외조부가 중견관료를 지내면 그 배경으로 얼마든지 관직에 진출할 수 있었다. 고려는 처가나 외가를 한번 잘 만나기만 하면 부와 출세를 거머쥘 수 있는 사회였던 것이다. 그래서 일부 못된 남성들이 부와 출세를 위해 조강지처를 버리고 잘 나가는 집안의 딸과 재혼하는 부작용도 종종 생겨났다.
 부계(父系)의식이 약하고 처가와 외가의 힘이 센 고려사회는 그만큼 여성의 지위가 높았다고 할 수 있다. '뒷간과 처가는 멀수록 좋다'·'출가외인(出嫁外人)'·'시집간다'라는 조선 후기 이후 남성중심 표현은 고려사회의 실상과는 어울리지 않는다. 물론 고려시대도 관직은 남성의 전유물이라서 여성이 거기에 진출하지 못한 한계는 지적되어야 한다.

김창현

근친혼이
가능했던 사회

 몇 해 전에 민법(民法)의 '동성동본불혼(同姓同本不婚)' 규정이 위헌 판결을 받아서 지난 수백 년간 우리가 당연시해 온 인식이 무너진 적이 있었다. 동성동본 사이에 결혼을 한다는 것은 넓게 보면 근친혼(近親婚)을 포함하는 말이기도 하다.

 사실 우리 역사에서 '동성동본불혼(同姓同本不婚)'이 관습법처럼 굳게 자리잡은 것은 조선이 건국되고 나서도 한참 지난 16세기 이후의 이야기이다. 그러므로 고려시대까지만 해도 동성(同姓) 사이에 결혼을 하지 못하는 것이 아니라 할 수 있었던 것이다. 바로 이 동성간이나 친척간에 결혼을 하는 형태인 근친혼이 바로 고려의 독특한 사회모습의 한 단면을 보여준다고 하겠다.

근친혼, 정말로 했을까?

 사실 근친혼은 고려 때에 비로소 나타나기 시작하였던 혼인형태는 아니다. 우리가 잘 알고 있듯이 신라의 왕족을 구분하는 이름인 '성골(聖骨)'이나 '진골(眞骨)'과 같은 것은 이미 왕족 안에서의 근친혼을 전제로 하고 있는 것이다. 그렇기 때문에 고려 때에 와서 근친혼이 덥석 생겨난 것은 아니며, 이미 당시의 사람들에게 근친혼은 신라 1천 년을 거치면서 어찌 보면 익숙한 모습이었다고도 할 수 있을 것이다.

그런데도 이 근친혼이 고려의 특징적인 혼인형태라고 여겨지는 것은 왜일까? 이것이 고려시대가 갖는 모순적인 분위기 때문이라고 생각된다. 바로 이전의 고대사회보다 정치적으로 개방되고 지배계층이 확대되는 개방적인 분위기와 근친혼을 인정하지 않는 유교적 합리주의가 확산되는 분위기 속에서도, 고대적인 요소로써 폐쇄적인 성격을 지닌 근친혼이 끊이지 않고 고려 말기까지 특히 왕족을 중심으로 한 고려의 지배계층에서 여전히 폭넓게 수용되었다는 점인 것이다.

고려의 태조 왕건(王建)은 918년에 고려를 건국하고 936년에 통일을 이룩함으로써 후삼국시대의 혼란을 정리하였다. 이 때 그는 그 동안의 분열과 혼란을 극복하고 민족의 화합을 위해서 여러 가지의 정책을 펴나갔는데, 그 주요한 것 가운데 하나가 혼인(婚姻)정책이었다. 이를 통해서 태조는 중앙과 지방의 유력한 호족(豪族)들과 결혼을 하여 무려 29명의 부인을 두게 되었던 것이다. 그런데 정작 왕건 자신은 근친혼을 하지 않았다.

고려의 최고 귀족이라 할 수 있는 왕족들에게서 근친혼의 모습이 보이기 시작하는 것은 제2대왕인 혜종 때부터이다. 이후 공민왕에 이르기까지 고려의 역대 34명의 국왕 가운데 절반이 넘는 27명의 국왕이 종실에서 배우자를 맞이하여 결혼을 하고 있는 것이다. 물론 종실이 아닌 다른 성[異姓]의 배우자도 맞이하고 있다.

도대체 왜, 특히 왕실에서, 근친혼이 행해졌을까? 동성(同姓) 사이의 근친혼은 아마도 가문·혈통의 순수성을 유지하려는 노력에서 비롯된 것 같다. 그런데 이 근친혼이 왕실과 관련되어서는 단순히 한 가문의 순수성을 유지하려는 것뿐만 아니고 결혼을 통한 정치권력의 분산 내지 확산을 방지하고 폐쇄적인 통혼권(通婚圈)을 형성함으로써 권력의 집중과 왕족의 특권을 향유하려는 목적도 있었다고 여겨진다. 또 한 걸음 더 나아가 왕실이 폐쇄적인 근친혼을 함으로써 왕실의 '성화(聖化)'를 의도하였다고도 보인다.

근친혼 부부는 촌수가 어떻게 되었을까?

왕실의 근친혼은 대단히 가까운 사이에 이루어진 경우가 많았다. 4촌 사이에 결혼을 한 경우가 가장 많기는 했지만, 어머니가 다른 이복(異腹)남매 사이나 숙질의 3촌 사이, 5촌 이상의 친척들 사이에 결혼을 하는 경우도 있었다. 그래서 이모와 조카, 삼촌과 조카, 친종·이종·고종과 같은 4촌간에도 결혼을 하는 경우가 고려의 왕실에서는 흔했다.

이복남매간에 혼인을 한 대표적인 예는 바로 광종(光宗)과 문종(文宗)을 들 수 있다. 광종은 태조의 셋째아들로서 그의 어머니는 태조의 셋째부인인 신명왕후(神明王后) 유씨(劉氏)이며, 광종의 부인인 대목왕후(大穆王后)는 태조와 넷째 부인인 신정왕후(神靜王后) 황보씨(皇甫氏) 사이에서 태어났다. 따라서 광종과 대목왕후는 이복남매 사이에 결혼을 한 것이다.

또 현종(顯宗)과 원혜태후(元惠太后) 사이에서 태어난 문종은 현종과 원성태후(元成太后) 사이에서 난 인평왕후(仁平王后)와 결혼을 하였던 것이다. 이런 이복남매 사이의 극단적인 근친혼은 사실 흔한 경우는 아니며, 태조의 아들과 현종의 아들의 경우에만 나타난다. 이는 아마도 새로 왕가(王家)를 창건한 위치에서 왕실의 특권과 혈연적 순수성을 특히 유지하려는 의도에서 비롯되었다고 보인다.

근친혼을 한 국왕들의 경우 27건 가운데 13건은 4촌 사이에 이루어지고 있어 근친혼의 중심이 여기에 있음을 알 수 있다. 이외에도 국왕은 아니어도 왕족인 종실에서는 서로간에 많은 근친혼이 이루어졌다.

특히 문종의 친동생인 평양공(平壤公) 기(基)의 집안은 평양공의 딸이 문종의 아들인 순종(順宗)에게 시집을 가서 정의왕후(貞懿王后)가 된 이래 여러 명의 왕비가 나와서 이른바 '배우자 집단'을 형성하면서 지속적으로 근친혼을 하였다. 공주(公主)의 경우에는 거의 100% 근친혼을 하였던 것으로 파악된다.

왕실에서 이같이 근친혼이 널리 행해졌지만, 그래도 고려왕실에서는 나름대로 꺼리는 것이 있었던 것 같다. 왜냐하면 종실의 여자, 즉 왕비가 된 공주들은 모두 '왕(王)'씨를 쓴 것이 아니라 어머니나 할머니의 성을 씀으로 해서 근친혼임을 은폐하고 있었던 것이다.

그런데 어떻게 보면 왕실의 근친혼은 왕족이라는 특수한 경우에 지나지 않는다고 이해할 수도 있다. 그렇지만 고려 때에는 왕실뿐만이 아니고 귀족이라 불리던 지배계층을 비롯해 일반 양인들 사이에서도 근친혼이 행해졌던 것으로 보인다.

고려 전기의 유력한 귀족가문으로 가장 유명한 것이 경원이씨이다. 이 집안은 이자겸(李資謙)이 예종과 인종에게 잇따라 세 딸을 시집보냈는데, 인종의 장인으로써 조선국공(朝鮮國公)에 봉해짐으로써 영화의 절정을 누렸다. 이 즈음에 이자겸과 형제인 이자량(李資諒)은 문종 때의 재상인 이자연(李子淵)의 손자였는데, 역시 사촌인 이자인(李資仁)의 딸을 부인으로 맞아서 결국 5촌간에 혼인하였던 것이다.

또 문종 초에는 노준(魯準)이라는 사람이 과거에 급제하였는데, 그의 부모가 대공친(대공친 : 4촌)간에 혼인을 했다고 하여 벼슬을 못하도록 하자는 의견이 나오기도 하였다.

그리고 고려 말인 1391년경에 작성된 것으로 여겨지는 국보 131호 호적에 보면 함경도 지방에 사는 박인검(朴仁檢)은 본관이 울주(蔚州)인데, 그의 부인 또한 울주박씨인 것으로 기록되어 있다. 그밖에도 이 호적에는 동성간에 혼인한 것으로 보이는 예가 여러 사례가 있어서 근친혼이 일반 양인들 사이에서도 이루어졌음을 알 수 있다.

또 문종 12년(1058), 선종 2년(1085), 숙종 원년(1096), 예종 11년(1116), 인종 12년(1134), 의종 즉위년(1146) 등에 이복남매 사이의 결혼이나 4촌[대공친(大功親)] 또는 6촌[소공친(小功親)] 사이의 결혼을 금지하며, 근친혼을 한 사람의 아들이 벼슬을 못하도록 하는 법이 만들어졌는데, 이것은 당시 근친혼이 그만큼 많이 이루어졌다는 것을 알 수 있는 것이다.

또 고려 후기의 충렬왕 34년(1308)과 공민왕 16년(1367)에도 이와 비슷하게 근친혼을 금지하는 법이 만들어지고 있어서, 고려 후기에도 근친혼이 많이 이루어지고 있었음을 알 수 있다.

근친혼을 하지 말도록 하라!

왕실을 비롯하여 고려의 사회에서 널리 행해지던 근친혼은 여러 차례에 걸친 법적 제재에도 불구하고 멈춰지지 않았다. 또 유교적 지식인들에 의해서도 여러 차례 근친혼에 대한 반대가 있었으나 그다지 큰 효과를 보지는 못하였다. 문종의 아들인 부여공(扶餘公)이 역시 문종의 딸인 적경궁주(積慶宮主)와 혼인을 하게 되자, 역시 문종의 아들인 금관후(金官侯)가 왕실의 근친혼에 대해서 반대를 하기도 했지만 성과를 이루지는 못했다. 그러다가 원간섭기에 들어가서 고려의 근친혼은 커다란 변화를 맞이하게 되었다. 즉, 원나라에서는 동성(同姓)간에 결혼을 한다는 것은 있을 수 없는 일이라 면서 이의 폐지를 요구했고, 이에 충선왕(忠宣王)은 이를 받아들여서 1308년에 강력한 금지법을 만들게 되었다.

이렇게 해서 나온 것이 이른바 '재상지종(宰相之宗)'이었다. 이것은 왕실과 결혼을 할 수 있는 집안을 정해서 왕실은 이에 포함된 집안과만 결혼을 하고 근친혼을 하지 못하도록 한 것인데, 이 '재상지종'에는

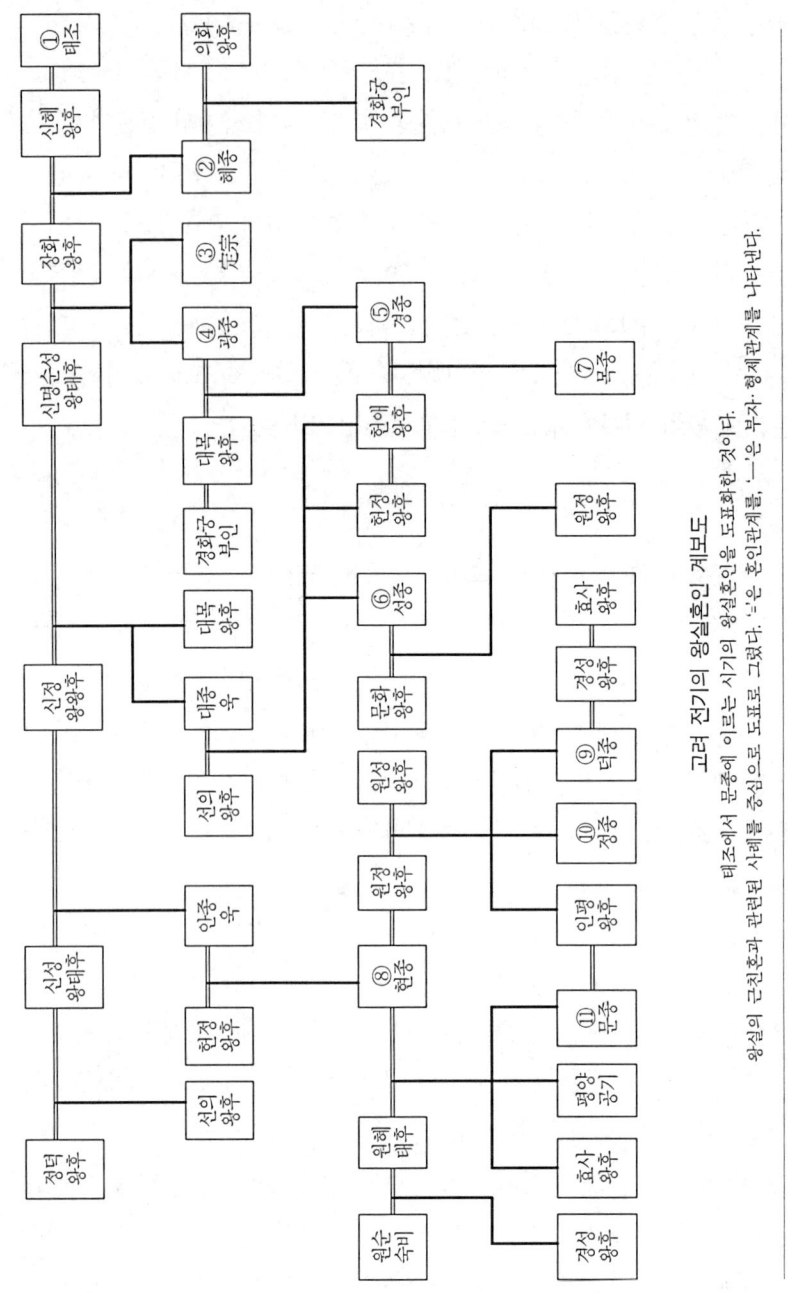

고려 전기의 왕실혼인 계보도

태조에서 문종에 이르는 시기의 왕실혼인을 도표화한 것이다.
왕실의 근친혼과 관련된 사례를 중심으로 도표로 그렸다. '='은 혼인관계를, '─'은 부자·형제관계를 나타낸다.

358 제5장 가족과 여성

안산김씨·정안임씨·경원[인주]이씨·해주최씨·철원최씨·경주김씨·공암허씨·평강채씨·당성[남양]홍씨·황려[여흥]민씨·횡천조씨·파평윤씨·평양조씨 등 당시의 유력한 15개 가문이 포함되었다.

또 여기에 아울러서 동시에 문무반도 4촌 이내의 근친혼은 할 수 없도록 규정한 것을 보면 이 때까지도 양반관료를 비롯한 지배계층 사이에 근친혼이 상당히 많이 이루어지고 있었던 듯하다. 아무튼 이것을 계기로 고려에서는 한 동안 적어도 왕실에서는 근친혼이 사라지게 되었다.

공민왕 때에 이르자 원나라는 점차 쇠퇴하여 갔고, 이 틈을 타서 공민왕은 반원적인 개혁정치를 추구하였다. 그런 와중에 공민왕은 자신이 사랑하던 노국대장공주(魯國大長公主)가 사망하자 공민왕 15년에 다시 왕비를 맞았는데, 이 때 종실에서 익비(益妃)를 맞이함으로써 다시 근친혼을 하게 되었다.

그러나 고려 말에 보이는 왕실의 근친혼은 사라져 가는 잔영을 보여주는 것과 마찬가지였다. 당시에는 주자성리학(朱子性理學)이 수입되어 퍼지면서 동성불혼(同姓不婚)을 주장하는 유교적 합리주의를 갖춘 새로운 사상을 지닌 사대부들이 활동을 시작하던 때였다. 이들은 성리학적 질서를 추구하였기 때문에 당연히 근친혼을 금기시하였으며, 다른 가문과의 결혼인 이성혼(異姓婚)만을 인정하고, 이런 인식체계를 조선에 투영하였던 것이다.

이렇게 새로운 사대부들이 조선의 주역(主役)으로 등장하자 근친혼은 점차 사라지다가, 이들이 성리학적 이념을 바탕으로 향촌 깊숙이 지배하게 되는 16세기 이후에 근친혼은 완전히 사라지고 우리가 익히 들어왔던 '동성동본불혼(同姓同本不婚)'의 인식이 대신 우리 깊숙이 들어오게 되었던 것이다.

김보광

장가가는
남자들

'장가간다'는 말의 의미

대저 사람이 자식을 낳아 기르는 것은 장차 그 자식이 부모를 봉양할 것을 바라기 때문입니다. 그런데 고려의 풍속은 차라리 남자로 하여금 따로 살게 할지언정 딸은 내어 보내지 않음이 진(秦)나라의 췌서(贅壻)[1]와 비슷한 것입 니다. 무릇 부모를 봉양하는 것은 딸이 맡아 하는 일이므로 딸을 낳으면 은애(恩愛)와 근로(勤勞)로 밤낮 자라서 능히 봉양함이 있기를 바라는 것이 온데 하루아침에 품안에서 빼앗아 4천리 밖으로 보내게 되어 발이 한번 문을 나서면 종신토록 돌아오지 못하니 그 정(情)에 어떠하겠습니까

고려 말 이곡(李穀)은 원나라의 잦은 공녀(貢女)요구에 대해 이를 폐지할 것을 요청하는 긴 상소문을 올렸다. 위의 내용은 당시 이곡이 원나라에 올렸던 상소문 가운데 일부를 발췌한 것이다. 이 내용을 보면 고려시대에서는 아들보다도 딸들이 부모봉양에 더욱 책임을 지고 있었던 것으로 나타나 있다. 그리하여 결혼을 하면 여자가 남자의 집으로 '시집가는' 것이 아니라 남자가 장인의 집으로 '장가드는' 모습이 더욱 자연스러운 고려사회의 풍경으로 떠오르는 것이다.

그렇다면 위에서 본 상소문의 내용은 진실일까, 아니면 이곡이 원나라의 공녀요구를 폐지하기 위해 과장하여 한 말일까. 이곡이

1) 췌서(贅壻) :- 처가에서 같이 사는 사위.

상소문에서 원의 공녀요구를 물리치기 위해 고려의 서류부가혼(婿留婦家婚)제도를 특별히 강조하여 말했으리라는 추측은 가능하다 하더라도 고려사회에 널리 행해졌던 서류부가혼의 모습은 이밖에도 많은 사료에 보인다.

이규보(李奎報)의 문집인 『동국이상국집』에서는 장인·장모의 은혜를 언급한 부분이 나오는데 "처(妻)를 취함에 남자가 여자의 집으로 가니 무릇 자기의 필요한 것을 다 처가에 의지하여 장인·장모의 은혜가 부모의 은혜와 같다"고 하였다.

『조선왕조실록』에도 고려시대의 혼인풍속에 관해 언급한 부분이 있다. 『태종실록』의 태종 15년 기록을 보면 "전시대의 옛 풍습에 혼인의 예(禮)는 남귀여가[1]하여 자손을 낳으면 외가에서 자라 외친의 은혜가 무거우므로 외조부모와 처부모의 상을 당할 경우 30일의 휴가를 주도록 하라"는 규정이 나와 있다. 이러한 역사적 기록을 볼 때 고려시대에는 결혼한 뒤 사위가 처가의 집으로 들어와 장인·장모를 봉양하고 사는 풍습이 널리 행해졌던 것으로 보인다.

고려시대 '서류부가혼'의 모습

고려시대 '서류부가혼'의 기원은 일찍이 삼국시대에서부터 찾아볼 수 있다. 고구려의 '서옥제(婿屋制)'는 혼인할 때에 여자의 집 뒤에 '서옥'이라는 조그만 집을 짓고 사위를 맞아들였던 것으로 이후 자식이 자란 다음에야 부인은 남편의 집으로 돌아갔다 한다. 고구려를 비롯한 삼국시대에는 중국의 친영[2]과 반대되는 솔서제(率婿制)

1) 남귀여가(男歸女家) :- 남자가 여자의 집으로 가는 것.
2) 친영(親迎) :- 남자의 집에서 결혼식을 올리고 신혼 첫날부터 거기서 거주하는 중국의 혼인제도.

를 행했던 결혼풍속이 있었다.

그러나 이와 같이 여자의 집에서 머무는 결혼풍속이 우리나라의 모든 지역에서 시행되었던 것 같지는 않다. 지금의 함경남도 지방에 위치하였던 동옥저(東沃沮)에서는 민며느리제를 행했던 기록이 남아 있다.

『삼국지』 동이전의 주석에 인용된 『위략』이라는 책에 보면 동옥저에서는 여자가 10세가 되어 약혼한 후 남자의 집에서 성인이 될 때까지 거주하고 성인이 되면 다시 친정으로 돌아온다. 그리고 신랑집에서 신부의 값을 치르면 다시 신랑의 집으로 돌아간다고 하였다.

민며느리제와 솔서제는 서로 정반대되는 성격의 결혼풍속인 것인데 고려시대에는 전자의 풍습, 즉 솔서제의 풍습이 남아 서류부가혼의 전통으로 이어졌다고 할 수 있다.

서류부가혼은 일단 처가에서 결혼을 한 뒤에 꼭 남자가 여자의 집에서 살아야만 했던 것은 아니었다. 처가에서 머무는 기간도 사례에 따라 다양하게 나타나고 있다. 또 처가의 집에 머문 이후에 꼭 남자의 집으로 돌아가야만 했던 것도 아니었다. 남아 있는 사료의 기록을 보면, 처가에서 3년만 머물렀다가 분가한 사람이 있는가 하면 24년 동안이나 장기간 처가살이를 한 사람도 있었다.

그리고 처가에서 머문 이후에는 남자의 집으로 가서 사는 경우도 있고 처가나 시댁에서 가까운 곳에 따로 분가하여 살기도 하였다. 분가

첩을 두자고 주장했던 박유(朴楡)의 상소문 내용
[『櫟翁稗說』 前集2, 「朴尙書楡」]

하여 살던 부부가 나중에 장인·장모를 모시러 처가로 들어오는 경우도 있었다.

고려의 서류부가혼은 고대 이래로 전해 내려온 혼인풍습으로서 고려시대 전 시기를 걸쳐 거의 모든 계층에서 행해졌던 것인데 이 같은 혼인 이후의 거주형태는 고려사회가 남성을 통한 계보로만 구성되는 부계중심적 사회가 아니었다는 맥락에서 함께 이해되는 부분이다.

아내는 몇 명까지 둘 수 있었을까

고려시대 태조 왕건은 아내를 29명이나 두었다. 그렇다면 고려시대는 한 명의 남자가 능력만 있으면 여러 명의 여자들을 거느리고 살 수 있었던 일부다처제 사회였을까? 혼인제도에 관한 연구가 시작된 초기에는 주로 고려사회를 일부다처제 사회로 이해해 왔는데 이에 대한 반론이 제기되면서 최근 연구에 이를수록 일부일처제 사회였다는 주장이 많이 나오고 있다. 이러한 견해차이는 각자 근거로 들고 있는 사료의 차이에서도 비롯되지만 같은 사료를 놓고 해석하는 시각이 다르기 때문에 발생하는 것이다.

먼저 고려사회가 일부다처제였음을 주장하는 견해는 여러 명의 왕비를 둘 수 있었던 고려의 왕들을 비롯하여 실제로 사료상에서 한 명 이상의 처를 두었던 사람들을 그 근거로 삼고 있다. 최충헌의 경우에도 문헌상 세 명의 처를 두었다고 기록되어 있고 충숙왕 때의 사람 강윤충(康允忠)은 세 명의 처가 있었는데도 남편을 잃어 상중(喪中)에 있는 과부를 취했다는 기록이 있다. 이밖에도 우왕에게 아첨하여 사랑을 받았던 반복해(潘福海)라는 이도 두 명의 아내를 두고 있었다.

제외구대부경진공문(祭外舅大府卿晉公文)
서류부가혼(壻留婦家婚)에 관한 내용을 적고 있는, 이규보가
돌아가신 장인을 위해 지은 『동국이상국집』의 제문(祭文)

이에 대해 고려가 일부일처제 사회였음을 주장하는 쪽에서는 위의 사례들을 일반적인 경우가 아닌 특수한 사례로 본다. 당시 일반백성들은 왕실을 '별세계'라고 부르면서 자신들의 삶과는 한 차원 다른 것으로 인식하고 있었던 것처럼 왕의 혼인사례를 일반백성의 혼인에까지 확대 해석하는 것은 무리가 있다는 것이다.

최충헌 또한 당시 국왕에 비기는 권세를 잡았던 사람이고 강윤충·반복해 등은 정상적인 경우라기보다 권력층의 비호를 받아 불법적인 형태로 여러 명의 아내를 두었던 경우라고 한다.

또 사료에 나오는 '다시 처를 취하였다[又娶]', '후에 처를 취하였다[後娶]', '두번째·세번째 부인을 맞았다[二娶·三娶]'는 등의 표현도 양쪽은 해석을 달리하고 있는데 다처제를 주장하는 측에서는 이것이야말로 고려가 여러 명의 부인을 두었던 다처제 사회였음을 증거하는 것이라고 하는 반면 일부일처제를 주장하는 측에서는 이 기록을 전부인과 사별한 이후 재혼한 사례로 해석하고 있다.

상서(尙書 : 정3품) 박유(朴楡)의 상소문은 고려시대의 부부형태를 알 수 있는 중요한 단서를 제공해 준다. 충렬왕 원년(1274) 2월, 박유는 몽골과의 전란과 그들의 공녀요구로 인해 심각해진 고려의 인구감소를 막는다는 정책으로서 서처제(庶妻制)를 건의하였다. 박유는 상소문에서

다음과 같이 왕께 아뢰었다.

우리나라 사람은 남자가 적고 여자가 많은데, 지금 위아래 모두 다 일처(一妻)에 그치고 자식이 없는 자도 역시 감히 축첩(蓄妾)을 못하는데 이국(異國)에서 온 자는 처(妻)를 취함에 정한(定限)이 없으매 인물이 모두 장차 북쪽으로 흘러갈까 두렵습니다. 청컨대 대소 신료에게 서처(庶妻)를 취하게 하되 품(品)을 따라 그 수를 적게 하여 서인(庶人)에 이르러서는 1처1첩을 취하도록 하며 그 서처의 소생자도 또한 적자와 같이 벼슬할 수 있도록 하옵소서. 이와 같이 하시면 원광(怨曠)이 해소되고 호구가 증가될 것입니다.

그러나 박유는 이러한 상소를 올린 뒤에 부녀자들의 시위를 받게 되었다. 기록에 보면 "부녀들이 이를 듣고 원망하고 두려워하지 않음이 없더니 마침 연등회가 있던 날 저녁에 박유가 어가를 호위하여 가니, 한 노구가 있어 그를 가리키며 말하기를, '서처(庶妻)를 두자고 청한 자가 저 늙은 거지 같은 놈이라'고 외치니 거리에서 그를 향한 여자들의 손가락질이 가득하였다"고 전하고 있다. 때마침 재상 가운데 그 실인[1]을 겁내는 자가 있어 의논을 중지하고 시행하지 않았다는 것이다. 이같은 여자들의 반응은 그 동안 고려사회의 전통적인 부부형태가 일부일처제였을 가능성을 보여준다.

『고려사』 열전에는 원종 때 사람 임정기(林貞杞)가 노진의(盧進義)의 딸을 두번째 처로 삼았다가 파면된 기록이 나오는데 일부일처제를 주장하는 측에서는 이것을 두번째 부인을 들여 처벌받은 예로써 다처가 불법적이었음을 보여주는 것이라고 한다. 아마 원칙은 일부일처제였지만 왕실과 일부의 양반・귀족층에서 다처 내지 축첩을 하였던 사례도 있었던 것 같다.

그러나 다처인 경우에도 처

1) 실인(室人):- 아내를 가리켰던 용어.

들 사이에 별다른 차별이 있었던 것으로 보이지는 않으며 아울러 부녀의 재가 역시 비교적 자유롭고 떳떳했다는 점에서 고려시대 혼인풍속의 일면을 엿볼 수 있다.

이예선